内容简介

国际经济学是研究国家间经济交流活动规律和政策含义的应用经济学科，本书聚焦国际分工、国际贸易动力机制和贸易利得的识别问题，讨论国际贸易、国际资本收支、国际流动、国际投资、宏观经济均衡等内容，并对国际经济中的新现象、新事物、新成果给予关注。本书致力于将教学与实践结合起来，具有系统性、探索性、教学适应性等特点，适合用作国际经济与贸易及相关经济学、管理学专业教材，亦可作为研究生相关课程教学参考书，还可用于经济和管理领域其他人士学习和研究参考。

作者简介

谷克鉴 经济学博士，博士生导师，中国人民大学学术委员会委员、“杰出学者”特聘教授，教育部“高校青年教师奖”获得者，享受国务院政府特殊津贴专家。世界银行访问学者，美国加利福尼亚大学洛杉矶分校安德森管理学院高级研究学者，美国罗德岛大学杰出国际访问学者。研究方向为国际经济学基础理论、国际经济的数理与计量分析等。在《中国社会科学》《经济研究》《管理世界》《世界经济》等刊物发表系列学术论文，荣获教育部第五届高等学校科学研究优秀成果（人文社会科学）二等奖、安子介国际贸易研究奖优秀论文一等奖及其他10余项省部级奖，主持完成多项国家社会科学基金重大项目和其他国家社会科学基金项目、国家自然科学基金项目。

新编21世纪国际商务系列教材

国际经济学

主编　谷克鉴

International Economics

中国人民大学出版社
·北京·

前言

本书编写目的

全球化浪潮为第二次世界大战后的世界经济增长注入了澎湃动力。据统计，战后至21世纪初，世界产出同全球贸易额之比达1∶3，这意味着国际分工与国际贸易愈益强劲地嵌入战后世界产出增长的动力机制；与此同时，商用服务和资本的国际流动等非贸易项目飞速发展，显著改变了世界贸易结构。世界贸易的多样化发展造就了典型的“东亚奇迹”，深刻地影响着当代世界经济。

与战后美国崛起所引发的世界秩序改变并催生全球化相似，而今中国已经崛起，世界秩序发生新的改变，博弈不可避免，世界正处在一个复杂且长期的全球化变动时代。全球化造成的国际贸易固有贸易利得的分配及其长期效应的不均衡，已引致世界各国政策制定者在谋求经济长期增长与繁荣中对待全球化态度的分化，全球化中的区域化倾向显现，与此同时，局部的贸易保护主义思潮业已抬头。以上诸多新特征已经开始影响全球化的长期进程。

中国作为全球化的参与者、受益者和贡献者，在取得巨大成就的同时也积累了宝贵的发展经验。开放是中国经济转型期同改革并驾齐驱的经济增长动力；改革开放以来，中国的对外贸易依存度曾高达近70%，出口成为驱动国内生产总值增长的“三驾马车”之一；开放还为中国社会主义市场经济体制改革的顺利推进提供了重要的目标参照系。展望未来，中国经济的高质量发展需要建立更高水平的开放型经济，全方位地参与国际分工，更大程度地参与构建未来全球化秩序。

全球化的历史与现实告诉我们，国际经济学解构国际分工和全球化的理论与方法，特别是透视贸易利得的规范视角所提供的空间效率同经济学原理中机制设计产生的效率问题大有异曲同工之妙，是当今经济学与管理学领域人才培养知识图谱中的重要构件，也是全球化变动时代准确理解全球化、动态重估全球化的重要理论工具。

本书特点

本书主要用于本科生相关课程的教学以及研究生教学参考，也可用于经济和管理领域其他人士的学习和研究参考。本书主要有以下特色：

- 系统性。国际经济学学科体系经历了漫长的历史演进，深受经济学特别是微观经济学发展的影响，其历史发展的阶段性特征和学派多样化的特色十分鲜明和突出。着眼于为学生呈现知识体系的整体性和知识图谱节点的清晰性，本书力图全景式展现国际经济学的古典、新古典和垄断竞争模型的内容，呈现规范和实证视角贸易模型的图景、理论与方法和理论与政策的框架，以期为学生全面理解和应用国际经济学提供完整的学科体系及内容。
- 探索性。处理好教学与科研、基础学科知识与学科最新进展之间的关系一直是编写高校各学科教材面临的长期课题。本书力图服务于学科知识体系供给的基本功能，同时考虑学科人才培养体系的预期需求，努力将一部分学科进展中的成熟部分，特别是可能对学生的研究性学习发挥指导作用的学科研究方法，包括主编和参编教师多年来探索并在已有的教学和人才培养实践中取得显著效果的内容融入本书。
- 教学适应性。教材应用于教学，需要对于教学活动具备良好的适应性。本书力图构建概念清晰、逻辑严谨、图文并茂、可读性强和阅读材料丰富的内容体系。

其他建议

国际经济学是运用经济学特别是微观经济学原理解析国际经济活动的应用学科体系，它是经济学基本原理和方法的应用，同时也是对其多样化的拓展和丰富。本书的使用需要处理好国际经济学同经济学特别是微观经济学的关系，指定微观经济学为国际经济学的先修课，并注意运用微观经济学原理奠定国际经济学的理论基石；国际经济活动的一个本质特征就是政策对贸易流动的影响，国际经济学理论模型的实现必须置于不同的贸易政策环境中考察，从而引入贸易政策问题；与此相关联，国际经济活动不可避免地受到地缘政治的影响，现实的国际经济活动需要同特定的国际政治问题相连接；国际经济学实质上研究的是国家间的经济活动，在多边贸易体制中是单独关税区间的经济活动，但又不同于国别和世界经济的研究，需要处理好国际经济学同世界经济学的学科关系。

编写人员

本书由下列教师参与编写：谷克鉴任主编，负责前言、第 1 章，周世民负责第 2、3、4 章，包歌负责第 5 章，蒋灵多负责第 6、7 章，陈福中负责第 8、9 章，易靖韬负责第 10 章，张文负责第 11、12 章。

目录

第1章
导　论

学习目标

- 理解国际经济学发展的工业化和技术革命背景。
- 掌握国际经济学的学科体系。
- 理解国际经济学的主要内容。

第1节　全球化与国际经济学的发展

经济学理论是人类经济活动实践的总结和经济规律的概括，并用以指导和推动人类经济活动的发展。国际经济学是应用经济学的一个重要分支，它的研究对象是产品贸易和要素流动等国家间的经济交往活动及规律，其突出特点是运用经济学特别是微观经济学的理论和方法构建国际经济活动的理论模型，重建国际分工与全球化的动力机制，并不断运用其自身发展的新成就赋予国际分工和全球化新的政策含义，它是经济学大家庭中有着最为久远历史的一门学科。近现代人类经济活动中波澜壮阔的工业革命，直接和间接地推进和影响了国际经济学的绵延发展。

一、工业化与国际贸易

世界贸易活动已经跨越千年，随着近代工业革命及技术革命的发展，国际贸易得以成为经济活动和经济循环的内在要素；地理大发现通过扩大的国际市场提供的生产和需求条件影响了微观经济活动和宏观经济增长，使得国际贸易成为工业化的重要引擎。

始于17世纪英国的第一次工业革命使国际贸易成为经济循环的内在动力，奠定了具有独立学科意义的国际经济学的发展基石，为创立国际经济学的学科体系提供了坚实的实践基础；与此同时，第一次工业革命对于国际经济学发展的意义，还体现在工业革命中涌现的典型的劳动密集型产业赋予企业生产函数以独特的构造形式，即劳动成为这一时期生产活动中的唯一投入要素，其在促成古典政治经济学理论诞生的同时也推动了古典国际贸易理论的问世，使得国际经济学成为应用经济学大家庭中最早的成员，绝对和相对的生产率的国际差异则构成这一时期国际分工的源泉从而成为古典国际贸易模型的研究对象，这一阶段国际贸易模型的研究重点是企业和厂商活动的内部价值链。

18 世纪末以来工业革命的持续深入，引发了以电力、冶炼和铁路技术为主要内容的第二次工业革命。第二次工业革命带来的革命性变化就是生产投入要素的多样化，生产函数不再由单一的劳动投入构成，而是增加了资本要素，并借助一个欧式空间表达多种要素构成的投入产出矩阵，为经济学增长核算理论的发展和国际经济学比较优势理论的研究提出了更多的科学问题并开辟了更为广阔的空间，进一步丰富了国际贸易模型构造的国际分工源泉识别问题的研究，进而将国际贸易模型的主要研究内容转向企业的外部价值链。

第二次工业革命为生产函数形式的改变播下了规模经济的种子。由于资本等要素的加入，生产成本开始分解为固定成本和可变成本，而单位产品中分摊的固定成本份额的不同则催生了规模经济的可能性，在推动经济学假设由完全竞争向垄断竞争转变的同时，规模经济的经济效率与可能产生的市场垄断的福利损失构成的所谓“马歇尔冲突”也深刻地影响着国际经济学和国际贸易模型的发展。

战后蓬勃兴起的以微电子技术为核心的第三次工业革命，特别是伴随着微电子技术的产业化和广泛应用以及消费电子产品的应用和普及，深刻地影响着国际经济学的发展。微电子产品和技术的生产率增长规律迥异于传统的制造业，它的新经济特征在改变宏观经济变量间关系的同时，也影响了国际贸易的流向乃至市场结构的变化。

二、技术革命与国际贸易

技术革命是工业革命的孪生兄弟。国际经济学的发展和贸易模型的构造本质上是技术革命影响和作用的结果。无论是古典国际贸易模型中比较优势的识别，还是要素禀赋理论中特定产业和产品要素比例的形成，都离不开技术的作用，而第三次微电子技术革命的兴起更是显著地改变了国际经济活动的内容与结构，有力地革新了国际经济学的重要内容。

第一，以信息技术的发展与应用为标志的技术革命，开辟了不同于传统技术发展的新路径，显著地改变了同技术相关联的某些经济活动及其结构，最典型的是市场结构特征。信息技术革命扩展的一个典型特征，就是技术发展无论从时间单元还是空间单元，都可表现为某一技术层次的半导体集成电路，这大大增强了技术发展和应用的可竞争性。这一特点既极大地促进了信息技术本身的发展，又突出地改变了技术形成和应用中极易出现的垄断现象。因为传统技术的应用与发展的一个最大特点是，技术发展往往伴随着技术种类的大规模增加，先进技术在提升技术层次的同时更意味着集成更大的技术群落，从而极易形成技术应用和产业化的垄断。由此我们不难发现，现代航空工业尤其是客机制造工业的垄断性同当代信息技术产业的竞争性之间的强烈对比。

第二，信息技术的可竞争性加快了技术的区域扩散和国际扩散，所谓的“蛙跳效应”的实现不断地改变世界各国的经济技术发展水平，世界经济贸易发展的相对差距日趋动态化。发展中国家和发达国家都在分解出层次更为多样的不同群体，世界经济秩序和国际分工格局中传统的“两端模式”向所谓的“波谱模式”转换。以信息技术为代表的世界先进技术的国际扩散正在迅速地实现这一过程。中国这样一个在世界近现代史上曾经落后，而在20世纪80年代以来的经济转型和开放过程中获得了快速发展的发展中国家，正面对如何参与国际分工并且调整贸易流向，寻找最为有利的国际分工位置，取得最大的国际分工利益和贸易利得的重大战略问题。

第三，信息技术的发展通过经济学意义上正常产品的生产率和消费倾向的变动，在既定的要素禀赋条件下显著地影响着不同技术含量的产品间贸易条件的变动：那些长期依靠技术含量较低的产品出口的发展中国家将面临不断恶化的贸易条件，而那些依靠技术创新可以不断推出新产品的工业化国家将获得持续改善贸易条件的契机。以信息技术为代表的当代科学技术的迅猛发展对世界贸易条件的重大影响，对于中国国际产业的结构性调整战略无疑将提供重要的参照系。

第2节 国际经济学的学科体系

国际经济学广泛运用微观经济学的理论和方法研究国际经济活动的规律，其核心是国际分工问题。国际经济学被视为国际微观经济学，与微观经济学的发展同步同源，它由实证国际经济学和规范国际经济学两部分构成，其科学问题可分别表述为比较优势和贸易利得的识别问题，它的一个典型特征是学科体系和学科内容的构成充分体现了历史演进和理论逻辑的高度统一。作为研究资源配置及其效率并视市场为最优机制设计的微观经济学，其自身的理论体系和逻辑框架是以完全竞争和垄断竞争为基础的经济学假设。与此相联系，根据经济学假设及其在不同阶段的转变，国际经济学的学科体系由以下内容构成。

一、古典国际贸易模型

（一）重商主义

重商主义是国际经济学研究国际分工的先声，因其视货币为国民财富的唯一形式，通过扩大出口或出口大于进口形成贸易顺差和货币储备以增加国民财富，故主张一国通过扩大出口或超过进口的出口来谋求长期、持续的贸易顺差。因其政策主张同当代凯恩斯宏观经济学扩大出口以增加有效需求并促进经济增长相类似，有人将一味刺激出口、追求贸易顺差从而推动经济增长的宏观经济政策称为当代重商主义。

（二）绝对成本说

分工曾经是古典政治经济学的一个重要问题，最早关注分工改善效率的英国经济学家亚当·斯密（Adam Smith）创立了绝对成本说，首次提出国际分工的源泉问题，认为当两国在两种产品的生产中具有生产率上的绝对差异时，就应各自分工生产具有绝对成本优势的产品并出口，同时放弃不具有绝对成本优势的产品的生产并通过进口满足本国消费者的需求，从而形成国际分工，并分享分工形成的贸易利得。

（三）比较成本说

继绝对成本说之后，大卫·李嘉图（David Ricardo）创立了比较成本说。比较成本说将国际分工的源泉由绝对成本差异扩展到只要生产产品的成本比率出现差异即可展开分工，并共享贸易利得。比较成本说大大拓展了国际分工的范围和自由贸易的政策含义，为国际经济学的进一步发展奠定了方法论基础。

二、新古典国际贸易模型

伴随着第二次工业革命的发展和构成生产函数的要素投入的多样化，国际分工的源泉进一步拓展到要素禀赋构成的某一或某些要素的成本优势，从而改变了微观经济学厂商理论的等成本线的斜率，各国分工生产各自具有禀赋优势的要素密集型产品并出口就可以获得较高水平的生产均衡，这一改变将国际经济学关于比较优势识别问题的研究视角由厂商内部价值链转向外部价值链。

赫克歇尔-俄林模型依托的生产函数不再由单一的劳动投入构成，而是扩张到资本，进而容纳了技术、自然资源等多种生产要素，技术的异质性甚至进一步获得连续表达的波谱形式。于是，赫克歇尔-俄林模型在最初实现预期贸易模式的功能之后，面临模型系统内更多变量间的关系问题。此后的研究表明，如果抽象掉竞争的消费者要素，并假定要素的国际流动不充分，那么在一个扩展的生产函数（投入产出系统）中每一对变量之间的关系均可构成一个分定理。这里假设国家间特定部门的生产率相同。赫克歇尔-俄林模型就是一个由若干子模型构成的模型序列并呈现出严密的逻辑关系。

三、国际贸易的垄断竞争模型

随着 20 世纪初工业革命的深入发展和消费的多样化及异质性发展，一个具有可变性质的规模经济特别是内部规模经济的出现，打破了衡量完全竞争的一价定律，而响应异质性消费和需求的产品差异化使得产业内贸易等新型贸易模式出现在国际贸易活动中，需求和地理距离对国际贸易的影响也在不断加深，同时使得国际贸易活动的动力机制多样化和复杂化。这些新的变化难以在已有的完全竞争假设下的国际经济学理论和方法中找到解释，于是经济学家试图借助垄断竞争的理论和方法，解释国际贸易实践中大量涌现的新型贸易模式。尽管垄断竞争理论已经经历了近半个世纪的发展，但直到 20 世纪 70 年代末该理论提出完整的企业生产决策的理论模型之后，国际经济学才得以构造严谨的国际贸易理论模型，以适应垄断竞争经济学的前提和假设的转变。因此，垄断竞争情形下国际贸易理论模型的成长周期迥异于古典和新古典的国际贸易模型。

梳理国际经济学发展的脉络可以发现，国际贸易模型的演变本质上反映了国际经济学所关注生产函数变量的变化，即生产率—投入要素—规模经济（外部规模经济和内部规模经济)，这一系列变化引导国际经济学对国际分工动力源泉的考察重点由厂商内部价值链转向外部价值链。

四、贸易政策

应用经济学的一个重要功能是其突出的实践价值。国家或经济体层面的政策干预和影响构成了国际经济学研究的国际贸易与要素国家间流动的主要问题，政府在国际贸易和要素流动中的不同政策主张则形成了自由贸易与保护贸易的分野。主流的国际经济学关于国际分工动力机制及其贸易利得识别问题的研究结论，赋予政策工具以鲜明的自由贸易的政策含义。贸易利得是国际经济学提供的可与微观经济学资源配置效率比肩的基本福利形式，贸易和分工带来贸易利得这一政策含义及其适用范围带来了国际经济学模型的持续拓展和比较优势源泉的多样化及不断扩大。与此同时，由于全球范围内经济资源配置长期均衡与短期均衡的矛盾，以及贸易利得在各利益团体和代理人之间分配的不均等，极易引致贸易保护主义思潮。

第3节 国际经济学：贸易和金融

纯理论和货币视角的国际经济学构成了本学科的全部内容。借助历史演进和逻辑重建的科学方法论，国际经济学假定国家间贸易品的相对价格固定，以消除贸易条件变化的影响并确保古典模型中贸易前与贸易后价格以及比较生产率、新古典模型中完全竞争假设的充分实现。为此，国际经济学最初将研究内容界定在贸易流动的实体方面，即所谓的国际贸易纯理论；随着国际经济活动进一步发展，特别是影响贸易品相对价格的汇率决定机制的演变，汇率和外汇管理制度的变化成为影响相对价格的重要因素，围绕汇率和汇率制度的国际宏观经济政策及其协调不可避免地构成国际经济学的重要内容，并且在国际经济学体系中成长为一个相对独立的学科分支，即国际经济学的货币理论，从而构成了国际经济学中贸易与金融这两个相对独立又有机联系的主要内容。

本章小结

导论从历史视角考察了工业化和技术革命为国际经济学发展提供的实践基础，概述了国际经济学的学科体系和主要内容，说明经济学假设前提的转变推动了国际经济学的发展，国际经济学的学科体系体现了历史和逻辑的高度统一。

关键词

全球化　工业化　国际经济学　古典国际贸易模型　新古典国际贸易模型　垄断竞争模型

复习与思考题

1. 为什么说工业化和技术革命是国际经济学发展的实践基础?
2. 如何依据经济学假设前提的变化区分国际经济学的基本模型?
3. 国际贸易模型对生产函数各个构成要素的关注有何不同?

第2章

古典国际贸易模型

学习目标

- 了解古典国际贸易模型的背景及发展过程。
- 理解绝对优势理论、比较优势理论和特定要素模型的举例分析。
- 掌握重商主义、绝对优势理论、比较优势理论和特定要素模型的主要内容及评价。

第1节 重商主义

一、重商主义产生的背景

始于西欧封建社会晚期的重商主义学说，开启了国际贸易理论和国际经济学发展的悠久历史。由于商品货币经济的逐步发展，封建自然经济的日趋瓦解，欧洲资本主义经济关系在封建社会内部开始萌芽和成长。但是，资本主义经济只有经过资本原始积累才能迅速地发展起来。在最初的资本主义经济关系中，商业支配产业，流通支配生产，商业资产阶级力量大大超过产业资产阶级力量。资产阶级最初的贸易学说代表了商业资产阶级的利益，以流通过程为研究中心的重商主义学说随之兴起。

商业资本在资本主义形成和发展的过程中起了突出的作用。商业和商业资本的发展，引起了社会分工的进一步扩大，进而引起对商品需求的增加，加速了商品生产的发展，并促进了小商品生产者的分化和资本主义生产关系的产生。同时，地理大发现扩大了原有的市场并开辟了新的世界市场，促进了商业、航海业和手工业的进一步发展，加速了资本原始积累。总之，世界市场为商业资本的活动开辟了广阔的场所，推动了对外贸易的迅速发展，从而使西欧各国积累起大量的货币资本，商业资本得到迅速发展和壮大，大大促进了资本主义生产方式的确立和成长。

二、重商主义的主要内容

根据一国政府应追求货币差额还是追求贸易差额，重商主义分为早期重商主义和晚期重商主义两个阶段。早期重商主义主张努力刺激出口，严格限制甚至禁止进口，以防止金银的外流，实现金银的增加，因此又被称为重金主义或货币差额论。晚期重商主义主张在对外贸易中多卖少买，以实现贸易顺差，因此又被称为贸易差额论。

重商主义的中心思想是追求贸易顺差，其基本观点主要有以下几方面：

(1) 唯有金银等贵重金属才是财富的真正代表，获取金银是增加一国财富的根本途径。而对外贸易是获取金银最重要的手段。

(2) 保持国际贸易顺差是获得财富的基本原则。在贸易顺差时，外国必须用金银来偿付贸易差额，于是金银流入本国，意味着本国在国际贸易中获得利益；反之，在贸易逆差时，金银流出，则意味着本国在国际贸易中遭受损失。

(3) 国际贸易是零和博弈，一国之所得就是多国之所失。

(4) 国家干预对外贸易是保障财富增长的重要手段。为保证金银尽可能多地流入国内，使整个国民经济活动满足扩大出口的要求，国家不仅要管理贸易和生产，还要有明确的法律规定来“奖出禁入”或“奖出限入”。

三、对重商主义的评价

重商主义是新兴资产阶级处于封建社会母体时期的有关国际贸易的学说，其基本观点和政策主张在历史上曾起过积极作用，促进了资本主义的原始积累，推动了当时国际贸易的发展和商品运输业的发展。

重商主义主张国家干预对外贸易，实行贸易保护政策；通过贸易顺差从国外获取货币收入，禁止奢侈品进口并对一般制成品实行奖出限入；积极发展本国出口工业，提高产品质量，保持出口优势等。这些观点至今仍有一定的积极意义，同当代宏观经济学关于净出口对经济增长的贡献的原理有异曲同工之妙。

然而，重商主义是不成熟的、肤浅的、尚未形成系统的国际贸易理论。重商主义只研究如何从贸易中获取金银，而没有去探讨国际贸易产生的原因，以及能否给本国及他国带来实际利益。重商主义认为对外贸易的目的就是获取金银，而金银有限，所以必然是零和博弈，未能认识到国际贸易有促进各国经济共同发展的重要作用。

第 2 节 绝对优势理论

一、绝对优势理论产生的背景

18 世纪下半叶，英国产业革命逐渐展开，手工制造业向大工业过渡，经济实力不断增强。新兴资产阶级迫切要求在国民经济各个领域迅速发展资本主义，却受到了中世纪遗留的封建行会制度和资本原始积累时期建立起来的重商主义政策体系的束缚。重商主义的极端保护主义从根本上阻碍了对外贸易的扩大，新兴资产阶级也很难从海外获得生产所需的廉价原料，为产品寻找更大的海外市场的愿望更难以实现。

亚当·斯密是资产阶级经济学古典学派的主要奠基人之一，是国际分工及国际贸易理论的创始者，是自由贸易的倡导者。他于 1776 年发表了奠定古典政治经济学理论体系的著作《国民财富的性质和原因的研究》，简称《国富论》。在这部著作中，亚当·斯密站在新兴资产阶级的立场上，批判了重商主义，并搭建起古典国际贸易理论和政策体系的基本框架，提出了主张自由贸易的国际分工和绝对优势理论。

二、绝对优势理论的主要内容

（一）绝对优势理论的基本假设

（1）世界上存在两个国家，每个国家生产两种产品，使用一种生产要素——“2×2×1 模型”。

（2）两国不同产品的生产技术不同，存在着劳动生产率上的绝对差异。

（3）劳动在一国内是完全同质的，两国的劳动力资源总量相同且都得到了充分利用，劳动力市场始终处于充分就业状态。劳动力在国内可以自由流动，但在两国之间不能自由流动。

（4）不存在技术变化，每种产品的国内生产成本都是固定的，劳动的规模报酬不变。

（5）国家之间实行自由贸易政策，各国的产品市场和要素市场是完全竞争的。

（6）不存在运输费用和其他交易费用。

（7）贸易以物物交换的方式进行，两国之间的贸易是平衡的。

（二）绝对优势理论的举例分析

我们假设只有本国和外国两个国家生产小麦和布。如表 2-1 所示，a 代表各产品单位产出的劳动投入量，其倒数代表生产各产品时，单位劳动的产出量，这两种方式分别可以间接和直接地表示产品生产的劳动生产率。字母带 * 表示外国。

表 2-1　封闭条件下两国各产品单位产出所需的劳动投入量

	本国	外国
小麦的劳动投入量	$a_{LW}=3$	$a_{LW}^{*}=12$
布的劳动投入量	$a_{LC}=6$	$a_{LC}^{*}=4$

封闭条件下，在表 2-1 中，本国单位小麦的劳动投入量是 3 单位，外国单位小麦的劳动投入量是 12 单位，因此本国小麦的劳动生产率更高；本国单位布的劳动投入量是 6 单位，外国单位布的劳动投入量是 4 单位，因此外国布的劳动生产率更高。这一结论从表 2-2 也可以看出，由于 $1/a_{LW}>1/a_{LW}^{*}$，$1/a_{LC}<1/a_{LC}^{*}$，所以本国小麦的劳动生产率更高，外国布的劳动生产率更高。根据完全竞争条件下要素价格的决定，可推知封闭条

件下本国和外国两种产品的相对价格分别为：$P_W/P_C=a_{LW}/a_{LC}=1/2$ 和 $P_W^*/P_C^*=a_{LW}^*/a_{LC}^*=3$。由于封闭条件下两国两种产品的相对价格（机会成本）存在差异，本国小麦的相对价格更低，或者说本国在小麦的生产上具有绝对优势，而外国在布的生产上具有绝对优势，两国存在开展国际贸易（国际分工）的动因。

表 2-2　封闭条件下两国各产品生产中单位劳动的产出量

	本国	外国
小麦的劳动生产率	$1/a_{LW}=1/3$	$1/a_{LW}^*=1/12$
布的劳动生产率	$1/a_{LC}=1/6$	$1/a_{LC}^*=1/4$

开放后，如果让本国有限的劳动力去生产其具有绝对优势的小麦，外国有限的劳动力去生产其具有绝对优势的布，然后再进行国际交换会怎么样呢？

下面通过表 2-3 和表 2-4 来说明。表 2-3 说明国际分工后两国生产变化的净效果。如表 2-3 所示，本国每减少 1 单位布的生产，可以释放出 6 单位的劳动，这 6 单位的劳动用于生产小麦，则可以多生产出 2 单位的小麦；同样，外国每减少 1 单位小麦的生产所释放出的劳动（12 单位），可多生产出 3 单位的布。从整个世界的角度看，国际分工后，虽然世界劳动总量并没有任何增加，但小麦和布的总产出分别净增加 1 单位和 2 单位。这说明，国际分工后，两种产品的总产量均增加了。

表 2-3　国际分工后生产变化的净效果
（以放弃 1 单位处于相对劣势的产品的生产为例）

	本国	外国	世界生产的净效果
小麦的产出	+2	−1	+1
布的产出	−1	+3	+2

接下来再看国际交换后对两国福利的影响，如表 2-4 所示。为简单起见，假设两国按照 1∶1 的国际比价进行交换，那么，本国用放弃生产 1 单位布的劳动所生产出的小麦与外国交换，可得到 2 单位的布，这要比自己直接生产布更有利可图（可多得到 1 单位的布）；同样，外国以放弃 1 单位的小麦为代价，通过国际贸易可以得到 3 单位的小麦，比自己直接生产小麦更有利可图（可多得到 2 单位的小麦）。由此可见，依据绝对优势理论，国际贸易后，世界和两国的福利水平都会提高。

表 2-4　国际贸易后两国的净福利效果

	本国	外国
换得的小麦		+3
换得的布	+2	
净利益	+1	+2

综上所述，亚当·斯密的绝对优势理论的主要内容是：就贸易起因而言，本国在小麦的生产方面具有绝对优势，外国在布的生产方面具有绝对优势；就贸易格局而言，本国完全专业化生产并出口小麦，外国完全专业化生产并出口布；就贸易的结果而言，世

界和两国的福利水平都得以提高。

（三）绝对优势理论的主要观点

各国都应当分工生产自身具有绝对成本优势的产品。在国际贸易中，一国出口自身具有绝对成本优势的商品，进口对方国家具有绝对成本优势的商品；这样的交易格局，会使贸易双方都从国际贸易中获利。各国的资源、劳动力和资本得到更有效的利用，从而极大地提高了劳动生产率和物质财富。

（1）绝对优势促进分工的形成。斯密认为，一国生产并出口哪种产品，应该由本国生产产品的成本来决定。当一国在一种产品的生产上具有绝对优势时，该国就应该专注于生产该种产品，并用该种产品交换外国生产的具有绝对优势的产品。

（2）劳动分工可以提高劳动效率。斯密认为，分工提高劳动效率的途径主要有：提高劳动者的劳动熟练程度；分工使得每个人专门从事某项工作，从而节省与生产没有直接关系的时间；由于人们可以将注意力全部集中于某一生产环节或目标上，因此分工有利于发明创造和工具的改进。

（3）分工由一国的自然优势或获得性优势决定。斯密认为，国际分工是建立在一国所拥有的自然优势或获得性优势的基础上。自然优势是自然环境优势，如气候、土壤、地理位置和矿产等。获得性优势是后天获得的优势，如纺织、冶铁等特殊技术与技巧。一国在生产产品上具有自然优势或获得性优势使得该国能够拥有成本优势，从而在价格上占据优势。因此，该国应该输出本国在有利条件下生产的产品去交换外国产品，而不是自己生产所有产品，这也就决定了国家间是如何分工的。

三、对绝对优势理论的评价

亚当·斯密的绝对优势理论首次从理论的角度回答了国际贸易发生的原因之一——两国劳动生产率的绝对差异，开创了对国际贸易进行经济分析的先河，这是该理论对国际贸易理论的一大重要贡献。

但该理论无法解释一个国家在所有部门的劳动生产率上都处于绝对优势，而另外一国的劳动生产率都处于绝对劣势情况下的两国间的贸易现象，这说明该理论不具有一般性，有较大的局限性，需要进行补充和完善。英国经济学家大卫·李嘉图在这方面作出了重要贡献。

产生上述局限的主要问题在于绝对优势理论不是均衡的。产生贸易的原因是产品价格或者说竞争边际存在差异，而价格主要取决于劳动生产率和生产成本。绝对优势考虑的劳动生产率的问题只是影响价格的一个方面，而成本要看要素回报，即要素价格的问题，而工资价格是内生的，这个生产成本的问题，亚当·斯密恰恰没有考虑，因此，按照亚当·斯密的逻辑，只要具有绝对劣势（即生产效率都低）的国家就只会进口，但是，具有绝对劣势的国家单方面净进口，完全没法生产，工资就为 0，产品价格就为 0。不考虑工资的内生性会导致贸易无法展开，即亚当·斯密的绝对优势理论的逻辑或结论存在问题。

第 3 节　比较优势理论

一、比较优势理论产生的背景

英国工业革命迅速发展，工业资产阶级同地主贵族阶级的矛盾随着工业革命的发展而达到异常尖锐的程度。为了维护地主贵族阶级的利益，英国于 1815 年颁布了《谷物法》，禁止从国外进口谷物，间接提高了英国工业品的生产成本，导致工业资产阶级和地主贵族阶级围绕《谷物法》的存废展开了激烈论战。

大卫·李嘉图是古典政治经济学的集大成者。在这场论战中，他继承和发展了亚当·斯密的绝对优势理论，出版了《政治经济学及赋税原理》，提出了倡导自由贸易的比较优势理论，为工业资产阶级提供了有力的武器。

二、比较优势理论的主要内容

（一）比较优势理论的基本假设

（1）世界上存在两个国家，每个国家生产两种产品，使用劳动这一种生产要素——“2×2×1 模型”。

（2）劳动在一国内是完全同质的，两国的劳动力资源总量相等且都得到了充分利用，劳动力市场始终处于充分就业状态。劳动力在国内可以自由流动，但在两国之间不能自由流动。

（3）国家之间实行自由贸易政策，且不存在任何交易成本。

（4）不存在技术变化，每种产品的国内生产成本都是固定的，劳动的规模报酬不变。

（5）各国的产品市场和要素市场是完全竞争的。

（6）两国在两种产品的生产中存在劳动生产率上的相对差异。

（二）比较优势理论的举例分析

沿用前面介绍绝对优势理论的例子，在表 2-5 和表 2-6 中，将外国布的单位产出所需要的劳动投入量从 4 单位变成了 8 单位，外国布的单位劳动的产出量也相应进行了调整。

表 2-5　封闭条件下两国各产品单位产出所需的劳动量

	本国	外国
小麦的劳动投入量	$a_{LW}=3$	$a_{LW}^{*}=12$
布的劳动投入量	$a_{LC}=6$	$a_{LC}^{*}=8$

表 2-6 封闭条件下两国各产品单位劳动的产出量

	本国	外国
小麦的劳动生产率	$1/a_{LW}=1/3$	$1/a_{LW}^*=1/12$
布的劳动生产率	$1/a_{LC}=1/6$	$1/a_{LC}^*=1/8$

调整后，可以看出本国在两种产品的生产上都处于绝对优势。但两种产品的绝对优势的程度并不相同，其中，在小麦的生产上本国的劳动生产率是外国的 4 倍，而在布的生产上，本国的劳动生产率只是外国的 4/3 倍。相比之下，本国小麦的劳动生产率相对更高（(1/3)/(1/6)>(1/12)/(1/8)）。同理，可推知封闭条件下本国和外国两种产品的相对价格分别为：$P_W/P_C=a_{LW}/a_{LC}=1/2$ 和 $P_W^*/P_C^*=a_{LW}^*/a_{LC}^*=3/2$。由于封闭条件下两国两种产品的相对价格（机会成本）存在差异，本国小麦相对价格更低，或者说本国在小麦的生产上具有比较优势，而外国在布的生产上具有比较优势，两国存在开展国际贸易（国际分工）的动因。

开放后，如果各国更多地生产其更有比较优势的产品，然后再进行国际交换，结果又会怎样呢?

表 2-7 说明了国际分工后两国生产变化的净效果。如果两国仍按 1∶1 的国际比价进行贸易，那么，如表 2-8 所示，本国与外国通过国际贸易获得的商品数量均要比自己直接生产所获得的商品数量更多，由此可见贸易对两国均有好处。

表 2-7 国际分工后生产变化的净效果
（以放弃 1 单位处于相对劣势的产品的生产为例）

	本国	外国	世界生产的净效果
小麦的产出	+2	−1	+1
布的产出	−1	+1.5	+0.5

表 2-8 国际贸易后两国的净福利效果

	本国	外国
换得的小麦		+1.5
换得的布	+2	
净利益	+1	+0.5

综上所述，就贸易的原因而言，本国小麦的劳动生产率相对较高；就贸易的格局而言，本国完全专业化生产并出口小麦，外国完全专业化生产并出口布；就贸易的结果而言，世界和两国的福利水平都得以提高。

（三）比较优势理论的主要观点

所谓比较优势，是指一个国家在某种产品的生产上比另一个国家的相对生产率更高或者相对生产成本更低。具体而言，如果一个国家生产两种产品的相对生产成本比另一个国家更低，该国就在第一种产品的生产上具有比较优势，另一个国家则在第二种产品的生产上具有比较优势。所谓比较优势理论，是指比较优势是展开国际分工和国际贸易的基本原则。即使有的国家在产品生产上不具有绝对优势，各国只要按照“两优相权取其重，两劣相权取其轻”的原则，专业化生产自己具有比较优势的产品，同时进口本国具有比较劣势的产品，那么每个国家都能够通过国际分工和国际贸易提高本国的产出量和消费量，国际贸易能让所有贸易参与国获益。

三、国际贸易对工资水平的影响

（一）国际贸易对一国工资水平的影响

以 A 国为例。定义 a_{LY} 是 A 国生产 Y 产品的劳动投入量，a_{LX} 是 A 国生产 X 产品的劳动投入量，X 产品的国际价格是 P_X^W，X 产品在 A 国的价格是 P_X^A，X 产品在 B 国的价格是 P_X^B；b_{LY} 是 B 国生产 Y 产品的劳动投入量，b_{LX} 是 B 国生产 X 产品的劳动投入量，Y 产品的国际价格是 P_Y^W，Y 产品在 A 国的价格是 P_Y^A，Y 产品在 B 国的价格是 P_Y^B。贸易前均衡状态下，国内名义工资水平为：

$$w_A = P_X^A / a_{LX} = P_Y^A / a_{LY} \quad (2-1)$$

根据式（2－1），相对 X 和 Y 两种产品价格的实际工资水平为：

$$w_A / P_X^A = 1/a_{LX}, \quad w_A / P_Y^A = 1/a_{LY} \quad (2-2)$$

该式的经济含义可以用图 2－1 表示：对于单个劳动者来说，其消费既包括 X 产品，也包括 Y 产品，那么其实际收入可以用图 2－1 中的预算线 $1/a_{LX}$ 和 $1/a_{LY}$ 来衡量。预算线在横、纵坐标轴上的交点分别表示名义工资全部用于消费 X 和 Y 产品所能购买的数量（$1/a_{LX}$，$1/a_{LY}$），连线表示名义工资所能购买的所有消费组合。

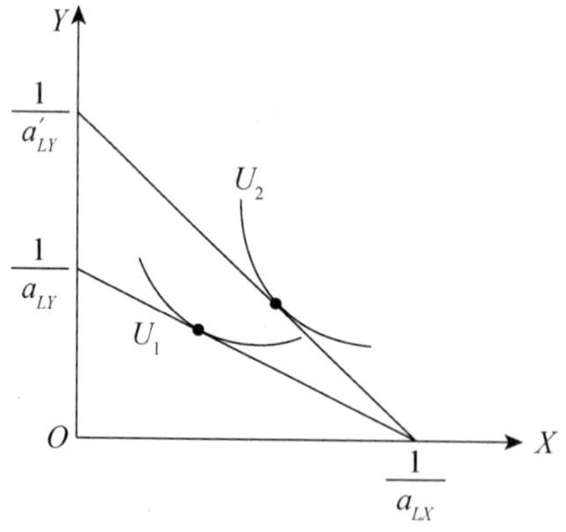

图 2－1　贸易对一国劳动者福利的影响

贸易后，A 国的名义工资水平发生变化。由于 A 国完全专业化生产 X 产品，所以均衡时，A 国的名义工资水平为：

$$w'_A = P_X^W / a_{LX} \quad (2-3)$$

由于 X 产品的国际价格 $P_X^W \geqslant P_X^A$，所以贸易后 A 国劳动者的名义工资收入提高了。

再来看 A 国劳动者实际工资水平的变化。贸易后，A 国劳动者实际工资水平分别为：

$$\frac{w_A'}{P_X^W}=\frac{1}{a_{LX}}$$

$$\frac{w_A'}{P_Y^W}=\frac{P_X^W}{a_{LX}P_Y^W}=\frac{P_W}{a_{LX}}\geqslant\frac{P_A}{a_{LX}}=\frac{a_{LX}}{a_{LY}a_{LX}}=\frac{1}{a_{LY}}=\frac{w_A}{P_Y^A} \tag{2-4}$$

其中，$P_W=\frac{P_X^W}{P_Y^W}$，$P_A=\frac{a_{LX}}{a_{LY}}$，$P_W\geqslant P_A$。

由此可知，贸易后 A 国劳动者相对于出口产品 X 而言实际收入未变，但相对于进口产品 Y 而言，实际收入则提高了。

这一变化可以用图形表示，在图 2-1 中，外移的预算线衡量了 A 国劳动者贸易后的实际收入水平。该预算线位于贸易前的预算线之上，说明贸易后 A 国劳动者的实际收入水平提高了。另外，劳动者贸易前后的福利水平的变化，还可通过比较分别与两条预算线相切的个体无差异曲线来判断。显然，贸易后劳动者的福利水平（U_2）更高。

（二）国际贸易对两国相对工资水平的影响

现在我们来考虑贸易前后两国工资的变化情况。

前面假定$\frac{a_{LX}}{a_{LY}}<\frac{b_{LX}}{b_{LY}}$，这里再进一步假定$\frac{1}{a_{LX}}>\frac{1}{b_{LX}}$，$\frac{1}{a_{LY}}>\frac{1}{b_{LY}}$，这说明 A 国工人的实际工资在贸易前是高于 B 国的，贸易后两个国家的工资会趋同吗?

贸易前，A 国以 X 产品衡量的实际工资为$\frac{w_A}{P_X^A}=\frac{1}{a_{LX}}$，B 国以 X 产品衡量的实际工资为$\frac{w_B}{P_X^B}=\frac{1}{b_{LX}}$，由之前的假定可以知道，此时 A 国工人的实际工资高于 B 国。

贸易后，A 国以 X 产品衡量的实际工资为$\frac{w_A'}{P_X^W}=\frac{1}{a_{LX}}$，即 A 国劳动者以 X 产品衡量的实际工资不变。B 国以 X 产品衡量的实际工资为：

$$\frac{w_B'}{P_X^W}=\frac{P_Y^W}{b_{LY}}\cdot\frac{1}{P_X^W}=\frac{1}{P_W\cdot b_{LY}} \tag{2-5}$$

由 $P_A\leqslant P_W\leqslant P_B$，即$\frac{a_{LX}}{a_{LY}}\leqslant P_W\leqslant\frac{b_{LX}}{b_{LY}}$和$\frac{1}{a_{LY}}>\frac{1}{b_{LY}}$，有

$$\frac{w_B'}{P_X^W}=\frac{1}{b_{LY}}\cdot\frac{1}{P_W}\leqslant\frac{1}{b_{LY}}\cdot\frac{a_{LY}}{a_{LX}}\leqslant\frac{1}{a_{LX}}=\frac{w_A'}{P_X^W} \tag{2-6}$$

B 国劳动者以 X 产品衡量的实际工资和名义工资仍比 A 国劳动者相应的工资低。

这说明，只要两个国家同一部门的劳动生产率存在差异，这两个国家的要素收入就不会相等，贸易不能使两国要素价格实现均等化，B 国想要提高其工人收入，必须提高自己的技术水平，进而提高劳动生产率。

四、对比较优势理论的评价

比较优势理论对于国际贸易理论最大的贡献是首次为自由贸易提供了有力的证据，并从劳动生产率的角度成功地解释了国际贸易发生的重要原因。即使在今天，它仍有很重要的应用价值。

但比较优势理论仍然存在不足。其一，理论简单，假设在生产过程中只投入劳动一种生产要素。虽然该假设在手工业时代具有一定的合理性，但是随着工业革命极大地改进了生产机器，不同国家之间的生产差异首先体现在生产工具上，因此该理论假定各国劳动生产率的差异是由于单位产品劳动投入量的差异导致的并不完全适用于工业化时代。其二，由于只有劳动一种生产要素，不存在机会成本递减的规律，各国生产两种产品的机会成本不变，因此各国根据比较优势原则进行完全的专业化生产，这与现实不符。其三，虽然解释了劳动生产率的差异引起国际贸易，但没有对造成各国劳动生产率差异的原因给予进一步的解释。造成劳动生产率差异的原因有很多，如自然条件、生产成本、生产力、科学技术、社会条件等。劳动生产率差异的原因不明确，将使各国不知道如何有针对性地提高本国相应部门的劳动生产率。其四，比较优势理论嵌于古典政治经济学体系内，以劳动价值论为基础。劳动价值论认为劳动是创造价值的唯一源泉，劳动是同质的、无差别的，所以任何一件商品的价值只由所耗费的劳动决定，因此在前面的分析中可以发现商品相对价格的差异都体现为生产效率的差异，与需求无关。但现实生活中商品的价值，进而价格，并不是仅受劳动成本影响；现实中劳动也不是同质的，因为各国工人的工资水平不同。仅考虑供给方面的因素，不考虑需求方面的因素，两国商品的交换比例即贸易条件无法确定，贸易利益的分配无法确定。

第 4 节　特定要素模型

一、特定要素模型的主要内容

（一）特定要素模型的基本假设

（1）两个国家（A 国和 B 国，A 国是资本相对丰裕的国家）。

（2）两种产品（X 为资本密集型产品，Y 为劳动密集型产品）。

（3）为体现要素的特定性，假定有三种生产要素：劳动、资本和土地，其中资本和土地是特定要素，生产 X 产品使用劳动和资本，生产 Y 产品使用劳动和土地。

（4）劳动是同质的，可在一国两个部门之间自由流动，但不能在国家间流动；特定的生产要素在两个部门之间不能相互使用，国家间也不能流动。

（5）两国同种产品生产部门的生产技术相同，即两国相同部门的生产函数相同。

（6）产品 X 和产品 Y 规模收益不变。

（7）两国的生产要素供给给定，且不存在闲置的生产要素。

（8）两种产品要素密集度不同，假设 X 为资本密集型产品，Y 为劳动密集型产品，不存在要素密集度逆转。

（9）所有产品市场、要素市场都是完全竞争的。

（10）两国消费者偏好相同。

（11）不存在运输成本或其他贸易障碍，两国之间的贸易平衡。

（二）特定要素模型的主要观点

按照假设，A 国作为资本相对丰裕的国家，在经济开放后，将更多地生产并出口 X 产品，同时减少生产并进口 Y 产品。贸易会使 X 产品的相对价格上升，Y 产品的相对价格下降，而产品相对价格的变化将会对国内各生产部门的生产结构产生影响，改变各生产部门和各生产要素所有者的收入分配情况。由于各生产部门特定要素的存在，将导致这些影响与前面的讨论有很大的不同。

下面结合图 2-2 考察特定要素条件下，国际贸易对一国收入分配的影响。

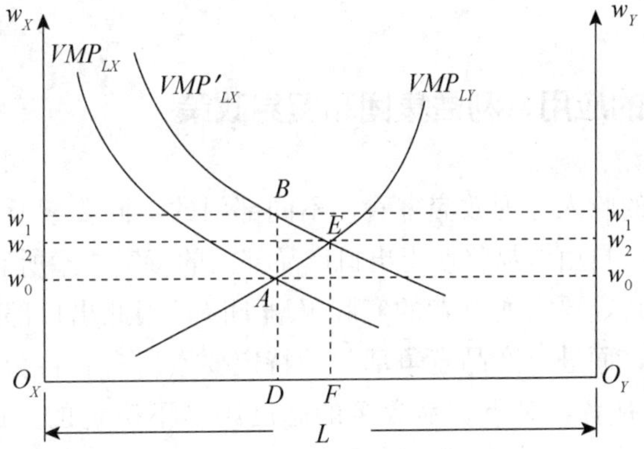

图 2-2　特定要素模型的收入分配效应分析

图中，A 国的劳动力总供给 L 在一定时期内是不变的。在封闭经济中，X 部门的边际劳动价值 VMP_{LX} 和 Y 部门的边际劳动价值 VMP_{LY} 相交于 A 点，得到封闭经济中的均衡工资率 $w_0=AD$，此时，O_XD 的劳动力用于生产 X，DO_Y 的劳动力用于生产 Y。其中：

X 部门的边际劳动价值 $VMP_{LX}=w_X=P_X \times MP_{LX}$

Y 部门的边际劳动价值 $VMP_{LY}=w_Y=P_Y \times MP_{LY}$

X 部门的边际资本价值 $VMP_{MX}=r_X=P_X \times MP_{MX}$

Y 部门的边际土地价值 $VMP_{KY}=r_Y=P_Y \times MP_{KY}$

开放后，A 国参与国际贸易，开始出口 X 产品，使得 X 产品的相对价格上升（为分析简单起见，假设参与国际贸易后，Y 的相对价格保持不变），VMP_{LX} 向右上方移动至 VMP'_{LX}，导致 X 部门的工资率由 w_0 上升至 $w_1=BD$，工资率上升的幅度为 AB。在劳动力可自由流动的前提下，X 部门和 Y 部门工资率的差异导致劳动者从 Y 部门转移至 X

部门，这种转移直到两部门的工资水平相等为止（$w_2=EF$），此时X部门的劳动力增加至O_XF，Y部门的劳动力减少至FO_Y。

现在分析劳动者实际工资的变化。A国在参与国际贸易后，由于部分劳动者从Y部门流动到X部门，导致X部门劳动边际产出下降，而Y部门劳动边际产出上升，由$w/P_X=MP_{LX}$和$w/P_Y=MP_{LY}$可知，劳动者以X产品价格衡量的实际收入下降，以Y产品价格衡量的实际收入上升。因此，劳动者实际收入水平是否提高将取决于其消费结构。

再来分析两种特定要素所有者收入水平的变化情况。开放后，在X部门，在资本供给一定的情况下，由于劳动力的流入，资本要素相对减少，因此，MP_{KX}将上升，所以X部门资本所有者的实际收入$r_X/P_X=MP_{KX}$提高。在Y部门，在土地供给一定的情况下，由于劳动力的流出，土地的使用相对增加，因此，MP_{KY}下降，所以Y部门土地所有者的实际收入$r_Y/P_Y=MP_{KY}$减少。

概括起来，国际贸易会提高贸易国出口部门特定要素所有者的实际收入，降低进口竞争部门特定要素所有者的实际收入；对于可自由流动要素所有者的实际收入的影响不确定。

二、特定要素模型的应用：利益集团和贸易政策

从特定要素模型的收入分配效应来看，不同部门的不同要素所有者对于进出口贸易政策的态度是不同的。自由贸易将使得出口产品部门的特定要素所有者的实际报酬提高，进口产品竞争部门的特定要素所有者的实际报酬下降，因此出口部门的特定要素所有者会支持自由贸易政策，而进口产品竞争部门的特定要素所有者将会反对。而两部门共同使用的生产要素的所有者，对于贸易政策的态度则是不确定的，这与他们的消费结构有关。

因此，在制定对外贸易政策时，来自出口部门特定要素所有者的利益集团，会鼓动政府继续推行自由贸易政策；来自进口竞争部门特定要素所有者的利益集团，则希望政府对进口贸易建立各种贸易障碍和壁垒，限制对外贸易的发展。

本章小结

古典国际贸易模型起源于亚当·斯密的绝对优势理论，后经比较优势理论和特定要素模型的发展和补充日趋完善。

绝对优势理论认为不同国家在不同产品的生产中有其特殊的优势，证明各国按照各自的生产优势进行生产并开展自由贸易，世界的总产量也会增加。

比较优势理论认为即使一国在任何一种产品的生产上都没有绝对优势，该国以及其他国家也可以从国际贸易中获利，只要各国专业化生产其具有相对优势的产品，所有参与国都可以从国际贸易中获利。

特定要素模型有效地分析了国际贸易的收入分配效应。在该模型中，贸易国出口部

门的特定要素所有者会从贸易中受益，进口竞争部门的特定要素所有者会从贸易中受损，而可自由流动要素所有者可能受益也可能受损。

关键词

重商主义 绝对优势 比较优势 机会成本 单位劳动投入 特定要素模型

复习与思考题

1. 重商主义有哪些基本的理论观点和政策主张？
2. 绝对优势理论的基本假设和主要观点有哪些？该理论的缺点是什么？
3. 比较优势理论的基本假设和主要观点有哪些？该理论的缺点是什么？
4. 什么是特定要素模型？

第3章
新古典国际贸易模型

学习目标

- 了解新古典国际贸易模型的发展过程。
- 理解赫克歇尔-俄林模型、Leamer 三角、雷布津斯基定理、斯托尔帕-萨缪尔森定理和要素价格均等化理论的主要内容。
- 理解里昂惕夫之谜的主要内容和解释。

第 1 节　赫克歇尔-俄林模型

一、赫克歇尔-俄林模型产生的背景

要素禀赋论的创立者是瑞典著名经济学家赫克歇尔（Eli F. Heckscher）和其学生俄林（Bertil Gotthard Ohlin）。赫克歇尔于 1919 年发表了论文《对外贸易对收入分配的影响》，提出了赫克歇尔-俄林模型的基本观点，但这些观点并未引起广泛的关注。十几年后，俄林在其导师的模型上进一步研究，并于 1933 年出版了《区际贸易与国际贸易》一书，创立了赫克歇尔-俄林（H-O）模型（要素禀赋论）。

瑞典和加拿大都是原木出口大国，但两国林木产业的劳动生产率并不是最高的，两国得益于人均森林拥有量高于世界上绝大多数国家的水平。如果现实确实如同李嘉图所言，劳动是唯一的生产要素，那么比较优势形成的唯一原因就是世界各国之间劳动生产率的不同。但是，世界各国之间劳动生产率的差异只能部分地解释国际贸易产生的原因，国际贸易还可反映出世界各国之间资源禀赋的差异。由此，赫克歇尔和俄林提出了要素禀赋理论。

二、赫克歇尔-俄林模型的主要内容

（一）赫克歇尔-俄林模型的基本概念

1. 要素禀赋

要素禀赋的定义方法有两种：一种是数量定义，另一种是价格定义。

（1）要素禀赋的数量定义是指一国所拥有的两种生产要素数量的相对比例。按照要素禀赋的数量定义，假设有两个国家（A 和 B），A 国的生产要素资本和劳动的数量分别为 K 和 L，B 国的生产要素资本和劳动的数量分别为 K^* 和 L^*，如果 A 国的资本-劳动比率（K/L）大于 B 国的资本-劳动比率（K^*/L^*），即 $K/L>K^*/L^*$，则称 A 国为资本丰裕的国家，B 国为劳动丰裕的国家；反之，如果 $K/L<K^*/L^*$，则称 A 国为劳动丰裕的国家，B 国为资本丰裕的国家。

如图 3-1 所示，E_A 和 E_B 分别表示 A 和 B 两国的要素总量组合。ρ_A 和 ρ_B 分别表示 OE_A 和 OE_B 的斜率，即两国的资本-劳动比率。由于 $\rho_A>\rho_B$，故 A 国为资本丰裕的国家，B 国为劳动丰裕的国家。

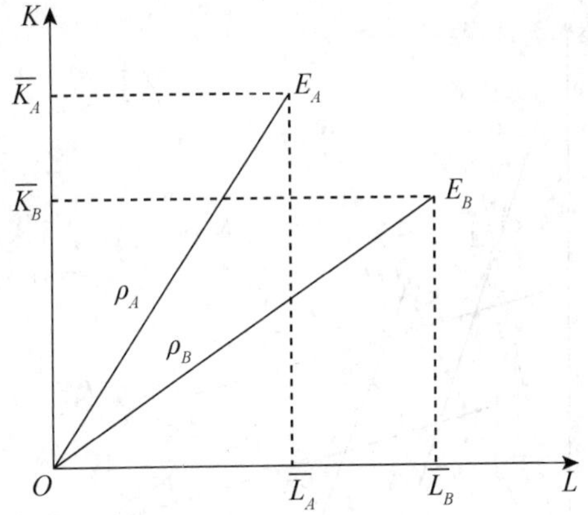

图 3-1　要素禀赋的图示

（2）要素禀赋的价格定义是指一国所拥有的两种生产要素价格的相对比例。按照要素禀赋的价格定义，假设有两个国家（A 和 B），A 国的生产要素资本和劳动的价格分别为资本 r（A 国的资本价格，利率）和 w（A 国的劳动力价格，工资率），B 国的生产要素资本和劳动的价格分别为 r^*（B 国的资本价格，利率）和 w^*（B 国的劳动力价格，工资率），如果 $w/r<w^*/r^*$，则称 A 国为劳动丰裕的国家，B 国为资本丰裕的国家；反之，如果 $w/r>w^*/r^*$，则称 A 国为资本丰裕的国家，B 国为劳动丰裕的国家。

以上关于要素禀赋的两种定义中，数量定义是从生产要素的供给角度考虑的，而价格定义则包含了生产要素的供给和需求两个方面。当假定两国的需求结构相同的时候，要素禀赋的数量定义和价格定义是等价的，也就是说如果 $K/L>K^*/L^*$ 条件满足，在两国需求结构相同的情况下，$w/r>w^*/r^*$ 会成立，此时两种定义方式都可以说明 A 国为资本丰裕的国家，B 国为劳动丰裕的国家。

2. 要素密集度

要素密集度是指在一定的生产要素价格条件下，生产某种产品所投入的两种生产要素的相对比例。

一般而言，假设生产两种产品 X 和 Y 均需投入资本（K）和劳动（L），如果生产 X 产品的资本-劳动比率（K_X/L_X）大于生产 Y 产品的资本-劳动比率（K_Y/L_Y），即 $K_X/L_X > K_Y/L_Y$，那么相对于 Y 产品来说，X 产品的生产更密集使用资本要素（K），因此 X 产品为资本密集型产品，Y 产品为劳动密集型产品；反之，如果 $K_X/L_X<K_Y/L_Y$，X 产品为劳动密集型产品，Y 产品为资本密集型产品。

如图 3-2 所示，XX'和 YY'分别表示 X 和 Y 两种产品的等产量线，其中 XX'相比 YY'更偏向于 K 坐标轴。在任一给定的要素相对价格下，厂商需要满足的利润最大化的基本条件：等成本线与等产量线相切的切点即为最优要素组合点，原点与最优要素组合点连线的斜率即表示该种产品的要素密集度，分别用 K'_X（$K'_X = K_X/L_X$）和 K'_Y（$K'_Y=K_Y/L_Y$）来表示。在该图中，我们可以发现，当要素相对价格为 w/r，有 $K_X>K_Y$；当要素相对价格为 w'/r'，有 $K'_X>K'_Y$，所以在任一给定的要素相对价格下，都有 $K_X>K_Y$，所以 X 是资本密集型产品，Y 是劳动密集型产品。

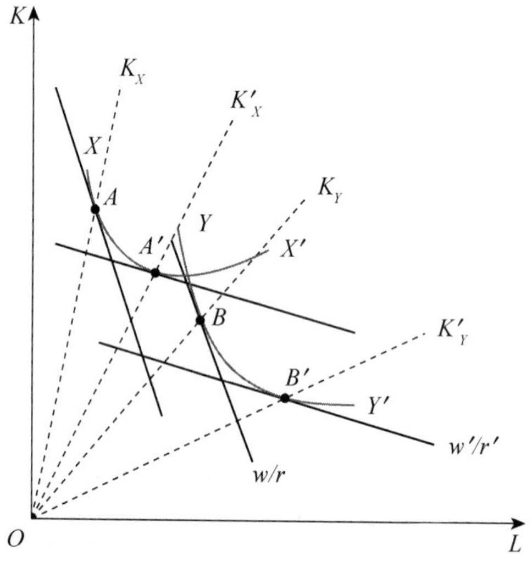

图 3-2 要素密集度的图示

需要注意的是，在要素密集度的定义中，衡量标准不是生产某产品所使用生产要素的绝对数量，而是使用生产要素的相对比例（资本-劳动比率）。假设生产要素的价格发生变化，以劳动价格相对于资本价格不断上升为例，考虑成本最小化的要求，则在劳动价格相对较高的情况下，为降低成本，生产 X 和 Y 这两种产品均会减少使用劳动要素，增加使用资本要素，从而使得 X 和 Y 这两种产品的资本密集度都会提高。只有在任意相对要素价格下，生产 X 产品的资本-劳动比率均大于生产 Y 产品的资本-劳动比率时，才能确定 X 为资本密集型产品，Y 为劳动密集型产品。

（二）赫克歇尔–俄林模型的基本假设

（1）有劳动和资本两种要素。

（2）各个国家的劳动和资本数量不同。

（3）每个国家的劳动和资本数量是固定的。

（4）只有两种产品供生产和消费。

（5）完全竞争的市场结构，企业零利润，收益等于成本。竞争使得要素价格等于产品价格乘以要素边际生产率，要素可以自由流动到要素价格高的产业。

（6）只有两个国家：本国和外国。

（7）两国技术一样。

（8）两国偏好相同。

（三）赫克歇尔–俄林模型的主要观点

在假定各国对要素需求相同的情况下，两国要素禀赋的差异将导致两国要素的相对价格存在差异；两种产品要素密集度给定的情况下，且两国同种产品生产技术水平相同时，将导致利用这些生产要素生产产品的成本不同；生产成本较低国家的厂商将有能力生产更多的产品；如果两国市场对产品的需求相同，供给能力更强的国家的这种产品的价格相对较低，该国将成为这种产品的主要生产国和出口国，从而国际贸易就发生了。由此，我们可以知道，在生产技术水平相同的条件下，两国要素禀赋的差异是国际贸易发生的根本原因。

（四）一般均衡分析

给定两国的要素禀赋以及所生产产品的要素密集度，可以画出两国两种产品的生产可能性边界。假设 A 国为资本丰裕的国家，B 国为劳动丰裕的国家，X 产品为资本密集型产品，Y 产品为劳动密集型产品。由于 A 国资本要素丰裕，A 国能够比 B 国多生产需密集使用资本要素的 X 产品；同理，B 国劳动要素丰裕，B 国能够比 A 国多生产需密集使用劳动要素的 Y 产品。图 3－3 中偏向于纵轴的生产可能性曲线为 A 国的；偏向于横轴的生产可能性曲线为 B 国的。

（1）A 国贸易前后的变化情况（见图 3－3）。

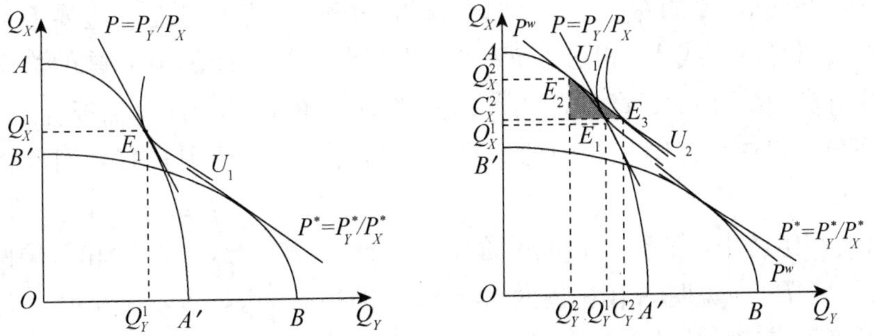

图 3－3 赫克歇尔–俄林模型的一般均衡分析（A 国）

贸易前，生产可能性边界 AA' 与无差异曲线 U_1 以及相对价格线 P 相切于 E_1 点，E_1 点是封闭经济中 A 国的均衡点，此时 A 国生产并消费 Q_X^1 单位 X 产品，生产并消费 Q_Y^1 单位 Y 产品。A 国在封闭经济中，Y 和 X 产品的价格比为 $P=P_Y/P_X$；B 国在封闭经济中，Y 和 X 产品的价格比为 $P^*=P_Y^*/P_X^*$。A 国和 B 国两种产品的相对价格比 $P>P^*$（图中 A 国 P 线斜率大于 B 国 P^* 线斜率），说明 A 国国内的 X 产品价格低于 B 国，资本丰裕的 A 国生产资本密集型的 X 产品有比较优势，A 国国内的 Y 产品价格高于 B 国，劳动丰裕的 B 国生产劳动密集型的 Y 产品有比较优势，由此产生了贸易的基础。

贸易后，在图 3－3 的右图中，A 国和 B 国进行贸易，A 国将出口 X 产品并进口 Y 产品，贸易后 X 产品的国际价格将提高。贸易后，国际上 Y 产品和 X 产品的相对价格比 $P^W=P_Y^W/P_X^W$，根据第 2 章对国际均衡价格的分析，P^W 应满足以下关系：$P^*<P^W<P$。贸易后，A 国的生产点由 A 国的生产可能性边界 AA' 和国际均衡相对价格线相切得到的 E_2 点确定，此时，A 国生产 Q_X^2 单位 X 产品（$Q_X^2>Q_X^1$），生产 Q_Y^2 单位 Y 产品（$Q_Y^2<Q_Y^1$）。因为在一定时期内，生产要素总量是一定的，X 产品产量的增加，将导致生产要素从 Y 产品的生产部门流向 X 产品的生产部门。A 国的消费点由 A 国的无差异曲线 U_2（U_1 向右上方平移得到）与国际均衡相对价格线相切得到的 E_3 点确定，此时，A 国消费 C_X^2 单位的 X 产品，消费 C_Y^2 单位的 Y 产品。A 国出口 X 产品，进口 Y 产品，A 国的贸易三角形见图 3－3 中的阴影区域。贸易后，A 国可以获得更高的福利水平（$U_2>U_1$）。

（2）B 国贸易前后的变化情况（见图 3－4）。

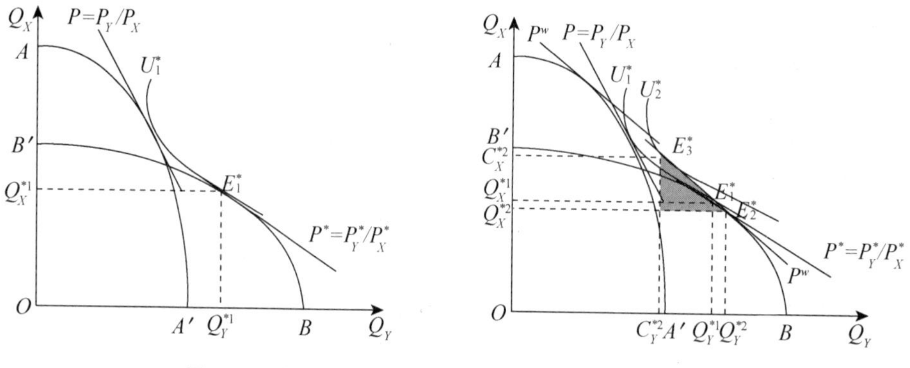

图 3－4　赫克歇尔－俄林模型的一般均衡分析（B 国）

贸易前，在图 3－4 的左图中，B 国在封闭经济中，生产可能性边界 BB' 与无差异曲线 U_1^* 以及相对价格线 P^* 相切于 E_1^* 点，E_1^* 点是封闭经济中 B 国的均衡点，此时 B 国生产并消费 Q_X^{*1} 单位 X 产品，生产并消费 Q_Y^{*1} 单位 Y 产品。需要注意的一点是，在之前的假设条件中，A 国和 B 国的消费偏好相同，因此两国具有相同形状的无差异曲线。

B 国在封闭经济中，Y 和 X 产品的价格比为 $P^*=P_Y^*/P_X^*$。A 国和 B 国两种产品的相对价格比 $P>P^*$，说明 A 国国内的 X 产品价格低于 B 国，资本丰裕的 A 国生产资本密集型的 X 产品有比较优势，A 国国内的 Y 产品价格高于 B 国，劳动丰裕的 B 国生产劳动密集型的 Y 产品有比较优势，由此产生了贸易的基础。

贸易后，在图 3-4 的右图中，B 国和 A 国进行贸易，B 国将出口 Y 产品并进口 X 产品，贸易后 Y 产品的国际价格将提高。贸易后，国际上 Y 产品和 X 产品的相对价格比 $P^W=P_Y^W/P_X^W$，国际市场上两种产品的相对价格比（即 P^W 线斜率）大于 B 国封闭经济中的相对价格比（即 P^* 线斜率），$P^*<P^W<P$，说明贸易后 Y 产品的国际价格高于 B 国封闭经济时的价格（B 国出口 Y 产品）。

然后考察贸易后 B 国国内的生产和消费情况。贸易后，B 国的生产点由 B 国的生产可能性边界 BB' 和国际相对价格线 P^W 相切得到的 E_2^* 点确定，此时，B 国生产 Q_Y^{*2} 单位 Y 产品（$Q_Y^{*2}>Q_Y^{*1}$），生产 Q_X^2 单位 X 产品（$Q_X^{*2}<Q_X^{*1}$）。B 国的消费点由 B 国的无差异曲线 U_2^*（U_1^* 向右上方平移得到）与国际相对价格线 P^W 相切得到的 E_3^* 点确定，此时，B 国消费 C_Y^{*2} 单位的 Y 产品，消费 C_X^{*2} 单位的 X 产品（$C_X^{*2}>Q_X^{*1}$）。

B 国出口 Y 产品，进口 X 产品，B 国的贸易三角形见图 3-4 中的阴影区域，由于两国的贸易平衡，因此，A 国和 B 国的贸易三角形是相等的。贸易后，B 国可以获得更高的福利水平（$U_2^*>U_1^*$）。

总的来说，国家间要素禀赋的差异是国际贸易的根本原因。一国出口密集使用其丰裕要素的产品，进口密集使用其稀缺要素的产品；贸易后两国的福利水平都会提高。另外，由于各国存在的差异性以及所形成的国际均衡价格的不同，两国在国际贸易之后，福利水平改善的程度可能也会不同。这可能会为某些国家推行贸易保护政策提供一定的依据。

三、里昂惕夫之谜

（一）里昂惕夫之谜的提出

根据赫克歇尔-俄林模型，美国应出口资本密集型产品，进口劳动密集型产品。但美国经济学家华西里·里昂惕夫（Wassily Leontief）采用投入产出法对美国的对外贸易发展状况进行分析后却发现，美国进口的是资本密集型产品，出口的是劳动密集型产品。这与赫克歇尔-俄林模型的结论刚好相反。由于赫克歇尔-俄林模型已经被西方经济学界广泛接受，因此里昂惕夫的结论被称为“里昂惕夫之谜”。

（二）里昂惕夫之谜的解释

里昂惕夫之谜引起了经济学家的注意，许多人对此作出解释，促进了相关研究。

1. 要素密集度逆转

赫克歇尔-俄林模型假设两种产品的要素密集度不同，同种产品在两个国家的要素密集度相同，没有要素密集度逆转的情况。要素密集度逆转是指同一种产品在资本丰裕的国家是资本密集型产品，在劳动丰裕的国家是劳动密集型产品。如果两种商品的替代弹性有较大差异，要素相对价格的变化将导致要素密集度逆转的现象。即在某些要素价格下，X 产品是资本密集型的，而 Y 产品是劳动密集型的；在另一些要素价格下，X 产品是劳动密集型的，而 Y 产品是资本密集型的。

2. 要素需求逆转

赫克歇尔-俄林模型假设两国消费者对两种产品偏好相同，对国际贸易原因的考察剔除了需求方面的影响，仅仅考虑要素禀赋差异。但是，实际贸易中，供求双方都会对国际贸易产生影响。如果一国对于某一种产品有比较优势，而且消费者特别偏好这一产品，赫克歇尔-俄林模型决定的进口方向将改变。按照需求逆转说，美国是资本丰裕的国家，如果美国偏好资本密集型产品，而其贸易方偏好劳动密集型产品，则美国资本密集型产品的相对价格将被抬高，直到美国的比较优势转为劳动密集型产品。因此，美国出口的是劳动密集型产品，进口的是资本密集型产品。

3. 自然资源说

自然资源的丰裕程度会影响一个国家的贸易模式。该理论认为，仅仅考虑资本和劳动两种要素限制了赫克歇尔-俄林模型的使用范围。在里昂惕夫的研究中，许多作为资本密集型产品进口的实际上是资源密集型产品。例如，美国大量进口的石油、煤炭、钢铁等产品，既包含资本的贡献，同时也离不开自然资源的贡献。美国的进口产品中初级产品占 60%～70%，这些产品的自然资源密集度很高，把这些产品归入资本密集型产品提高了美国进口产品的资本-劳动比率。

4. 人力资本说

人力资本说认为，劳动要素过于宽泛，实际上劳动有很多种类且性质不同。一般劳动可以分为熟练劳动和非熟练劳动两类。其中熟练劳动不是先天具备的，劳动者必须接受一定的教育和培训后才能具有一定的技能，我们称之为人力资本。美国可能是一个熟练劳动禀赋丰裕的国家。里昂惕夫之谜可能把劳动看成是同质引起的，不同质的劳动在生产中的作用是不同的。如果将美国工人的人数乘以 3，美国的贸易模式将符合赫克歇尔-俄林模型。

5. 关税结构说

赫克歇尔-俄林模型认为，一国通过对外贸易可以增加本国丰裕要素的实际报酬，减少稀缺要素的实际报酬。关税结构说主要强调关税对产品要素密集度的影响。就美国来说，关税更倾向于保护劳动力的所有者而不是资本的所有者。美国设置贸易壁垒主要是针对劳动密集型产品的进口。由于关税保护的结构性差异，劳动密集型产品受到较多的排斥，所以资本密集型产品成为美国的主要进口产品。

四、对赫克歇尔-俄林模型的评价

赫克歇尔-俄林模型比李嘉图的比较优势理论在体系上更加完整、全面，是在比较优势理论基础上的一大进步，该模型有其合理的成分和借鉴意义。赫克歇尔-俄林模型正确指出了生产要素拥有状况在各国对外贸易中的重要地位，指出了在各国对外贸易竞争中，土地、劳动、资本、技术等要素的结合所发挥的重要作用。模型的结论有一定的实用价值。但是，赫克歇尔-俄林模型也有一定的局限性。该模型将生产要素视为同质的假定与经济事实不符；为了强调模型的静态效果而忽略了技术因素的作用；此外，该模型与当代发达国家之间贸易迅速发展的情况不符。

第 2 节　要素禀赋的识别：Leamer 三角及其应用

一、 3×n 模型的假设条件

Leamer（1987）发展了一个三要素多产品模型（3×n 模型）来研究自然资源禀赋丰裕国与稀缺国的发展路径选择的差异问题。3×n 模型基于下列假设条件：

（1）所有国家的产品生产使用一致的规模报酬不变的技术。

（2）生产要素在一国内的产业间无成本流动，在国家间完全不流动。

（3）产品在国家间流动无运输成本或其他贸易阻碍，因而所有个体享有相同的产品价格。

（4）要素投入比例固定，且独立于要素价格。

二、 Leamer 三角及其应用

（一）要素禀赋三角

假定经济环境中存在三种生产要素：资本、劳动和土地，图 3－5 详细刻画了要素禀赋三角（endowment triangle）中的要素禀赋比例。在图 3－5 中，三种要素构成禀赋三角的顶点，每种要素顶点处该要素使用比例最大且其他两种要素使用为零。两种要素顶点连接构成禀赋三角的边，每一条边表示产品生产使用该两种要素而另一种要素使用为零，越接近要素顶点则表明产品生产使用该要素的比例越大。三角形边上的数值刻画要素禀赋比例值。禀赋三角内的点表示产品生产使用三种要素，与要素顶点的距离反映要素使用比例的大小。三角形每一角所引直线上的要素禀赋点意味着除顶点外的另两种要素比例相同。例如，假如从土地要素顶点引一直线穿过了加拿大（CAN）和美国（US），就意味着两国有着相同的劳动资本比例，若直线交三角形的边于 25 处，则表明加拿大和美国的单位劳动的资本是 25 000 美元。

禀赋三角中的 TOT 点表示 Leamer（1987）所选 38 个国家的总要素禀赋情况，该点的要素比例可由从三个要素顶点所引虚线相交的三边数值反映，即单位劳动的资本为 12 000 美元，单位劳动的土地为 9 000 平方米，单位土地的资本为 13 000 美元。依赖于单一国家的要素比例与所有国家作为整体的要素比例比较的差异，穿过 TOT 点的三条虚线将要素禀赋三角分为六个区域。例如，美国相较于其他国家整体来看，其单位劳动的资本和单位劳动的土地较高，而单位土地的资本较低，澳大利亚（ASL）和加拿大处于相似的位置。与此三国相比，奥地利（AST）、日本（JAP）、瑞士（SWI）等国却是土地稀缺，单位土地的资本明显较高。进一步看，这两个区域的国家虽然劳动资本比例相似，但土地资本比例非常不同，因而可以预期它们的生产和贸易模式会不同。

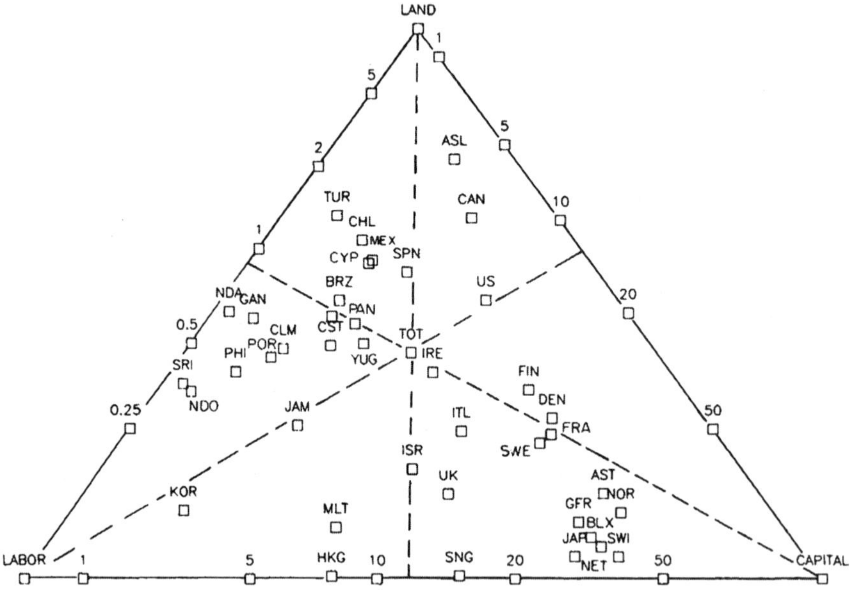

图 3-5 要素禀赋比例

（二）分工多样化三角

要素禀赋三角中的点能够反映产业投入向量和国家要素禀赋向量。如果投入比例是固定不变的，那么每种产品会有单一的投入向量。图 3-6 所示的分工多样化三角中的点代表了四种此类产品的生产。具体为：

(1) 两种工业品（M_1 和 M_2），使用资本（K）和劳动（L）要素，但土地（T）要素投入为零。

(2) 劳动密集型农产品（A_1），使用劳动和土地要素，但资本要素投入为零。

(3) 资本密集型农产品（A_2），使用资本、土地和劳动三种要素。

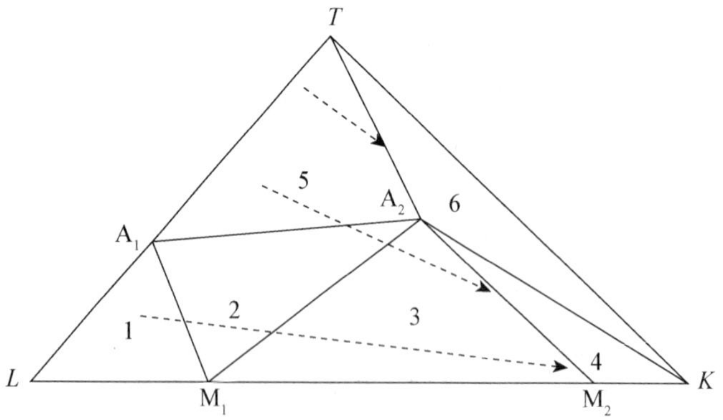

图 3-6 分工多样化三角

在图中，M_2 的劳动资本投入比例高于 A_2，A_2 的劳动土地投入比例高于 A_1。图中代表四种投入向量的点和线段连接的三条轴线把禀赋三角分成多样化三角，形成六个分工区域。分工区域的最优选择与产品的价格有关，通常，产品价格上升，该产品生产区域会增加，因而会选择禀赋三角中的最高价产品的点做起始顶点画线段连接其他点。图 3－6 中假定产品 A_2 最贵。

与图 3－6 不同，图 3－7 显示了多种分工多样化三角分区。在图 3－7a 中，产品 M_2 非常贵，由该点起始来连接其余点，此情况下，资本最丰裕国使用资本仅生产产品 M_2，土地是冗余要素。在图 3－7b 中，产品 M_1 非常便宜，但产品 A_2 相较产品 M_2 贵，在图 3－7c 中，产品 A_1 便宜，但产品 M_2 相较产品 A_2 贵。

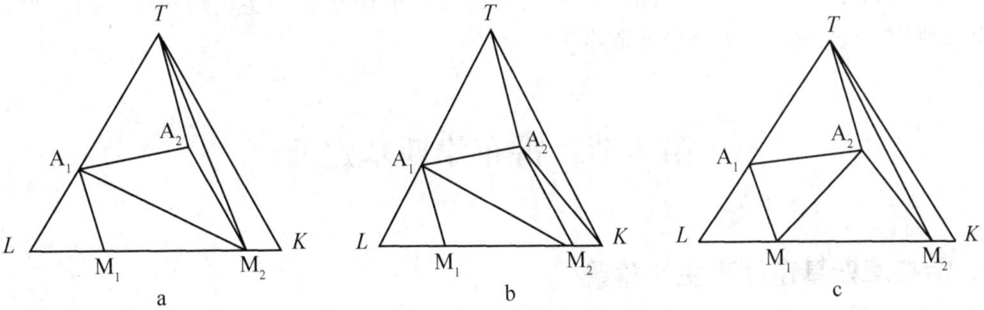

图 3－7　多种分工多样化三角

多样化三角中同一区域的国家有相同的要素报酬，但不同区域的国家的要素报酬不同。随着某一要素使用的不断增加，该要素的报酬会下降或保持不变不再增长，因而可以运用不同区域的要素供给差异来决定要素报酬差异。例如，图 3－6 中，若从区域 6 的劳动供给较低处引一直线，依次穿过区域 6、4、3、2 和 1，相对地，劳动报酬将依次下降。我们可以概括出图 3－6 中不同区域的产品类型和冗余要素，如表 3－1 所示。

表 3－1　图 3－6 所包括的产品类型和冗余要素

区域	产品类型	冗余要素
1	A_1、M_1	劳动
2	A_1、M_1、A_2	……
3	A_2、M_1、M_2	……
4	A_2、M_2	资本
5	A_1、A_2	土地
6	A_2	土地、资本

（三）发展路径

发展路径是指其他要素不变，仅由资本要素积累所引起的发展。在图 3－6 中，指向资本要素顶点的三个不同箭头表示对应三种不同劳动土地比例下不同国家跨行业部门的发展路径。第一种发展路径下，区域 1 的国家，劳动相对土地丰裕，劳动工资率极低，生产劳动密集型农产品和劳动密集型工业品，随着资本不断积累，这些国家的产业向区域 2 升级，开始生产资本密集型农产品，然后到区域 3，资本密集型工业品生产代替了劳动密集型农产品生产，最后在区域 4，停止劳动密集型产品生产，集中生产资本密集型工业品和资本密集型农产品。在发展升级过程中，工资率在上升，资本报酬率则随着资本积累而下降，但是土地报酬率在国家发展由区域 1 升到区域 2 时会下降，在之后的升级中则会上升。第二种发展路径下，区域 5 的国家，土地相对劳动处于中等水平，劳动密集型和资本密集型农产品都会生产，其发展升级过程中的第一步是开始生产劳动密集型工业品，随着国家发展从区域 5 移向区域 2，资本用来替代农业部门的劳动，工资率会不断下降并且不会再获得初始的工资率水平，另外，从区域 5 移向区域 2 再移向区域 3，土地报酬会上升，但若资本积累水平达到区域 4，土地报酬会再次下降。第三种发展路径下，此类国家的土地资源十分丰裕，土地始终是冗余要素，它们完全生产资本密集型农产品，而永远不会生产工业品。如果此类国家资本积累至少能达到区域 6 的边界，那么资本积累会提升工资率而降低资本报酬率。

第 3 节　雷布津斯基定理

一、雷布津斯基定理产生的背景

赫克歇尔-俄林模型最初是以不变的要素禀赋为前提的，即假定一国要素禀赋固定不变。事实上，这一假定与现实脱节，在现实世界中，一国的要素禀赋是可以改变的。通常来说，一国人口和劳动力的数量会随时间而增长。同样，通过资本积累，一国的资本存量也会增加。各类生产要素数量的变化可能导致生产要素比例的变化，而要素禀赋变化以及由此引起的要素比例变化究竟会对产出产生怎样的影响，则是后来的经济学家探讨的另一个重要问题。英籍波兰经济学家塔德乌什·雷布津斯基（Tadeusz Rybczynski）于 1955 年发表的《要素禀赋与相对商品价格》一文中提出雷布津斯基定理，就这一问题进行了深入探讨。按照这一定理，在产品价格不变的前提下，如果一种生产要素增加，会导致密集使用这种生产要素的产品的产量增加，同时导致另一种产品即非密集地使用该要素的产品的产量减少。

二、雷布津斯基定理的主要内容

假定某国拥有劳动和资本两种生产要素，生产劳动密集型产品 X 和资本密集型产品 Y。在产品价格不变的情况下，该国的劳动数量增加，则该国劳动密集型产品 X 的产出将增加，而且增加的比例将超过要素增长的比例，同时另一种产品 Y 的产出将减少。

上述推断可以借助埃奇沃思盒来证明。如图 3-8 所示，XKY_0L_0 是一个埃奇沃思盒，K 代表资本，L 代表劳动。X 产品是劳动密集型产品，Y 产品是资本密集型产品。A 点是从 X 到 Y_0 契约线上的一个均衡点。当劳动供给从 L_0 增加到 L_1 时，B 点成为 X 到 Y_1 契约线上的一个新的均衡点。B 点在 XA 射线上，而且 Y_0A 与 Y_1B 是平行的。当劳动增加后，劳动密集型产品 X 的产量明显增加了，而资本密集型产品 Y 的产量却下降了。

假定产品价格不变，那么要素价格必须不变。但只有在两种产品生产中资本-劳动比率以及劳动和资本的生产率都保持不变的条件下，才能使要素相对价格不变。为了保证

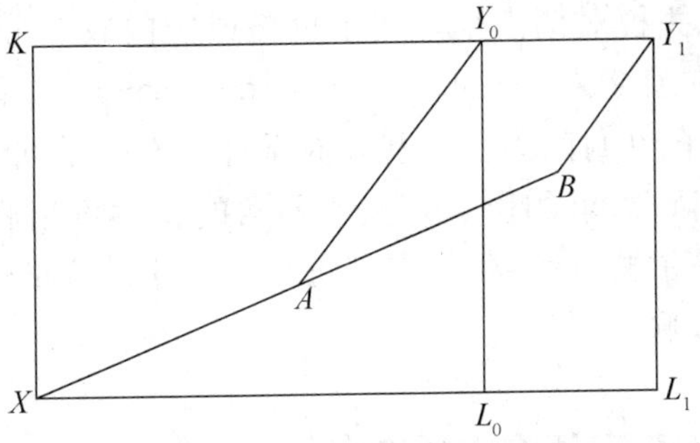

图 3-8　雷布津斯基定理的证明

资本–劳动比率不变，同时在劳动增加后资本和劳动都不存在闲置，那么 B 点应该在 XA 射线上，而且 Y_0A 与 Y_1B 是平行的。

从图中可以看出，劳动增加后，劳动密集型产品 X 的产量明显增加了，而资本密集型产品 Y 的产量却下降了。这种情况之所以发生，是因为劳动要素供给的增加使得资本要素相对变少了。如果假定生产技术保持不变，则该国只能通过增加 X 产品的生产来维持一个与劳动要素供给增加之前完全相同的 K/L，以便使这两种生产要素的相对价格保持不变，并使比较优势保持不变。

三、雷布津斯基定理与荷兰病

荷兰病，是指一国（特别是指中小国家）经济的某一初级产品部门异常繁荣而导致其他部门衰落的现象。20 世纪 60 年代，已是主要制成品出口国的荷兰发现大量石油和天然气，荷兰政府大力发展石油、天然气业，出口剧增，国际收支出现顺差，经济显现繁荣景象。可是，蓬勃发展的天然气业却严重打击了荷兰的农业和其他工业部门，削弱了制成品出口行业的国际竞争力，到 20 世纪 80 年代初期，荷兰遭受通货膨胀上升、制成品出口下降、收入增长率降低、失业率增加的困扰，国际上称之为“荷兰病”。

雷布津斯基定理认为，在产品相对价格不变的前提下，某一要素的增加会导致密集使用该要素部门的生产增加，而另一部门的生产则下降。由于发现某种自然资源而导致的经济非工业化的现象，正好可以由雷布津斯基定理来解释，即新出现的部门从原来的制造业部门夺走了资源。具体来说，新部门通过施加工资上涨的压力夺走了劳动力，通过市价利率上涨的压力夺走了资本。在这样的成本压力中，原有的工业部门萎缩了。

第 4 节　斯托尔帕–萨缪尔森定理

一、斯托尔帕–萨缪尔森定理产生的背景

斯托尔帕（Stolper）和萨缪尔森（Samuelson）在《保护主义与实际工资》（1941）

一文中，提出一个关于关税对国内生产要素价格或国内收入分配影响的经济学理论，这就是斯托尔帕-萨缪尔森定理（Stolper-Samuelson theorem）。国际贸易后形成的国际均衡价格，将会导致各国在封闭条件下和开放条件下面临不同的产品相对价格，由于要素市场受产品市场引致需求的影响，生产要素的相对价格将会由于产品相对价格的变化发生调整。斯托尔帕-萨缪尔森定理正是分析这种价格传递所带来的对不同要素所有者收入分配的影响。

二、斯托尔帕-萨缪尔森定理的主要内容

下面以 A 国为例，具体分析这一传导机制。A 国由于资本禀赋较为丰裕，将会生产并出口资本密集型的 X 产品，根据国际均衡价格形成机制，开放后 A 国 X 产品的相对价格会上升。在完全竞争的市场上，根据要素价格的决定公式：$w=VMP_L=MP_L\times P_X$ 以及 $r=VMP_K=MP_K\times P_X$，X 产品相对价格的上升将会带来该部门两种生产要素价格的上升，这意味着对于同样的生产要素，在 X 部门能够获得更多的收入，这将导致生产要素从 Y 部门向 X 部门流动。由于 X 产品为资本密集型产品，需要投入更多的资本要素，而 Y 产品为劳动密集型产品，能够释放出更多的劳动力，这将导致两个部门由于要素密集度的不同，对要素的需求和释放出的要素供给不匹配，最终导致资本相对价格的上升，这说明国际贸易对 A 国资本要素所有者是有利的，而劳动者的工资则会相对下降。

以上对生产要素价格的分析，没有考虑产品价格的变化，即我们主要关注的是要素所有者的名义收入的变化，下面继续分析以上一系列的变化对要素所有者的实际收入会带来哪些变化。根据上面的分析，A 国在参与国际贸易后将会由于商品相对价格的变化导致资本相对价格的上升，这一变化将导致两部门减少对资本的使用，使得各部门生产中所使用的资本相对减少，资本的边际产出（MP_K）将会提高，而劳动的边际产出（MP_L）则会下降。根据要素价格的决定公式，我们可以变形得到：$w/P_X=MP_{LX}$，$w/P_Y=MP_{LY}$，$r/P_X=MP_{KX}$，$r/P_Y=MP_{KY}$。从这几个式子中，我们可以看到各部门要素的边际产出反映的就是生产要素的实际价格，由此，我们可以知道 A 国资本所有者的实际收入将会提高，劳动者的实际工资则会下降。

综上分析，国际贸易后，A 国由于出口资本密集型的 X 产品而使得国内资本所有者的名义收入和实际收入上升，同时由于国内劳动密集型的 Y 产品生产减少使得劳动力的名义收入和实际收入减少。同理，B 国劳动者的名义工资和实际工资都将提高，资本要素所有者的名义收入和实际收入都将下降。

由此，斯托尔帕-萨缪尔森定理的主要内容是国际贸易带来的某一产品相对价格的上升，将导致该产品密集使用的生产要素的名义价格和实际价格或报酬提高，而另一种生产要素的名义价格和实际价格或者报酬则下降。这一定理为理解现实中存在的某些国际贸易保护政策提供了一定的理论依据。

第 5 节　要素价格均等化理论

一、要素价格均等化理论产生的背景

根据赫克歇尔-俄林模型，国家之间要素禀赋不同，产品在生产中投入的要素比例不同，从而决定了产品的成本不同，通过贸易双方均能获利。此外，赫克歇尔-俄林模型认为贸易的结果是出现价格均等化现象。

美国经济学家萨缪尔森发展了这个理论，他认为，国际要素价格均等化，不仅是一种趋势，而且是一种必然。一国的劳动力非常丰裕，劳动力的价格相对较低，生产和出口劳动密集型产品，然而随着出口的扩大，在生产中对劳动力的需求日益增加，对于本国资本的需求相对减少，资本的价格下降。相反，资本相对丰裕的国家，生产和出口资本密集型产品，随着出口的扩大，对资本的需求日益增加，资本的价格趋于上升。同时由于进口劳动密集型产品，随着进口的增加，对于劳动的需求相对减少，劳动力工资趋于下降。随着贸易的发展，两个国家的要素价格朝相反的方向运行，逐渐趋向均等，这就是要素价格均等化理论。

二、要素价格均等化理论的主要内容

以 A 国为例，由于 A 国资本相对丰裕，资本的相对价格较低，因而在资本密集型产品 X 上具有比较优势，将主要生产并出口 X 产品，贸易后，A 国资本的相对价格会提高，同理，B 国资本的相对价格会下降。由此可以作出推论，如果此时 A 国资本的相对价格与 B 国不相等，则两国将仍然存在贸易的基础，国际贸易会持续影响两国要素的相对价格，直到两国两种生产要素的相对价格相等，其商品的相对价格也相等，两国就不会发生国际贸易了。实际上，根据国际均衡价格的决定过程，国际贸易将会使得两国产品的相对价格相等，这一过程也会使得两国的相对生产要素价格相等，这说明在这一分析框架下，两种产品的相对价格和两种生产要素的相对价格是一一对应的。

上述思想可以运用图 3－9 来分析。

图 3－9 中，横轴为劳动和资本两种生产要素的相对价格比 w/r，纵轴为 Y 产品和 X 产品的相对价格比 P_Y/P_X。假定在封闭经济中，A 国的生产要素相对价格比为 $(w/r)_A$，产品相对价格比为 $P_A=(P_Y/P_X)_A$；B 国的生产要素相对价格比为 $(w/r)_B$，产品相对价格比为 $P_B=(P_Y/P_X)_B$。由图中可以看出，由于 $(w/r)_A>(w/r)_B$，所以 $P_A>P_B$，A 国在 X 产品上有比较优势，B 国在 Y 产品上有比较优势，A 国将主要生产并出口 X 产品，B 国则主要生产并出口 Y 产品。这就是赫克歇尔-俄林模型。

国际贸易后，根据斯托尔帕-萨缪尔森定理，因为 A 国的 $(w/r)_A$ 将会下降，B 国的 $(w/r)_B$ 则会提高，同时两国两种产品的相对价格也将发生类似变化。直到 A 国和 B 国均达到 E 点时，两国两种生产要素的相对价格和产品的相对价格都相等，即实现了均

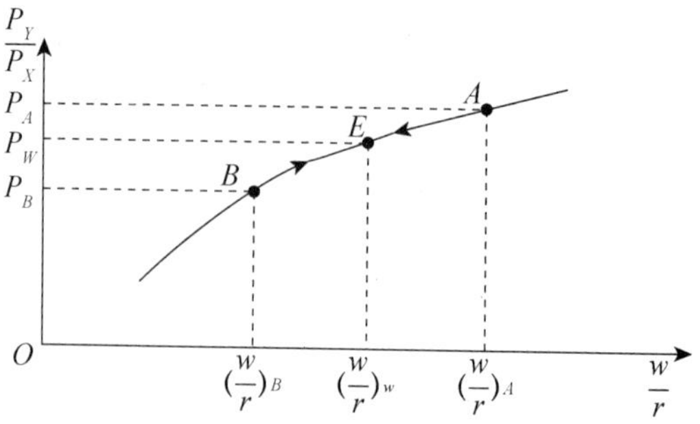

图 3－9　要素价格均等化

衡，两国将不再存在贸易的基础。

综上所述，要素价格均等化理论的主要内容是：国际贸易在使两国产品相对价格实现均等化后，两国要素价格作为国际自由贸易的结果也将实现均等化。

三、对要素价格均等化理论的评价

在现实世界里国际贸易发展的结果和要素价格均等化理论不完全一致。经济学家对于这一理论和实际不相符合的问题，提出了各自的见解。大多数人认为，要素价格均等化是有条件的，条件就是完全的自由贸易，贸易既不受政府政策的干扰，也不受自然条件的影响。然而，在现实世界里，自由贸易受到一些因素的阻碍和影响，因此要素价格均等化难以实现。首先，贸易受到运输费用的影响，许多商品，特别是服务贸易受到阻碍。其次，世界上大多数国家或多或少地实行贸易保护政策。最后，这些国家由于经济和贸易的发展，人们的收入增加，对于服务的消费越来越多，因此服务业相应发展。然而，服务业的劳动生产率的提高比较缓慢，吸收的劳动力较多，于是在这些资本较为丰裕的国家里，工资又有上升的趋势，所以工资不一定如理论预期的那样出现下降的趋势。

《 本章小结 》

本章主要介绍了新古典国际贸易模型的主要内容，涉及赫克歇尔-俄林模型、Leamer 三角、雷布津斯基定理和要素价格均等化理论的相关知识。

赫克歇尔-俄林模型是对李嘉图的比较优势理论的进一步拓展，从各国要素禀赋方面的差异解释了生产成本差异的原因，从而解释了国际贸易发生的根本原因。

Leamer 三角是一个三要素多产品模型（$3\times n$ 模型），研究了自然资源禀赋丰裕国与稀缺国的发展路径选择的差异问题。

雷布津斯基定理是指在产品相对价格不变的前提下，某一要素的增加会导致密集使用该要素部门的生产增加，而另一部门的生产则下降。

斯托尔帕-萨缪尔森定理是指某一产品相对价格的上升，将导致该产品密集使用的生产要素的实际价格或报酬提高，而另一种生产要素的实际价格或报酬下降。

要素价格均等化理论是指国际贸易会使得两国产品的相对价格相等，同时也会使得两国生产要素的相对价格相等。

关键词

要素密集度　赫克歇尔-俄林模型　里昂惕夫之谜　雷布津斯基定理　Leamer 三角　斯托尔帕-萨缪尔森定理　要素价格均等化　要素密集度逆转

复习与思考题

1. 赫克歇尔-俄林模型的主要内容是什么？
2. 什么是里昂惕夫之谜？对里昂惕夫之谜有哪些主要的解释？
3. 雷布津斯基定理和要素价格均等化理论的主要内容是什么？
4. 什么是“荷兰病”？产生的原因是什么？

第4章

规模经济、不完全竞争和国际贸易

学习目标

- 认识规模经济和不完全竞争是导致国际贸易的原因。
- 理解垄断竞争市场结构下的国际贸易。
- 理解外部规模经济与国际贸易。
- 分析同质产品产业内贸易存在的争论。

第1节　规模经济和国际贸易概述

比较优势理论和要素禀赋理论均以规模报酬不变为前提。这表明，增加生产某产品所需的各种要素的投入会使该产品的产量同比例增加，即符合完全竞争的经济学假设。但事实上，很多行业都具有随着生产规模扩大，生产效率提升的规模经济（也称为边际收益递增）的特征。例如，投入增加一倍，产出可以增加一倍以上，可见规模经济愈大，生产效率愈高。

当放松规模报酬不变的假设，已有的比较优势理论和要素禀赋理论可能无法解释缘于规模经济的国际贸易现象。于是，讨论规模经济对国际贸易产生的影响，就需要将国际贸易理论建立在规模经济的基础上。1985年克鲁格曼（Paul Krugman）与赫尔普曼（Elhanan Helpman）合著的《市场结构与对外贸易》一书中提出了规模经济贸易学说，解释了比较优势理论和要素禀赋理论尚不能解释的国际贸易现象。规模经济贸易学说认为：规模收益递增是国际贸易产生的基础，当生产某产品存在规模收益递增时，随着规模的增加，该产品的单位生产成本递减，进而取得竞争性的成本优势，专业化生产和出口该产品就符合企业的利益。如果存在两个具有不同产品规模优势的企业，则双方可以通过贸易来增加企业和国家利益。

我们借助一个简单的例子进一步说明上述规模经济贸易理论。表4-1设定以劳动为唯一投入要素的某产业的投入产出关系。不难看出，若劳动投入增加一倍（从10增加到20），产出会增加两倍，从而显示规模经济的存在。随后，假定世界上只有中国和日本，它们使用相同的技术生产该产品，初始生产量为10，可以进一步解释规模经济何以成为国际贸易的动因。依据表 4－1，若共需要生产 20 件产品，每个国家生产 10 件，则每个国家均需投入 15 小时的劳动，即世界的总劳动投入为 30 小时。若假定该产品的生产集中到一国，如中国，30 小时的劳动投入能生产出 25 件产品。不难看出，在相同劳动投入下，生产集中到一国可以多产出 5 件产品。

表 4－1　某假想产业的投入产出关系

产出（件）	总劳动投入（小时）	平均劳动投入（小时）
5	10	2
10	15	1.5
15	20	1.333 3
20	25	1.25
25	30	1.2
30	35	1.166 7

那么，日本原本生产该产品的劳动该如何安排呢？中国生产该产品所增加的劳动又从何来？不难想象，中国必须缩减或放弃其他产品的生产来为该产品生产提供额外的劳动力，而中国所放弃的产品将转到日本生产，日本则雇用原本生产该产品的劳动力。假如现实经济中许多产品都具有规模经济的特征，那么每个国家为了利用规模经济，就会将资源集中到有限种类的产品上。这样，与非分工情景中各国独自生产全部产品相比较，分工条件下世界生产的产品种类和每种产品的产出量都会增加。由于消费者偏好多样化的产品种类，假如日本生产产品 1，中国生产产品 2，那么日本对产品 2 的需求可从中国进口，中国从日本进口产品 1，进而国际贸易得以产生。

借助上述例子，较好地说明了为满足消费者对多样化产品种类的偏好，通过专业化分工，各国可以生产有限种类产品，进而促进国际贸易的发生。

第 2 节　规模经济和市场结构

一、内部规模经济与外部规模经济

表 4－1 的例子较好地描述了规模经济对国际贸易的影响，但规模经济究竟源自何处仍不得而知。它们究竟是产业中企业数目的增加导致的，还是既有企业生产规模的扩大导致的？为此，本节对规模经济做进一步阐述，分析不同来源的规模经济对市场结构的影响。一般来看，规模经济可以分为内部规模经济和外部规模经济。内部规模经济是指企业的产量提高时，企业的平均生产成本下降，这种规模经济产生自企业内部。也就是说，单位产品成本是由单个厂商的规模决定的。内部规模经济的产生一般归于固定成本分摊到更多的产出、人的专业化分工、机器的专业化生产和一些工程学方面的原因上。由于小厂商比大厂商在成本上更具有劣势，当内部规模经济在很高的产出水平上存在时，小厂商就会比大厂商以更高的成本进行生产，也就难以生存，行业中的竞争者会越来越

少，因此市场结构就变成不完全竞争的。外部规模经济则指的是一个产业是由许多小厂商组成的，它们处于完全竞争状态，单位产品成本并不一定由单一厂商的规模决定，而是取决于产业规模，当整个产业的规模扩大时，各个厂商的平均生产成本会下降。外部规模经济产生的原因一般来自专业化的市场服务、产业集聚效应和一些正的外部性溢出效应。总之，内部规模经济和外部规模经济对市场结构产生的影响是不同的，前者是不完全竞争，后者是行业内的完全竞争，它们都是引起国际贸易的重要原因，都可以独自成为产生国际贸易的因素。不难看出，内外规模经济所造成的市场结构是不同的，也就很难将两种规模经济纳入同一贸易模型框架下展开贸易分析。本章余下部分将分别进行讨论。

二、不完全竞争市场结构

一般地，如果一个市场中进入和退出市场是自由的，买者数量和卖者数量足够多，买者或卖者都是价格接受者，生产者生产的产品是无差异的，并且市场信息是完全的，那么，这样的竞争性状态被称为完全竞争。但是，当内部规模经济存在时，完全竞争市场就会失灵，形成诸如垄断竞争、寡头竞争和垄断等不完全竞争的市场结构。例如，如果一个市场中只有少数企业生产一种产品，此时完全竞争市场的条件就被打破。这种不完全竞争市场具有两个主要特征：一是在消费者看来，各家企业生产的产品是有差异的；二是同行业中只有为数不多的几家主要企业。以飞机制造市场为例，在该市场中主要存在波音和空客两家公司，它们都知道在飞机市场上竞争对手仅有一家，这时，如果一家公司生产更多客机，全球市场上客机供给数量势必会增加，飞机价格必然会大幅下降。因而，在不完全竞争中，企业明白它们自身就是价格的决定者而不是价格的接受者，降低产品价格就能增加产品销量。理论上，不完全竞争市场结构有三种类型：完全垄断、寡头和垄断竞争。最简单的不完全竞争市场结构是完全垄断，其形成往往具有以下条件：一是只有一个厂商提供该行业的全部产品，即一个厂商就是一个行业；二是其他厂商几乎不可能进入该行业；三是厂商不受任何竞争者威胁。简单地说，完全垄断市场结构中，整个市场只有一家企业，其供给就是市场供给，没有任何竞争。因而，企业可以控制和操纵价格，其确定的价格就是市场价格，价格与需求呈反方向变动，供给影响价格。但需要指出的是完全垄断在现实中很罕见，因为垄断利润很难维持，毕竟一个取得高额利润的企业自然会吸引竞争者。通常具有内部规模经济特征的产业的市场结构是寡头垄断。寡头垄断是一种接近于完全垄断，但垄断因素和竞争因素并存的市场结构。在寡头垄断市场结构中，存在几家足以影响价格但每家又不具有绝对垄断地位的企业，每个企业的行为都会影响对手的行为，也会影响整个市场，相互依存是这种市场的基本特征。所以，每个寡头会根据对手对自己的策略和政策的态度和反应来决定自己的策略和政策。倘若寡头垄断市场中的竞争者逐渐增加，就会形成垄断竞争市场结构，这种市场结构混合了竞争与垄断两种力量，在现实经济中较为常见。具体来看，垄断竞争具有下列市场特征：

（1）允许差异产品存在，产品异质且种类繁多。产品的差异性使同类厂商的产品之间不具有完全的替代性，这意味着当某种产品价格高于平均水平时，需求会减少，但不会减至零。产品的差异性使得垄断竞争厂商能在一定程度上控制产品价格，意味着每个厂商都面对一条向下倾斜的需求曲线，因而每个厂商都在某产品上具有一定的垄断力量，且产品差异性越大其垄断力量越强。

（2）假设市场上的消费者偏好多样化消费，即消费者希望供选择的消费产品种类越多越好。

（3）每个厂商都存在内部规模经济，这意味着随着规模扩大，平均成本会降低，厂商需要在扩大规模和产品多样化之间作出权衡，但产品种类不能无限增加，因为市场规模是既定的，若产品种类增加，则产量减少，从而影响规模经济的实现和平均成本的降低。

（4）每个厂商拥有的信息是不完全的，厂商可以自由地进入和退出，厂商数量多于寡头市场但少于完全竞争市场，且随行业垄断利润变化而调整。当存在垄断利润时，市场上厂商不断进入，直到市场的平均利润为零；反之，垄断利润为负时，市场上厂商亏损退出，直到市场的平均利润为零。此时，厂商数目达到均衡，产品的种类也随之确定。

基于上述垄断竞争市场的特点，我们借助图 4-1 来对垄断竞争做进一步分析。在图 4-1 中，单个厂商的产量和价格根据 $MC=MR$ 决定，当价格高于平均成本 AC 时，厂商获得超额利润（图 4-1 左图中的阴影面积），但难以维持，此时超额利润会吸引新的厂商进入。新厂商进入的结果是：一方面原厂商的一部分市场份额被新进入者夺走，对原厂商的产品需求下降，原厂商的市场份额减少，原厂商所面对的需求曲线向左移动；另一方面新厂商进入增加了市场上的产品种类，每种产品的替代性变高，厂商所面对的需求弹性变大，需求曲线变得更平坦。在两方面影响的共同作用下，该厂商的需求曲线 d 和边际收益曲线 MR 向左移动，同时逆时针旋转，直到新需求曲线与平均成本曲线 AC 相切，市场价格下降至 P_1，此时，经济利润为零，没有新厂商进入，也没有新厂商退出，厂商利润最大，实现市场均衡。

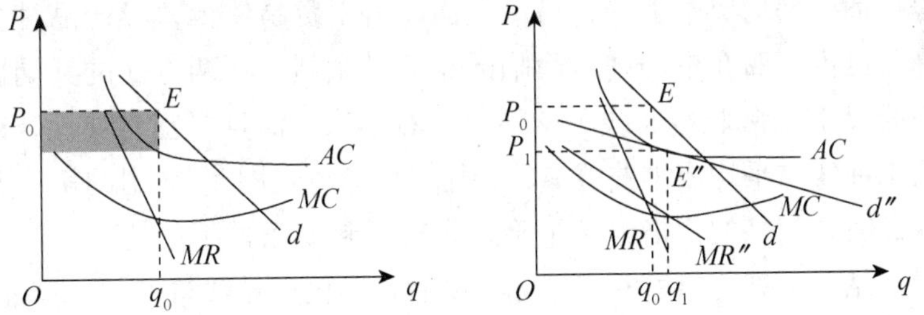

图 4-1　垄断竞争下的厂商均衡

第 3 节　垄断竞争和国际贸易

本节重点分析垄断竞争市场结构下的国际贸易。自 1980 年以来，垄断竞争模型已在国际贸易中得到了广泛运用。规模经济贸易理论认为，企业的长期平均成本随着产量增加而下降，企业面对的是市场需求曲线，市场需求量会随着价格的下跌而增加。在具有规模经济的行业中，在参与国际贸易以前，一国能生产的产品种类和生产规模都受国内市场规模的限制，生产成本和产品价格不得不保持在较高的水平上。如果企业参与国际贸易，就能形成一个一体化的世界市场，市场就会扩大，企业能在更大的市场范围内从事生产，通过规模经济来降低产品的平均成本，进而提高在国际市场上的竞争力。不难看出，即使国家间资源禀赋相同，规模经济也能凭生产规模扩大的优势形成竞争力，从而获得贸易利益。

一、垄断竞争下的厂商均衡——从封闭到开放

（一）基本假定

（1）假设在同一行业中所有厂商都是对称的，即行业中所有厂商所面临的生产技术条件和需求条件完全相同。

（2）假设一个行业由数家厂商组成，生产有差异的产品，每个厂商只生产一个品种的产品，但对其产品的需求取决于其他厂商的类似产品的数量和价格。

（3）假设每个厂商生产的是与竞争者有差异的产品，都不考虑自己产品价格对其他厂商产品价格的影响。

（4）每个垄断竞争厂商生产一个品种的产品，那么厂商的数目与差异产品的数目是等同的。

（二）垄断竞争下的厂商均衡——开放条件下的均衡

当国家与国家之间开展贸易，情况将发生变化：一方面，由于世界市场比任何单个国家的国内市场都要大，国内厂商面对的市场需求将会扩大，与此同时，由于需求增加，规模扩大，该厂商的平均成本下降；另一方面，由于贸易使得差异产品种类增加，产品的替代性提高，国内厂商在市场中所面临的竞争更激烈。在两方面的共同影响下，国内厂商的需求曲线 d 和边际收益曲线 MR 不仅向右移动，而且更富有弹性，即变得更加平坦，直到新需求曲线与平均成本曲线 AC 相切，厂商将在图 4－2 中的切点 E 实现开放条件下的均衡。此时，商品的价格继续下降，相较于封闭条件下的均衡，厂商的均衡产量提高了。从以上结果不难得出，开展国际贸易后，不仅产品数量增加，产品价格也下降，这对于消费者来说无疑是有益的，消费者既得到了更低价格的产品也有了更多的产品种类可选择。

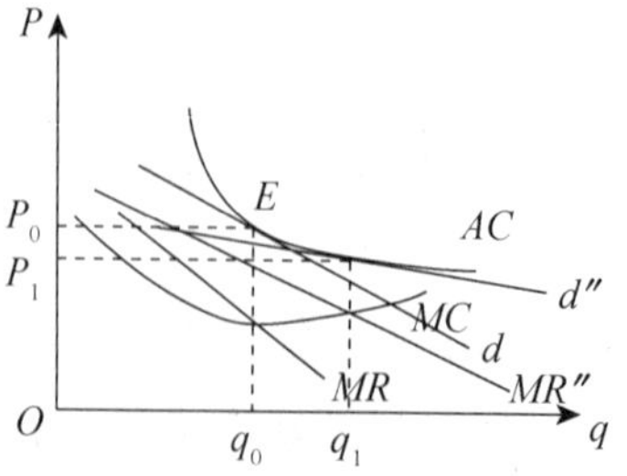

图 4－2　垄断竞争下的厂商均衡——开放条件下的均衡

二、垄断竞争条件下的市场均衡——从封闭到开放

在分析了开放经济下垄断竞争市场的厂商均衡后，接下来分析开放条件下市场均衡的变化。我们先来看随着市场的开放，市场中差异产品种类和厂商产量会受到何种影响，然后分析差异产品种类和产品价格会受到何种影响。

（一）开放对差异产品种类和厂商产量的影响

设行业中的厂商数目为 n，单个厂商的产量为 q，行业的市场规模为 M，由于我们假定行业中所有厂商的生产技术条件相同，那么当市场规模 M 既定时，单一厂商的均衡产量即为 $q=M/n$。每个垄断竞争厂商生产一个品种的产品，所以厂商的数目与差异产品的数目是等同的，不难看出，在市场规模既定的情况下，市场中厂商的产量与产品的种类是负相关的，即市场规模既定的情况下，随着厂商产量的增加，差异产品的种类是下降的。图 4-3 中曲线 EE 刻画了市场规模 M 既定时，厂商数目 n 和单个厂商产量 q 之间的关系，即不变市场规模下，随着单个厂商的产量增加，厂商数目会减少。

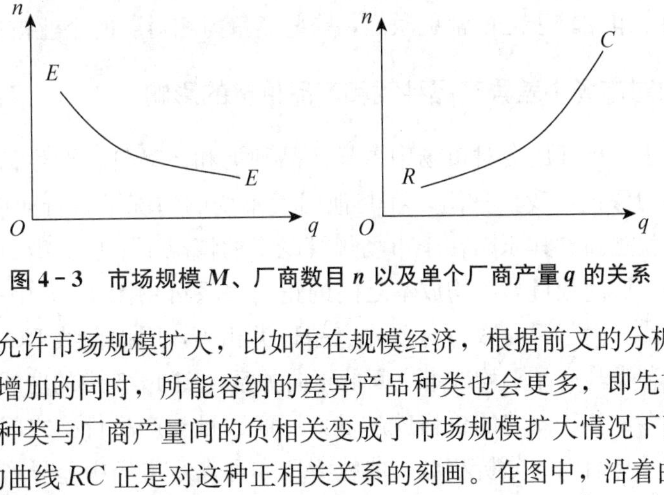

图 4-3　市场规模 M、厂商数目 n 以及单个厂商产量 q 的关系

但是，如果允许市场规模扩大，比如存在规模经济，根据前文的分析，规模扩大后，市场中厂商产量增加的同时，所能容纳的差异产品种类也会更多，即先前市场规模既定情况下差异产品种类与厂商产量间的负相关变成了市场规模扩大情况下两者的正相关关系。图 4-3 中的曲线 RC 正是对这种正相关关系的刻画。在图中，沿着曲线 RC 往右上，就表示市场规模在扩大，单个厂商的产量上升，同时，厂商数目增加，差异产品的种类亦增加。

允许国家间开展国际贸易，会形成世界市场，这比单一国家的市场规模更大。接下来，为了简化分析开放市场后的经济结果，我们假设世界仅由两个国家组成，分别为 A 国和 B 国，方便起见，假设两国在要素禀赋、生产技术等方面相同，因而在图 4-4 中，A 国和 B 国拥有相同的曲线 RC。这样我们可以将分析的着力点集中到市场规模上。图中，曲线 EE 和曲线 RC 的交点表示的是市场规模既定时，市场中厂商的均衡产量、所容纳的厂商数目及差异产品种类。

不难看出，封闭经济下，A 国市场中厂商的均衡产量为 q_A，均衡厂商数目或差异产品种类为 n_A；B 国市场中厂商的均衡产量为 q_B，均衡厂商数目或差异产品种类为 n_B。通过开展国家间贸易，A 国和 B 国的市场就会形成世界市场，此时世界市场的总规模是

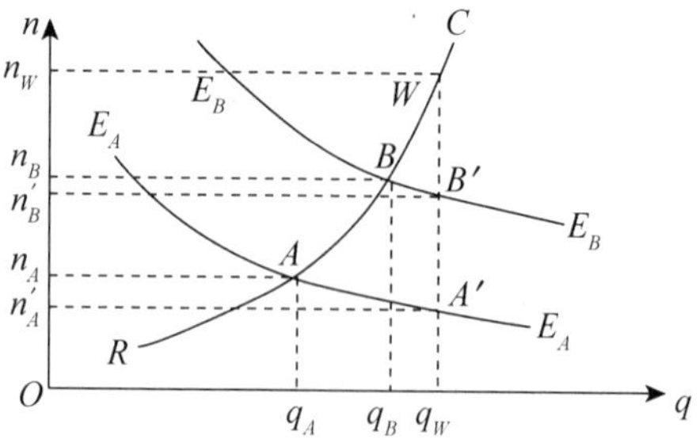

图 4-4 垄断竞争下的市场均衡分析（一）

A 国和 B 国市场之和，记为 W。从图 4-4 可以看出，开放后，随着市场规模的扩大，A 国和 B 国市场的厂商均衡产量均增长到 q_W，它们的总厂商数目则为 n_W，或者可供消费者选择的总差异产品种类为 n_W，相较于封闭经济下也出现增加。通过开展国际贸易，各国的市场规模由原先的国内市场规模都扩大到世界市场规模，这导致两国总差异产品种类、两国总厂商数目和各国厂商的均衡产量都出现了增加，我们称之为规模经济效应。然而，从图中不难看出，在出现规模经济效应的同时，相对于 q_W，A 国和 B 国各自的差异产品种类分别降为 n'_A 和 n'_B，对于此种情形，我们称之为选择效应，即随着市场的开放，各国的市场竞争相较于之前都更激烈，一些竞争力相对弱的企业被迫退出了市场。

（二）开放对市场中差异产品种类和产品价格的影响

接下来进一步分析开放会对市场中差异产品种类和产品价格产生何种影响。基于垄断竞争市场结构的假设，我们知道，在其他因素不变的情况下，行业中厂商数目越多，产品的平均成本就越高。其原因在于市场规模既定的情况下，厂商数目越多，则单个厂商的产量就越小。厂商数目与平均成本之间的正向关系可用图 4-5 中的曲线 UC 表示，曲线向右上方倾斜。由于厂商数目与差异产品种类相等，因而曲线 UC 亦表示市场规模既定下差异产品种类与产品平均成本之间的正向关系。图 4-5 中的曲线 PP 反映的是行业中厂商数目越多，各厂商定的价格就越低，厂商数目与产品价格之间是反向关系，曲线向右下方倾斜。与前面的分析相似，曲线 PP 亦可表示市场中差异产品种类与产品价格之间的反向关系。这可以理解为随着差异产品种类的增加，产品的替代性增强，导致需求曲线的弹性增大，产品的价格下降。曲线 UC 与曲线 PP 的交点即为垄断竞争市场的均衡点，此时厂商的产品价格正好等于厂商的平均成本，即厂商的利润为零，行业的利润为零。

随着国际贸易的开展，开放后形成世界市场，市场的规模将会扩大，此时，在既定厂商数目下，单个厂商的产量会增加，平均成本会下降，曲线 UC 会向右移动，从 UC_1 移动到 UC_2。由于市场规模的变化对均衡价格函数没有影响，因而市场规模变化后，曲线 PP 不发生变化。在图 4-5 中，均衡点 K 是一国封闭条件下的均衡厂商数目和产品价格，均衡点 L 代表开放后的均衡厂商数目和产品价格。通过比较均衡点 K 和 L，我们很容易看到，开放后，随着市场规模扩大，厂商数目和差异产品种类增加了，产品价格则下降了。

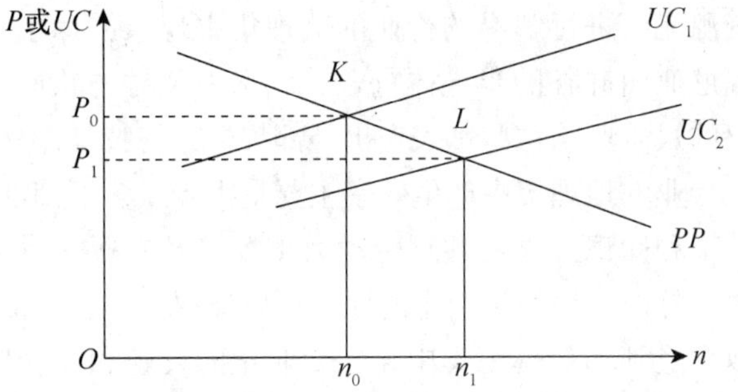

图 4－5　垄断竞争下的市场均衡分析（二）

三、总结

通过以上分析，我们证明了在垄断竞争条件下，由于厂商追求规模经济效应且消费者偏好产品的多样化和差异化，国际贸易得以发生，贸易双方都能从中获益。可见，规模经济本身可以成为国际贸易的独立动因。虽然这种贸易模式和贸易利益的存在是因为内部规模经济的作用，但是垄断竞争条件下的贸易格局是不确定的，因为在同一个行业中，一国只生产某些种类的产品，另一国则生产其他种类的产品，并不能确定每个国家生产产品的种类，这需要考虑到规模经济的大小问题。具体的贸易模式既可能由偶然事件决定，也可能由历史因素决定，并且，开展国际贸易前的价格因素亦不能成为预测贸易模式的依据。

贸易后，两国消费者能获得两种贸易利益：第一，消费品一部分由本国厂商提供，另一部分从外国进口，消费者可能消费的差异产品种类增加；第二，消费者获得产品的价格更低。

第 4 节　外部规模经济和国际贸易

一、外部规模经济理论

厂商的平均成本随自身生产规模的扩大而减小，这种内部规模经济会导致不完全竞争，不完全竞争转而又会引起倾销等行为。但是并非所有的规模经济都存在于单个厂商内部。有些时候，某行业中单个厂商规模可能很小，但由于某种原因它们会集中到一个或几个地点生产，带来该行业成本的降低，这时，平均成本与行业的规模有关。我们把这种存在于行业内而非单个厂商内部的规模经济称为外部规模经济，具体指单个厂商由于行业生产规模的扩大（相同产业厂商数目增多和行业总体规模扩大）所获得的生产效率的提高或生产成本的降低。

外部规模经济是经济外部性的一种表现，该理论的分析可以追溯到英国著名经济学家马歇尔（Marshall）。在马歇尔时代，刀具制造商云集谢菲尔德，制衣厂商则云集北安普顿，这种用自然资源无法进行解释的行业的地理集中现象震惊了马歇尔。现代的相关例子主要有：加利福尼亚州硅谷的半导体行业、北京中关村的软件行业、福建晋江的鞋业，以及印度宝莱坞的娱乐业，这些都表现出外部规模经济特征。

在马歇尔看来，行业的地理集中产生效率主要是由于众多厂商在地理上集中在一起，可以实现经济信息共享和知识外溢，共享劳动力市场以及专业化供应商队伍带来的高效率生产等。具体来说，外部规模经济产生的原因可以概况为三个：第一，大量厂商集中，同一产业的厂商可以享受到高效率、集中化、专业化的设备和配套服务，随着集中的进行，产业发展所需的基础设施会更加完善，从而有利于厂商提高生产效率、降低成本。第二，厂商的集中会增加竞争压力，促进厂商改进技术水平，同时，厂商地理上的集中能为高度专业化的技术工人打造完善的劳动力市场，可以实现劳动力资源共享。对厂商来说，可以更加灵活地选择和使用劳动力，避免劳动力短缺问题；而对工人来说，可以大大降低失业风险。第三，厂商在地理上的集中，有利于信息共享和知识扩散外溢，增加知识积累。实践中，这种外部规模经济现象在知识、技术密集型行业或服务行业中表现更明显。尤其在高度创新的行业中，知识的作用相较于劳动、资本等资源更加重要。对于技术诀窍类知识，可以通过个人间信息与构想的分享获得，而行业集中会促进这种知识的非正式扩散。马歇尔描述过这种非正式扩散的过程："业务中的秘密将不再是秘密，会在人群中流传……出色的工作能够得到应有的评价；机器生产流程，以及业务组织上的发明与改进也能够得以迅速论证——如果某人提出了一种新的构想，它将被其他人迅速采纳并糅入他人的想法。这就是新构想的源泉。"另外，行业集中有助于实践中积累的技能或知识的共享和外溢。行业内每个企业从整个行业的规模扩大中获得更多的知识积累，便是阿罗（Arrow）所说的"干中学"（learning by doing）效应。要注意的是，源于知识积累的外部规模经济与通常所说的外部经济有一定的差异。在具备外部经济的行业中，成本依赖于当前产量。而源于知识积累的外部规模经济，其生产成本则取决于经验，此种经验一般用该行业迄今为止的累积产量来衡量。比如说，生产 1 吨铝的生产成本可能依赖于该国铝业从开工以来的总产量，所累积的产量越高，则每吨铝的生产成本就越低。这种生产成本与累积产量间的关系通常用学习曲线进行刻画。具体可表述为由于从生产中获取的经验会影响成本，学习曲线会向右下倾斜，随着累积产量的不断增加，生产成本下降。

通过上述外部规模经济理论的介绍，不难发现，在其他条件相同的情况下，在一个存在外部规模经济的产业里，随着产业内厂商数目的增多，厂商自身规模难以扩大，众多规模较小的厂商间形成一种类似完全竞争的状态。这样，产业规模较大的国家相较于产业规模较小的国家，在该产业上会更有效率。即生产成本会随产业规模扩大而降低，外部规模经济可以引发国家在产业水平上的规模报酬递增，由此产生国家间的成本差异，成为国际贸易的基础。

二、外部规模经济和国际贸易

一般来说，如果两国的其他条件完全相同，而国内市场规模存在差异，那么拥有相对较大国内市场规模的国家将完全专业化生产具有外部规模经济的产品，而国内市场规模较小的国家将只能完全专业化生产规模收益不变的产品。在其他条件相同，存在外部规模经济的情况下，大规模生产某一行业产品的国家的生产成本往往较低。假如某国在某行业上成为主要的生产者，那么即使其他国家在该种产品生产上的成本更低，该国也倾向于维持其主要生产者的地位。

下面结合图 4－6 来分析外部规模经济与生产专业化问题。首先假定世界只有中国和瑞士两个国家，都生产手表，手表行业处于完全竞争市场且存在外部规模经济。假定每只手表的成本是其年产量的函数，中国和瑞士每只手表的生产成本分别用 AC_C 和 AC_S 表示，中国的劳动力工资比瑞士低，在给定的生产条件下，中国手表的平均成本曲线 AC_C 会位于瑞士手表的平均成本曲线 AC_S 的下方，即表示中国能以比瑞士更低的价格供应市场。D_W 代表世界手表市场的需求，假定中国和瑞士所生产的手表能满足世界市场需求。从图中可以看到，在给定的任一产量下，中国总能生产出比瑞士便宜的手表，根据比较优势理论，中国应该向世界市场供应手表，世界手表市场均衡点为 E_2，均衡价格为 P_2，均衡数量为 Q_2。然而，世界手表市场的实际情况并非如此。为了进一步解释此现象，我们假定瑞士可能由于历史因素等原因，率先建立起手表工业，手表厂商的大量集中使得瑞士形成了外部规模经济，那么此时世界手表市场的均衡点位于 E_1，均衡数量和价格分别为 Q_1 和 P_1。接下来的问题是，中国在此时是否能够加入手表生产当中去？假设中国想涉足手表行业，由于未曾生产过手表（$Q=0$），中国厂商起始的生产成本是 F。显然，F 是高于瑞士手表价格的，因而中国厂商无法进入该市场。通过分析不难看出，虽然中国能以比瑞士更低的价格生产手表，但是，瑞士先期建立手表行业，形成了外部规模经济，能够维持手表生产的优势地位。因此，在外部规模经济作用下，贸易模式是瑞士向中国出口手表，尽管中国具有潜在低价优势。那么在外部规模经济下，是什么决定了专业化模式和产业贸易呢？答案通常是历史或偶然性等因素决定着一国的专业化生产模式，即使这些国家已失去特定行业的先天优势，这种优势仍然能够被外部规模经济所锁定，甚至当缺乏比较优势时也可以通过已经建立的专业化模式持续下去。纽约和伦敦的金融业、瑞士的手表业都是非常明显的例子。

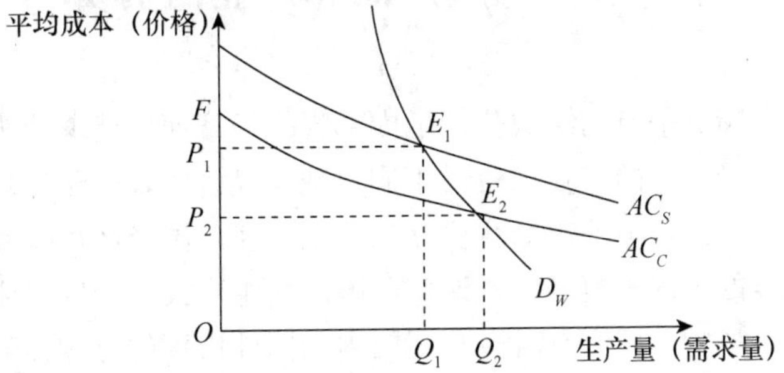

图 4－6　外部规模经济与生产专业化

与内部规模经济或比较优势理论所分析的贸易对国家福利的影响相比，基于外部规模经济的贸易对国家福利的影响要模糊得多。一方面，存在外部规模经济的行业，有利于世界经济利用产业集中而获益；另一方面，由于受某些历史或偶然性等因素的影响，先建优势（established advantage）意味着谁也无法保证某个国家可通过外部规模经济生产产品，这种以外部规模经济为基础的贸易，有时会形成不利的专业化生产和贸易模式，可能会使得一国的福利水平低于贸易前。如上例中，中国通过贸易从瑞士进口手表的价格会高于开展贸易前自己生产手表的价格，进而中国可能会因贸易而使社会福利恶化。但无论如何，总体而言，由于国际贸易允许各国在不同行业从事专业化生产，外部规模经济毕竟可以使世界从整体上变得更加有效率，从而使得各国既能从比较优势也能从外部规模经济中获益。

三、基本结论

通过以上分析，我们不难得出以下结论：

（1）在存在外部规模经济的条件下，每个国家专业分工于生产其优势产品并参与国际贸易，能够通过贸易来增进各国福利，也就是说外部规模经济能够成为国际贸易发生的原因。

（2）在外部规模经济存在并发挥作用的前提下，由于无法确定某产业最先在某国建立起来，因而也就无法建立确定的贸易模式。

（3）即便一国没有具有内部规模经济效应的产业，也可以通过外部规模经济效应参与到国际专业化分工中，开展国际贸易，特别是对于发展中国家的中小企业来讲，它们生产的产品通过外部规模经济效应，同样可以进入国际市场。

（4）外部规模经济可能会带来一国专业化分工模式的固化，导致一国被“锁定”在某种已不合理的生产模式之中，而难以根据自身将来的资源状况和技术状况的变化来作出专业化分工生产模式的调整。即使其他国家已具备更低成本生产该产品的优势，该国也往往不愿放弃其历史优势，仍致力于保持其领先生产者的地位，最终导致经济效率和经济福利发生损失。

第 5 节　同质产品和产业内贸易

前面我们借助垄断竞争市场结构分析了内部规模经济何以能够成为差异产品国际贸易发生的动因，与差异产品的产业内贸易不同，现实经济中，由于地理位置等因素的天然存在，一般来讲，国内与国外市场往往互相分割，在两国经济规模和要素禀赋相同的情况下，若存在高度的内部规模经济，即使两国厂商生产技术相同且生产的产品完全同质，在不完全竞争市场中，厂商有时会利用国内和国外市场的分割而对完全同质的产品制定有差异的价格，通常我们把这种针对不同市场的消费者制定差异价格的行为称作价格歧视，这种不完全竞争市场结构通常表现为寡头垄断市场结构。在国际贸易中，倾销是最常见的价格歧视形式，即厂商对其出口到国际市场的产品所制定的价格往往会比其在国内市场销售的同质产品的价格更低。实施这类倾销行为有三个条件：第一，国内市场和国际市场必须是分割的，也就是说国内市场上的消费者不能轻易回购已经出口到国际市场的同质产品；第二，行业的市场结构必须是不完全竞争的，即厂商在市场上具有垄断力量，这样，厂商就不是既定市场价格的接受者而是价格制定者；第三，出口厂商在国外市场面临的需求弹性相较于国内市场更大。当同时具备上述三个条件时，垄断厂商才会发现针对不同市场实施价格歧视（即倾销）是有利可图的。虽然通过倾销来实施低价策略可以带来出口的扩大，但是不可避免地存在利润减少甚至亏损的风险。因此，倾销往往必须能够得到政府的大力支持，例如，出口国政府以关税或非关税措施来高筑壁垒，阻止外国产品进入国内市场，维持国内市场的垄断高价，进而弥补低价出口造成的损失，同时也能防止出口到国外市场的低价商品倒流回国内市场。出口商在国外市场低价挤垮竞争对手获得垄断地位后，再以提高价格的方式来弥补原先低价倾销阶段所造成的损失。

在国际贸易中，低价倾销往往被视为不公平的贸易行为。但是在经济实践中，对倾销行为的认定需同时满足下列三要件：

（1）产品是以低于正常价值或公平价值的价格销售。

（2）低价销售的行为给进口国产业造成实质性损害，包括实质性损害、实质性威胁或实质性阻碍。

（3）这种实质性损害的确是由低价销售造成的，即低价销售与损害之间存在因果关系。

对进口国消费者来讲，这种以低价销售商品的行为可能是有利的，但是对进口国同类企业或产业的发展来讲，倾销使它们面临巨大压力，特别是掠夺性倾销甚至会扰乱进口国市场的经济秩序，对进口国经济造成毁灭性破坏，因而进口国的国内生产者会要求政府采取反倾销措施，一般是征收反倾销税来保护进口国同类企业或产业的发展，抵消倾销对进口国经济的冲击。但是很多经济学家认为反倾销措施的强制实施是错误的，而且倾销特别有害的结论并没有强有力的经济上的理由。

一般地，反倾销税是进口国政府依赖上述三要件确认倾销行为后，对该产品所征收的进口附加税。进口附加税的征收通常产生下列影响：第一，对进口产品征收反倾销税会使其价格提高到进口国市场的国内价格水平，有利于保护进口国同类产品生产商；第二，征收反倾销税使得进口国降低对低价产品进口的需求，从而削弱倾销厂商的低价竞争策略的优势。虽然许多国家在国际贸易实践中都会针对倾销行为采取征收反倾销税的政策措施，但也不得不指出这种反倾销政策的实施有成为贸易保护手段的倾向，如 20 世纪 90 年代早期，反倾销针对的大多是发达国家，但是自 1995 年以来，反倾销申诉的主要对象为发展中国家。经济学家对于单把倾销拿出来作为被禁止的行为一直有争议。首先，针对不同市场制定不同价格是完全合法的商业策略，就如电影院向年轻学生提供价格折扣一样。其次，倾销的法律定义基本上源于其经济定义，但认定符合上述三要件的倾销行为是件困难的事，因而反倾销的“公平价格”准则往往扰乱了正常的商业活动：一个正通过获取经验和进入新市场而采取低成本策略的厂商很可能愿意暂时亏损，这也是合理合法的商业策略行为。

本章小结

本章分别以规模经济、不完全竞争、垄断竞争和外部规模经济理论为基础，探讨了国际贸易的起因和影响。贸易的产生和规模报酬递增有关，也就是说随着产出水平的提高，单位成本降低，引起贸易；在分析规模经济条件下的贸易时需要引用不完全竞争模型。产业内贸易通过产品多样性和更低的价格使消费者获益，当厂商对出口产品的定价低于本国同类商品时，就会产生倾销。当规模经济存在于行业内而非单个厂商内部时就产生了外部规模经济，外部规模经济在决定国际贸易发生时发挥重要作用。

关键词

规模经济　不完全竞争　规模收益递增　外部规模经济　垄断竞争市场　完全垄断市场　产业内贸易　差异产品　寡头垄断　倾销　外部经济

复习与思考题

1. 什么是内部规模经济与外部规模经济？请举例说明。
2. 什么是学习曲线？
3. 倾销行为的认定应具备哪些要件？试分析倾销的经济学动因。
4. 试结合图表分析垄断竞争如何成为国际贸易发生的动因。
5. 试结合图表分析外部规模经济如何成为国际贸易发生的动因。
6. 外部规模经济可能导致一国专业化分工模式被“锁定”，那么外部规模经济是否可能成为保护幼稚产业理论的基础？
7. 垄断竞争是一种常见的市场结构，它具备什么市场特征？与完全垄断和寡头垄断的市场特征有何不同？
8. 对倾销行为征收反倾销税会产生什么影响？为何越来越多地针对发展中国家征收反倾销税？

第5章

Melitz 模型：异质性国际贸易

学习目标

● 掌握异质性国际贸易理论产生的背景，以及与传统国际贸易理论的区别和联系。

● 掌握异质性国际贸易理论的内容，能够分析相关贸易政策产生的预期结果。

● 了解异质性国际贸易理论的前沿实证研究。

继20世纪80年代前后克鲁格曼提出新贸易理论之后，2003年梅里兹（Marc Melitz）提出异质性企业贸易模型，形成了立足企业层面研究国际贸易的新新贸易理论并成为近年来应用最为广泛的前沿国际贸易理论。该理论用来解释最新的国际贸易和对外投资现象，且以生产率存在异质性的企业为研究对象，研究企业的全球生产组织行为、贸易和投资行为。其最突出的特征在于假设企业是异质的，而不像新贸易理论那样假设所有的企业都是同质的，只有外在的市场结构差异影响企业行为。

异质性企业贸易模型的提出是基于越来越详尽的企业层面微观数据。根据 Bernard, et al.,（2003）的研究，2000年，美国的550万家企业中，出口企业只占4%，在这些出口企业中，排名前10%的企业却占有美国出口总额的96%；出口企业的生产效率、增加值、就业人数等指标均高于非出口企业。Eaton，Kortum 和 Kramarz（2008）使用法国企业数据，得到了类似的结论：生产效率高的企业更倾向于出口，并且更倾向于出口到更多的市场。

传统的国际贸易理论难以对“出口企业是极少数高生产效率的企业”这一事实作出令人信服的解释。传统的贸易理论和新贸易理论都没有分析过，在某个产业中，当企业A从事出口的时候，同一产业的企业B却不从事出口这一事实。不管是李嘉图的比较优势理论和赫克歇尔-俄林的传统贸易理论，还是克鲁格曼的新贸易理论，都假定行业内是生产效率相等的具有代表性的企业，即企业是同质的。

对此，以梅里兹根据存在不同生产效率的企业这一实际情况，开创性地建立只有少数高生产效率企业从事出口的模型，即只有高生产效率的企业才能够得到足够的利润，用来支付出口所需要的高额固定成本，才可以成为出口企业。

第 1 节　异质性国际贸易模型假设

一、需求层面

消费者的效用函数为替代弹性不变的效用函数（CES utility function）：

$$U=\left[\int_{\omega\in\Omega}q(\omega)^{\rho}\mathrm{d}\omega\right]^{\frac{1}{\rho}}$$

式中，Ω 代表欧式线性空间连续统上的系列商品；ω 表示其中的某一件商品，这些商品互为替代品，且任意两个商品之间的替代弹性为常数 $\sigma=\dfrac{1}{1-\rho}$。因此效用函数可以写成：

$$U=\left[\int_{\omega\in\Omega}q(\omega)^{\frac{\sigma-1}{\sigma}}\mathrm{d}\omega\right]^{\frac{\sigma}{\sigma-1}}$$

同时，假设消费者可以购买的商品总数量恒等于其获得的效用，即 $Q\equiv U$。

商品 i 和商品 j 之间的替代弹性可以表示为：

$$\eta=-\frac{\mathrm{d}\ln\left(\frac{q(j)}{q(i)}\right)}{\mathrm{d}\ln(MRS_{i,j})}$$

由于商品之间的价格替代弹性也是 σ，因此总价格可以表示为：

$$P=\left[\int_{\omega\in\Omega}p(\omega)^{1-\sigma}\mathrm{d}\omega\right]^{\frac{1}{1-\sigma}}$$

根据商品总数量和商品总价格，可以得到某种商品 ω 的最优消费量为：

$$q(\omega)=Q\left(\frac{p(\omega)}{P}\right)^{-\sigma}$$

此时，商品 ω 的消费量占商品总消费量的比例等于该商品价格对总价格指数的贡献，即总价格对该商品价格的一阶导数。

因此，某个消费者对商品 ω 的花费为：

$$r(\omega)=R\left(\frac{p(\omega)}{P}\right)^{1-\sigma}$$

对 Ω 里所有商品的总花费为以上表达式在 Ω 里的加总：

$$R=\int_{\omega\in\Omega}r(\omega)\mathrm{d}\omega$$

二、供给层面

从供给层面来看，每个企业只生产独一无二的某种商品，劳动是唯一的生产要素，劳动的总供给量为 L，工资标准化为 1。

企业的生产成本由固定成本和可变成本组成，每个企业都拥有相同的固定成本 f，但是每个企业的生产效率 φ 是不同的，因此每个企业的边际成本是不同的，可以表示为：

$$MC=\frac{w}{\varphi}$$

企业的生产成本函数为：

$$l=f+\frac{q}{\varphi}$$

生产效率为 φ 的企业利润最大化后，定价方程为：

$$p(\varphi)=\frac{\omega}{\rho\varphi}=\frac{1}{\rho\varphi}$$

因此生产效率为 φ 的企业的利润方程为：

$$\pi(\varphi)=r(\varphi)-l(\varphi)=\frac{r(\varphi)}{\sigma}-f$$①

可以得到生产效率为 φ 的企业的产量、收入和利润分别为：

$$q(\varphi)=Q(P\rho\varphi)^{\sigma}$$

$$r(\varphi)=RP\rho\varphi^{\sigma-1}$$

$$\pi(\varphi)=\frac{R}{\sigma}(P\rho\varphi)^{\sigma-1}-f$$

可以得到：

$$\frac{q(\varphi_1)}{q(\varphi_2)}=\left(\frac{\varphi_1}{\varphi_2}\right)^{\sigma}$$

$$\frac{r(\varphi_1)}{r(\varphi_2)}=\left(\frac{\varphi_1}{\varphi_2}\right)^{\sigma-1}$$

我们可以得到的重要结论是：企业的生产效率越高（φ 越大），其产量 q 越大，所获得的利润 r 也越大；而且可以制定更低的价格 $p(\varphi)=\frac{1}{\rho\varphi}$，因而更具有竞争优势。

① 该利润方程可由 $q(\omega)=Q\left(\frac{p(\omega)}{P}\right)^{-\sigma}$，$r(\omega)=R\left(\frac{p(\omega)}{P}\right)^{1-\sigma}$，$R=PQ$ 化简得到。

第 2 节　异质性国际贸易模型建构

一、考虑整个行业的供给需求情况

假设均衡时市场上一共有 M 个企业（生产 M 种商品），企业的生产效率服从概率密度函数为 $\mu(\varphi)$ 的分布，因此总价格可表示为：

$$P=\left[\int_0^{\infty} p(\varphi)^{1-\sigma} M \mu(\varphi) \mathrm{d} \varphi\right]^{\frac{1}{1-\sigma}}$$

根据供给层面的假设，可以得到均衡状态下，市场的平均价格：

$$P=M^{\frac{1}{1-\sigma}} p(\widetilde{\varphi})$$

以上式子表明，市场的平均价格取决于均衡状态下市场上的企业个数，以及生产效率为 $\widetilde{\varphi}$ 的代表性企业的定价。

$$\widetilde{\varphi}=\left[\int_0^{\infty} \varphi^{\sigma-1} \mu(\varphi) \mathrm{d} \varphi\right]^{\frac{1}{\sigma-1}}$$

同理，可以得到以下总量关系：

总产量 $Q=M^{\frac{1}{\rho}} q(\widetilde{\varphi})$

总收入 $R=M r(\widetilde{\varphi})$

总利润 $\Pi=M \pi(\widetilde{\varphi})$

$\widetilde{\varphi}$ 与 M 无关，$\widetilde{\varphi}$ 不仅是所有企业生产效率的一个加权平均值，同时代表整个行业总的生产效率水平（aggregate productivity level），即生产效率服从概率密度为 $\mu(\varphi)$ 分布的 M 个企业的产出结果将与 M 个生产效率为 $\widetilde{\varphi}$ 的企业的产出结果相同。

二、企业进入退出市场的策略

（1）企业在进入市场之前必须支付固定成本 f_e（以劳动力计价），此成本为沉没成本。进入市场后，企业知道了自己的生产效率 φ，φ 服从累积分布函数为 $G(\varphi)$，概率密度函数为 $g(\varphi)$ 的分布。企业得知自己的生产效率之后，可以选择立刻退出；当企业选择留下来生产之后，每期生产之前都可以因为遇到不利冲击而退出，其退出的概率每期相同，以 δ 表示。

企业的生产效率 φ 是由 $g(\varphi)$ 外生给定的。尽管有些情况下企业的退出与自身的生产效率有关，但是此模型将企业的生产效率假定为外生的，将有利于区分市场上已有的企业和新进入的企业，并有利于解释异质性企业生产效率的范围及平均生产效率是怎样被市场内生决定的。

（2）企业退出市场的生产效率临界值的确定。假设没有时间贴现，企业在利润小于 0 的时候立即退出市场，一旦留在市场中生产，那么从下一期开始，每期都有 δ 的概率退出，或者以 $1-\delta$ 的概率继续获得 $\pi(\varphi)$。因此企业面临如下利润方程①：

$$v(\varphi)=\max\left\{0,\sum_{t=0}^{\infty}(1-\delta)^{t}\pi(\varphi)\right\}=\max\left\{0,\frac{\pi(\varphi)}{\delta}\right\}$$

存在一个唯一的生产效率水平 $\varphi^{*}=\inf\{\varphi:v(\varphi)>0\}$，由供给层面的假设推论可知，生产越高效，企业所获得的利润越大，因此 φ^{*} 规定了企业在市场上生产所需要的最低生产效率，φ^{*} 是内生决定的，低于该生产效率的企业将因利润 $v(\varphi)$ 为负而直接退出市场，进而可以推出：

$$\pi(\varphi^{*})=0$$

（3）由于假设企业的退出与生产效率的取值无关，因此退出的企业将不会影响均衡状态下生产效率的分布 $\mu(\varphi)$。由断尾变量的条件密度函数可知：

$$\mu(\varphi)=g(\varphi|\varphi>\varphi^{*})=\frac{g(\varphi)}{P(\varphi>\varphi^{*})}$$

即

$$\mu(\varphi)=\begin{cases}\dfrac{g(\varphi)}{1-G(\varphi^{*})}, & \varphi\geqslant\varphi^{*}\\ 0, & \text{其他}\end{cases}$$

式中，$1-G(\varphi^{*})$ 为企业成功进入市场的概率，因此条件概率 $\mu(\varphi)$ 表示成功进入市场的企业的生产效率。同理，整个行业的生产效率水平 $\tilde{\varphi}$ 在考虑了企业的进出后变为：

$$\tilde{\varphi}(\varphi^{*})=\left[\frac{1}{1-G(\varphi^{*})}\int_{\varphi^{*}}^{\infty}\varphi^{\sigma-1}g(\varphi)\mathrm{d}\varphi\right]^{\frac{1}{\sigma-1}}$$

因此可以看出，内生决定的退出市场的生产效率临界值将决定整个行业的总生产效率。

（4）零临界利润条件（zero cutoff profit condition/ZCP condition）。

整个行业的平均利润为：

$$\bar{\pi}=\pi(\tilde{\varphi})=\frac{r(\tilde{\varphi})}{\sigma}-f$$

又

$$\frac{r(\tilde{\varphi})}{r(\varphi^{*})}=\left(\frac{\tilde{\varphi}}{\varphi^{*}}\right)^{\sigma-1}$$

由上文可知，$\tilde{\varphi}$ 可以表示成 φ^{*} 的函数，行业的平均生产效率由临界企业的生产效率决

---

① 根据级数的运算法则可以推出。

定，即 $\widetilde{\varphi}(\varphi^*)$；又因为 $\pi(\varphi^*)=0$，从而 $r(\varphi^*)=\sigma f$，故

$$\bar{\pi}=f\left[\left(\frac{\widetilde{\varphi}(\varphi^*)}{\varphi^*}\right)^{\sigma-1}-1\right]$$

零临界利润条件给出了行业的平均利润与生产效率临界值之间的关系。

(5) 自由进出条件（free entry condition/FE condition）。

从行业层面来看，整个行业在企业的期望利润等于其进入市场所支付的沉没成本时达到均衡，此时不再有企业进入或者退出；由上文可知，企业成功进入市场的概率为 $1-G(\varphi^*)$，看到自己的生产效率之后立刻退出市场的概率为 $G(\varphi^*)$，因此该条件可以写为：

$$0\times G(\varphi^*)+\frac{\pi(\varphi)}{\delta}\times(1-G(\varphi^*))=f_e$$

即

$$\bar{\pi}=\frac{\delta f_e}{1-G(\varphi^*)}$$

综上可以得到重要结论：当进入市场的沉没成本给定的时候，企业越不容易生存，即需要更高的生产效率才能在市场上存活的时候，企业能得到的行业平均利润更多，从而构成对企业的补偿。

第 3 节　异质性国际贸易情形下的企业生产决策

一、图像分析解的唯一性

由自由进出条件可知，随着 φ^* 的增加，$G(\varphi^*)$ 增加，$\bar{\pi}$ 也增加，因此自由进出条件是一条向上的曲线；而零临界利润条件的走向取决于 $\left(\frac{\widetilde{\varphi}(\varphi^*)}{\varphi^*}\right)^{\sigma-1}-1=\frac{\bar{r}}{r(\varphi^*)}-1$，这将进一步取决于生产效率服从的概率密度分布 $g(\varphi)$ 和商品之间的替代弹性 σ。

$$\begin{cases}\bar{\pi}=f\left[\left(\frac{\widetilde{\varphi}(\varphi^*)}{\varphi^*}\right)^{\sigma-1}-1\right]\\ \bar{\pi}=\frac{\delta f_e}{1-G(\varphi^*)}\end{cases}$$

平均收入永远为正，当生产效率临界值 $\varphi^*\to 0$，生产效率为该临界值的企业的收入也趋向于 0，因此 $\frac{\bar{r}}{r(\varphi^*)}-1$ 的值将趋于无穷大；与此同时，很多分布（对数分布、指数分布、γ 分布等）下，$\frac{\bar{r}}{r(\varphi^*)}-1$ 都可以满足 $(0,\infty)$ 上单调递减，因此零临界

利润曲线是向下的，两条曲线相交可以确定唯一的一组解（$\bar{\pi}$，φ^*），如图 5－1 所示。

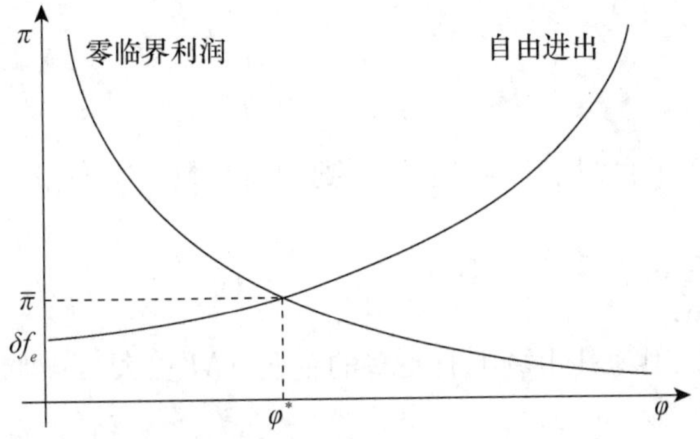

图 5－1　图像分析解

二、公式分析解的唯一性

假设每期新进入市场的企业数量为 M_e，则存活下来的企业数量为 $(1-G(\varphi^*))M_e$，为了维持静态均衡，需要使新进入并且存活下来的企业数量等于退出的企业数量，即

$$(1-G(\varphi^*))M_e=\delta M$$

新进入的企业将分配一部分劳动力用于投资，假设这部分劳动力为 L_e，市场出清条件要求这部分劳动力的工资（每个劳动力的工资标准化为 1）等于投资所用的成本，即 $L_e=M_e f_e$；剩下的劳动力即 $L-L_e=L_p$ 用于生产，支付给这部分劳动力的工资应该等于生产成本，即 $L_p=R-\Pi$；利用 $(1-G(\varphi^*))M_e=\delta M$，有

$$L_e=M_e f_e=\frac{\delta M f_e}{1-G(\varphi^*)}=M\bar{\pi}=\Pi$$

$$R=L_p+\Pi=L$$

因此，一个国家的总收入 R 被国家的劳动力数量所外生限定为一个常数。

又因为

$$P=M^{\frac{1}{1-\sigma}}p(\tilde{\varphi})=\left(\frac{R}{\bar{r}}\right)^{\frac{1}{1-\sigma}}p(\tilde{\varphi})=\left(\frac{R}{\sigma(\bar{\pi}+f)}\right)^{\frac{1}{1-\sigma}}\frac{1}{\rho\tilde{\varphi}(\varphi^*)}$$

总价格 P 是常数，又已知 R 为常数，故给定一个 φ^* 就有一个唯一对应的 $\bar{\pi}$，因此存在唯一的一组解（$\bar{\pi}$，φ^*）。

三、市场上企业的数量 M

前面在推导 P 的时候已经写出了 M 的公式，即

$$M=\frac{R}{\bar{r}}=\frac{R}{\sigma(\bar{\pi}+f)}=\frac{L}{\sigma(\bar{\pi}+f)}$$

由 $\widetilde{\varphi}$，φ^{*}，$\overline{\pi}$，$\overline{r}$的表达式可知，它们都与 L 无关，因此无论是大国还是小国，市场上存在的企业数量只与国家的大小有关。

四、福利

每个工人的福利 W 可以用其工资能够买到的商品数量来衡量，即

$$W=\frac{1}{P}=M^{\frac{1}{\sigma-1}}\rho\widetilde{\varphi}$$

大国的福利更多，因为其市场上有更多的企业（M 更大），即更多种类的产品。

五、比较静态分析

（1）进入市场的沉没成本 f_e 增加，自由进出曲线会上移，使生产效率的临界值 φ^{*} 降低，行业的平均生产效率 $\widetilde{\varphi}$ 将会降低；与此同时，均衡解的 $\overline{\pi}$ 将会增加，使得 M 降低；因此 $\widetilde{\varphi}$ 和 M 的同时降低将会降低福利。

（2）当生产的固定成本 f 增加，零临界利润曲线会上移，使生产效率的临界值 φ^{*} 增加，使得一部分企业因为生产效率低于 φ^{*} 而退出市场，总体生产效率 $\widetilde{\varphi}$ 提高；同理，$\overline{\pi}$ 的增加会减少市场上产品的种类数量；尽管总体生产效率提高，产品种类的减少对福利的影响更大，因此生产固定成本的增加将会损害福利。

第 4 节　异质性国际贸易情形下企业进入国际市场的决策

一、假设条件

为了分析国际贸易情形下企业进入国际市场的决策，首先作出如下假设：

（1）存在两种贸易成本：首先是冰山运输成本（iceberg trade cost）τ，即为了在国外市场上销售一单位的商品，企业需要从国内出口 τ 单位的商品；其次是固定运输成本 f_{ex}。

（2）假设每个国家的要素价格是一样的，即所有国家的工资都标准化为 1。

二、企业进退出口市场的策略

在国内销售的商品价格与封闭经济中的商品价格一样，记为：

$$P_d(\varphi)=\frac{\omega}{\rho\varphi}=\frac{1}{\rho\varphi}$$

出口国外的商品价格因为有冰山运输成本，故其价格为：

$$P_x(\varphi)=\frac{\tau}{\rho\varphi}=\tau P_d(\varphi)$$

生产效率为 φ 的企业在国内的销售收入为：

$$r_d(\varphi)=R_d(P_d\rho\varphi)^{\sigma-1}$$

出口国外的销售收入为：

$$r_x(\varphi)=\tau^{1-\sigma}R_x(P_x\rho\varphi)^{\sigma-1}$$

因为国家是完全对称的，拥有相同的劳动力数量，R_d 和 R_x 相同，P_d 和 P_x 也相同，故

$$r_d(\varphi)=R(P\rho\varphi)^{\sigma-1}$$
$$r_x(\varphi)=\tau^{1-\sigma}R(P\rho\varphi)^{\sigma-1}$$

企业在国内市场和国外市场上的利润分别为（令企业生产出口到国外的商品的生产成本为 f_x）：

$$\pi_d(\varphi)=\frac{r_d(\varphi)}{\sigma}-f$$

$$\pi_x(\varphi)=\frac{r_x(\varphi)}{\sigma}-f_x$$

因为假设企业的出口决策是在知道自己的生产效率后作出的，企业是否决定出口，取决于其出口利润是否大于 0。与此同时，根据前面对 φ^* 的定义可知，当生产效率 $\varphi\geqslant\varphi^*$ 时，企业可以成功进入市场并生产，如果存在 $\varphi_x^*\geqslant\varphi^*$，则将有一部分企业（$\varphi_x^*\geqslant\varphi\geqslant\varphi^*$）只能在国内市场上销售，而生产效率满足 $\varphi>\varphi_x^*$ 的企业将不仅可以继续在国内市场上销售，同时还可以出口到国外市场并获得一个正的利润（$\pi_x(\varphi)>0$）。与前面对是否进入国内市场生产的生产效率临界值的定义相似，也可以定义是否出口的生产效率临界值 φ_x^*，即

$$\varphi_x^*=\inf\left\{\varphi\geqslant\varphi^*:\frac{\pi_x(\varphi)}{\delta}>0\right\}$$

根据定义有

$$\pi_d(\varphi^*)=0$$
$$\pi_x(\varphi_x^*)=0$$

利用已有表达式将 $\pi_x(\varphi)$ 化简可得：

$$\pi_x(\varphi)=\frac{\tau^{1-\sigma}r_d(\varphi)}{\sigma}-f_x$$

又因为替代弹性大于 1，故出口国外的 $\pi-\varphi^{\sigma-1}$ 曲线斜率要小于国内销售的曲线斜率，为了保证 $\varphi_x^*\geqslant\varphi^*$，前者截距的绝对值需要更大，因此有 $\tau^{\sigma-1}f_x>f$。

对于可以出口的企业来说，它的生产效率满足 $\varphi>\varphi_x^*$，即意味着其在国外市场的期

望利润$\frac{\pi_x(\varphi)}{\delta}$大于0，此时它生产出口商品的固定成本为$\frac{f_x}{\delta}$。假设出口没有风险，企业一次性支付完出口的固定运输成本 f_{ex} 和因为存在可能突发的冲击而退出出口市场所需分期支付的固定成本$\frac{f_x}{\delta}$之间是无差异的，因此还有以下条件成立：

$$f_x = \delta f_{ex}$$

假设出口企业将产品出口到 n 个国家，则它的总利润为在国内市场上的利润加上在所有国外市场上的利润总和：

$$\pi = \pi_d(\varphi) + \max\{0, n\pi_x(\varphi)\}$$

三、考虑所有企业的生产经营状况

假设国家之间是对称的，每个国家在均衡时都有 M 个企业。这些企业可以分为两种，一种是在本国生产并在本国销售的企业；一种是在本国生产，不仅在本国销售还同时出口的企业，这部分企业的占比在数值上应该等于企业成功进入他国市场的概率，因此

$$p_x = \frac{1-G(\varphi_x^*)}{1-G(\varphi^*)}$$

在均衡状态下每个国家的国内市场上都有 M_t 个企业，不仅包括本国的 M 个企业，还包括出口到该国的其他 n 个国家的企业，即

$$M_t = M + np_xM$$

利用前面对整个行业的企业平均生产效率 $\widetilde{\varphi}$ 的定义，以某个国家的国内市场为例，其市场上的所有本国企业的平均生产效率为：

$$\widetilde{\varphi}(\varphi^*) = \left[\frac{1}{1-G(\varphi^*)}\int_{\varphi^*}^{\infty}\varphi^{\sigma-1}g(\varphi)\mathrm{d}\varphi\right]^{\frac{1}{\sigma-1}}$$

所以进入该市场的其他国家的出口企业的平均生产效率为：

$$\widetilde{\varphi}_x(\varphi^*) = \left[\frac{1}{1-G(\varphi_x^*)}\int_{\varphi_x^*}^{\infty}\varphi^{\sigma-1}g(\varphi)\mathrm{d}\varphi\right]^{\frac{1}{\sigma-1}}$$

因此可以定义该国家的国内市场上所有企业的平均生产效率为：

$$\widetilde{\varphi}_t = \left(\frac{1}{M_t}[M\widetilde{\varphi}^{\sigma-1} + nM_x(\tau^{-1}\widetilde{\varphi}_x)^{\sigma-1}]\right)^{\frac{1}{\sigma-1}}$$

因为存在冰山运输成本，如果出口企业成功进入出口目的地国家，且在该国市场上的生产效率为 $\widetilde{\varphi}_x$，其在本国的生产效率应该高于 $\widetilde{\varphi}_x$，根据冰山运输成本 τ 的定义，其生产效率应该除以 τ。

同理可得：

$$Q=M_t^{\frac{1}{\rho}}q(\tilde{\varphi}_t)$$

$$P=M_t^{\frac{1}{1-\sigma}}p(\tilde{\varphi}_t)$$

$$R=M_t r(\tilde{\varphi}_t)$$

$$\Pi=M_t\pi(\tilde{\varphi}_t)$$

四、开放经济下的均衡

因为 $\tilde{\varphi}$ 为所有企业的平均生产效率，所以 $r_d(\tilde{\varphi})$ 和 $\pi_d(\tilde{\varphi})$ 表示本土企业在自己国家销售的平均收入和平均利润，$r_x(\tilde{\varphi}_x)$ 和 $\pi_x(\tilde{\varphi}_x)$ 表示出口企业通过出口获得的平均收入和平均利润。对每个国家而言，其本土企业所获得的平均收益为：

$$\bar{r}=r_d(\tilde{\varphi})+np_x r_x(\tilde{\varphi}_x)$$

即本土企业在本土销售收入的平均值与成为出口企业后向 n 个国家出口所获得收入的平均值的和；同理，本土企业所获得的平均利润为：

$$\bar{\pi}=\pi_d(\tilde{\varphi})+np_x\pi_x(\tilde{\varphi}_x)$$

因为企业需要知道自己的生产效率之后才能决定是否能够进入国内市场生产甚至是出口，所以自由进出市场的条件依然是：

$$\bar{\pi}=\frac{\delta f_e}{1-G(\varphi^*)}$$

由 $\pi_d(\varphi^*)=0$ 和 $\pi_x(\varphi_x^*)=0$ 得

$$\pi_d(\tilde{\varphi})=f\left[\left(\frac{\tilde{\varphi}(\varphi^*)}{\varphi^*}\right)^{\sigma-1}-1\right]$$

因为

$$\frac{r_x(\tilde{\varphi}_x)}{r_x(\varphi_x^*)}=\left(\frac{\tilde{\varphi}_x}{\varphi_x^*}\right)^{\sigma-1}$$

$$r_x(\varphi_x^*)=\sigma f_x$$

故

$$\pi_x(\tilde{\varphi}_x)=f_x\left[\left(\frac{\tilde{\varphi}_x}{\varphi_x^*}\right)^{\sigma-1}-1\right]$$

又因为

$$r_d(\varphi^*)=R(P\rho\varphi^*)^{\sigma-1}$$

$$r_x(\varphi_x^*)=\tau^{1-\sigma}R(P\rho\varphi_x^*)^{\sigma-1}$$

故可以得出：

$$\frac{r_x(\varphi_x^*)}{r_d(\varphi^*)}=\tau^{1-\sigma}\left(\frac{\varphi_x^*}{\varphi^*}\right)^{\sigma-1}=\frac{f_x}{f}$$

φ_x^* 可以表示为 φ^* 的函数，因此企业的平均利润可以表示为：

$$\bar{\pi}=f\left[\left(\frac{\tilde{\varphi}(\varphi^*)}{\varphi^*}\right)^{\sigma-1}-1\right]+np_xf_x\left[\left(\frac{\widetilde{\varphi_x(\varphi^*)}}{\varphi_x^*(\varphi^*)}\right)^{\sigma-1}-1\right]$$

即为新的零临界利润条件。

五、均衡解的唯一性

与封闭经济情况下的证明类似，首先由于自由进出条件没有变，因此本国的国内总收入 R 依然是由国家的劳动力数量外生给定的；如果自由进出曲线和零临界利润曲线的交点唯一，即均衡情况下的（$\bar{\pi}$，φ^*）解唯一，则可以求出唯一的 φ_x^*，进而可以求出 $\tilde{\varphi}_x$，$\tilde{\varphi}$ 和 $\tilde{\varphi}_t$，当总价格给定的时候，由于 $M_t=(1+np_x)M$，因此由 $P=M_t^{\frac{1}{1-\sigma}}p(\tilde{\varphi}_t)$ 可以确定唯一的 M，从而保证了整个均衡可以由唯一的一组（φ^*，R，P）来决定。

与封闭经济情况下求解本国企业的数量 M 类似，依然有

$$M=\frac{R}{\bar{r}}=\frac{L}{\bar{r}}$$

其中

$$\begin{aligned}\bar{r}&=r_d(\tilde{\varphi})+np_xr_x(\tilde{\varphi}_x)=\sigma(\pi_d(\tilde{\varphi})+f)+np_x(\pi_x(\tilde{\varphi}_x)+f_x)\\&=\sigma(\bar{\pi}+f+np_xf_x)\end{aligned}$$

因此

$$M=\frac{R}{\bar{r}}=\frac{L}{\sigma(\bar{\pi}+f+np_xf_x)}$$

六、出口的影响（与封闭经济相比）

（1）开放经济中自由进出条件没变，但是部分生产效率较高的企业（$\varphi>\varphi_x^*$）可以出口，获得出口利润，使得自由进出曲线上移，使均衡情况下的企业可以在本国生产的生产效率临界值 φ^* 增加，这部分企业因为出口到其他国家，在其他国家的市场上占有了一定的份额，企业总的市场份额一定会增加；如果记封闭状态下的均衡 φ^* 为 φ_a^*，则有 $\varphi^*<\varphi_a^*$；生产效率在 φ^* 和 φ_a^* 之间的企业将退出市场，使得市场上的本国企业变少，生产活动将转向生产效率更高的企业，因此市场上企业的平均生产效率在提高。从公式上也可以看出这一关系。

$$M=\frac{L}{\sigma(\bar{\pi}+f+np_x f_x)}<\frac{L}{\sigma(\bar{\pi}+f)}=M_a$$

（2）尽管留下来的企业更加高效，留下来的只在本国市场上销售的企业也因为出口到本国市场的外国企业占据了部分市场份额使得自身市场份额下降。

（3）市场上的总企业数量（商品总种类数量）$M_t=M+np_xM>M_a$；与此同时，φ^* 的提高也提高了 $\widetilde{\varphi}$，进而提高了 $\widetilde{\varphi}_t$，降低了 $p(\widetilde{\varphi}_t)$。由

$$P=M_t^{\frac{1}{1-\sigma}}p(\widetilde{\varphi}_t)$$

可知，随着 $M_t^{\frac{1}{1-\sigma}}$ 和 $p(\widetilde{\varphi}_t)$ 变小，P 也减小，从而使整个福利增加。

（4）综上所述，封闭经济下、只在国内市场上销售、国内销售和出口同时进行三种情况下的利润-生产效率直线，如图 5－2 所示。

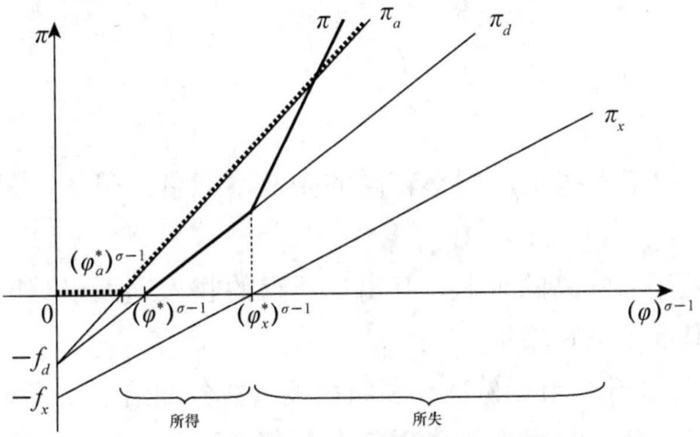

图 5－2　三种情况下的利润-生产效率直线

由

$$r(\varphi)=R(P\rho\varphi)^{\sigma-1}$$

$$\pi(\varphi)=\frac{r(\varphi)}{\sigma}-f$$

开放经济中 P 下降，导致开放经济中 π 与 $\varphi^{\sigma-1}$ 的曲线斜率更小，使得开放经济中销往国内市场所得利润 $\pi_d(\varphi)$ 低于封闭经济下在国内市场上销售获得的利润 $\pi_a(\varphi)$。只有少数生产非常高效的企业能在开放经济中获得高于封闭经济情况下的利润，其余企业均面临利润损失。

（5）我们可以得出如下重要结论：

1）生产最有效率的企业将会出口，其市场份额增加，与封闭经济状况相比利润增加。

2）生产较有效率的企业，只要生产效率超过了 φ_x^* 就会出口，其市场份额增加，但是与封闭经济状况相比利润下降。

3）生产效率满足 $\varphi^*<\varphi<\varphi_x^*$ 的企业不能出口，只能销往国内，其市场份额下降，且利润与封闭经济状况相比有所下降。

4）生产效率低于 φ^* 的企业退出市场。

七、出口影响的比较静态分析

（1）贸易伙伴的增加。由零临界利润条件可知：

$$\bar{\pi}=f\left[\left(\frac{\widetilde{\varphi}(\varphi^*)}{\varphi^*}\right)^{\sigma-1}-1\right]+np_xf_x\left[\left(\frac{\widetilde{\varphi_x(\varphi^*)}}{\varphi_x^*(\varphi^*)}\right)^{\sigma-1}-1\right]$$

当 n 增加时，零临界利润曲线上升，因此 φ^* 上升，市场上生产效率最低的企业将会退出市场；$\pi_d(\varphi)$ 斜率下降，直线向右旋转，因此仍然存活在市场上且和以前一样只销往国内市场的企业的利润会下降。

又由于

$$\tau^{1-\sigma}\left(\frac{\varphi_x^*}{\varphi^*}\right)^{\sigma-1}=\frac{f_x}{f}$$

因此 φ_x^* 同样上升，原来一些生产效率较高的企业不能再出口了，只能销往国内，利润降低。

对于一些生产效率非常高的企业，其出口所得的收入远大于其国内市场上利润的损失，这部分企业的利润依旧在增加。

随着 φ^* 和 φ_x^* 的上升，市场份额和利润都被重新分配给了生产更有效率的企业，同之前与封闭经济相比一样，这种资源的重新分配提高了整个行业的平均生产效率，提高了福利。

（2）冰山运输成本的下降。由

$$\tau^{1-\sigma}\left(\frac{\varphi_x^*}{\varphi^*}\right)^{\sigma-1}=\frac{f_x}{f}$$

$$\bar{\pi}=f\left[\left(\frac{\widetilde{\varphi}(\varphi^*)}{\varphi^*}\right)^{\sigma-1}-1\right]+np_xf_x\left[\left(\frac{\widetilde{\varphi_x(\varphi^*)}}{\varphi_x^*(\varphi^*)}\right)^{\sigma-1}-1\right]$$

可以得到，当 τ 下降的时候，零临界利润曲线会上升，因此 φ^* 上升，同样将使得生产效率最低的企业退出市场，整个行业的平均生产效率提高，福利增加。但又因为

$$\pi_x(\varphi)=\frac{\tau^{1-\sigma}r_d(\varphi)}{\sigma}-f_x$$

故 $\pi_x(\varphi)$ 的斜率变大，φ_x^* 会降低，一些原来不能出口的企业有了出口的机会；只销往国内市场的企业将会同时面临市场份额和利润的下降，而一些生产效率非常高的企业的利润在增加。

（3）出口固定成本的下降。同样可以得到 φ^* 上升和 φ_x^* 下降的结果，但是因为 $\pi_x(\varphi)$ 的斜率没有变化，所以已经出口的企业的市场份额不会发生改变。

八、异质性国际贸易情形下的实证研究结果

异质性国际贸易模型提出后，有大量的实证研究从不同角度对其结论进行了检验。本部分选取其中影响力较大的文献进行探讨。

第一类研究侧重于探讨出口企业和非出口企业表现的异同。例如 Frias，Kaplan 和 Verhoogen（2009）使用墨西哥数据，发现出口企业支付给员工的工资更高。Kugler 和 Verhoogen（2008）探讨了哥伦比亚出口商和非出口商的异同，发现出口商使用质量更好的中间品。Aw，et al.（2011）的研究表明出口企业比非出口企业研发水平更高。Holladay（2011）研究发现出口企业比非出口企业带来的污染水平要低。易靖韬（2009）使用浙江省 2001—2003 年的企业层面数据，发现生产效率更高的企业出口的可能性更大。唐宜红和林发勤（2009）使用 2005 年我国企业普查的数据，验证了 Melitz（2003）的异质企业模型在我国的适用性问题，同样发现企业生产率越高越容易出口。赵伟等（2011）使用 2000—2003 年 27 万家企业的大样本，发现企业的全要素生产率显著正向影响其出口决定。

第二类研究侧重于分析出口企业生产效率更高的原因。例如，Bernard 和 Jensen（1999）指出，美国企业中，生产效率更高、规模更大的更容易出口，同时在出口后就业人数增长更快、生存率更高，但生产效率并未显著提高。范剑勇和冯猛（2013）通过比较我国出口企业和内销企业的全要素生产率，发现出口企业的生产效率更高，自选择效应和学习效应共同导致了这个结果。

第三类研究侧重于分析贸易自由化情形下，关税下降对异质性生产效率的企业产生什么影响。例如 Pavcnik（2002）以智利的贸易自由化改革为背景，研究发现关税下降后，企业自身的生产效率显著提高，尤其是处于进口竞争行业的企业。同时，资源从生产效率较低的企业重新分配到生产效率较高的企业，从而实现行业生产效率的提高。Bernard，et al.（2006）研究关税和运输成本的下降如何影响美国企业的出口行为。研究发现：贸易成本的下降提高了行业平均生产效率。但对企业而言，更多的进口竞争导致部分企业退出市场的概率增加，同时也提高了部分企业开展出口活动的概率。Trefler（2004）分析了美加贸易协议带来的关税降低如何影响加拿大企业。随着加拿大关税的降低，生产效率较低的企业会缩小规模，甚至退出市场，从而导致行业平均生产效率提高。Lileeva 和 Trefler（2010）构建了产品层面的关税下降指标，发现随着加拿大关税的降低，加拿大企业出口增加，生产效率提高。Bustos（2011）研究阿根廷的贸易自由化，得出类似结论。钱学峰（2008）在企业异质性贸易模型分析框架下，探讨集约的贸易边际和扩展的贸易边际对我国企业出口的不同影响。毛其淋和盛斌（2013）分析了关税减让带来的贸易自由化如何对企业出口动态产生影响。

九、异质性国际贸易模型的拓展

Bernard，et al.（2003）与 Melitz 和 Ottaviano（2008）使用不同的模型框架分析了

异质性企业参与国际贸易的问题。在他们的分析中，价格加成是内生的。当贸易自由化发生的时候，企业可以通过降低价格来应对进口竞争。而 Melitz（2003）设定价格加成是外生的。

Melitz（2003）的异质性企业理论也被拓展到引力模型、外商直接投资以及企业外包等领域。例如，Chaney（2008）在该框架下分析不同行业的集约贸易边际和扩展贸易边际问题。Helpman，Meiltz 和 Yeaple（2004）的研究拓展了 Melitz 模型，分析企业建立海外分公司的决策。他们的研究表明，企业是选择出口还是对外直接投资的形式进行国际化是由生产率决定的。引入企业异质性特征后，可以将同一产业内不同企业区分开来，确定哪些企业从事出口而哪些企业成为跨国公司。企业生产率差异使得企业可以进行自我选择。只有生产率最高的企业才会成为跨国公司，生产率处于中等水平的企业出口，而生产率较低的企业只在国内市场销售。Antras 和 Helpman（2003）研究发现，外包和垂直整合面临不同的成本，异质性企业因为自己生产效率的不同而作出不同的企业组织决策。

本章小结

本章以 Melitz 模型为基础，介绍了异质性国际贸易的模型假设、模型构建、企业在国内与国际市场的生产决策等。

生产效率是企业异质性的重要特征。在国内市场：当进入市场的沉没成本给定的时候，企业不容易生存，即需要更高的生产效率才能在市场上存活的时候，企业能得到的行业平均利润更大，从而构成对企业的补偿。在国际市场：最有效率的企业选择出口，且市场份额和利润都高于封闭经济条件；较有效率的企业超过临界生产效率会选择出口，其市场份额增加，但是与封闭经济状况相比利润下降。

关键词

新新国际贸易理论　异质性企业

复习与思考题

1. 新新贸易理论与传统贸易理论有哪些区别与联系？
2. 异质性国际贸易模型有哪些重要假设？为什么？
3. 与封闭经济相比，开放经济对企业、消费者和国家来说是否有利？
4. 能否利用相关数据验证新新贸易理论在中国的适用性？

第6章
贸易政策工具

学习目标

- 掌握关税的成本和收益分析。
- 掌握关税的名义保护率与有效保护率。
- 了解最优关税的测度。
- 了解其他常用的贸易政策工具，如出口补贴、进口配额等。

第1节　关税的基本分析

一、关税概述

关税是指国家授权海关，根据该国法律规定及相关关税政策，对通过其关境的进出口货物向纳税人征收的一种流转税。

关税是一种最简单的贸易政策工具。按照不同分类标准，关税可分为进口关税、出口关税和过境关税，从价税与从量税，歧视关税与优惠关税等。本节将详细介绍这些关税种类。随着世界贸易的不断发展，关税在财政收入中所占的比重正逐渐降低，中国的情况如图 6-1 所示。

计算关税的税基为关税完税价格。关税完税价格是指由海关以该货物的成交价格为基础，审查确定的进出口货物的价格。一国政府对进出口商品都可征收关税，其中进口关税对本国更重要。通过对进口商品征收关税，一国可提高进口商品的成本，降低进口商品在本国市场的竞争力，从而在一定程度上实现对本国同类产品或相关产业的保护。

二、关税的特征

（一）关税与其他税收的比较

关税具有其他税收的一般特点，即强制性、无偿性。关税的强制性是指关税的纳税

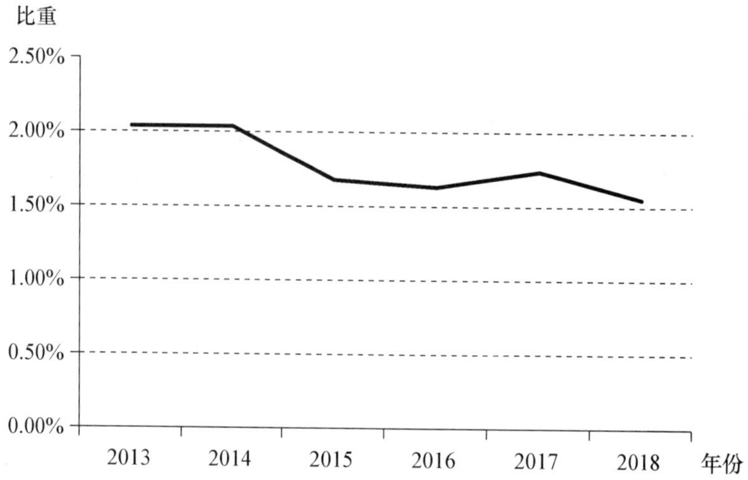

图 6－1　中国关税占财政收入的比重

资料来源：中华人民共和国财政部.

人需要按照法律规定无条件地履行纳税义务。关税的无偿性是指国家在取得关税后不需要向纳税人付出任何形式的报酬。但是与一般税收不同，关税的预定性较弱，相对具有灵活性。可根据国家需要，由关税税则委员会直接决定是否调整关税而无须经过复杂的立法程序。

征收主体是指在税收法律关系中行使税收征管权，依法进行税款征收行为的当事人。关税的征收主体是海关、海关总署及所属机构，它们代表国家负责关税的征收管理，而我国其他税收一般由税务机关进行征收管理，在这一点上，关税与其他税种有较大不同。

（二）关税税则实行复式税收原则

关税税则是指一国制定和公布的对进出关境的货物征收关税的条例和税率的分类表。一般分为单式税则和复式税则两种。单式税则是指在关税的每一个税目中只规定一个税率，对所有国家的商品按同一税率征税，不实行差额关税。复式税则是指一个税目下设有两个以上税率，对不同国家采用不同的税率。① 目前大部分国家的关税税则采取复式税则，小部分发展中国家如委内瑞拉、巴拿马等采取单式税则。

实行复式税则可对与本国签订贸易互惠条约或协定的国家和与本国没有签订互惠条约或协定的国家在税率上进行区分。

（三）关税的课征范围以关境为界

关税的课税对象是进出关境的货物和物品。这里的关境是指一个国家海关征收关税的领域，即主权国家的关税法令实施的领域。若多个国家间结成关税同盟（如欧盟），实施统一的关税法令和对外税则，则在关境内的跨国贸易无须缴纳关税；若一国政府在其

① 在各项税率中，普通税率是最高税率，特惠税率是最低税率，其间还有最惠国税率、协定税率、普通优惠税率。

境内设立自贸港、保税区、自由贸易区等（如上海自由贸易港），则即使是在国境之内，跨越关境的贸易同样必须缴纳关税。因此，只有在货物和物品进出关境时，才能对其实施统一征税且商品在境内自由流通时不再重复征收关税。

（四）具有较强的涉外统一性

随着世界经济一体化及贸易全球化的发展，国家征收关税已经不单纯是为了满足政府财政上的需要，更重要的是通过关税贯彻执行统一的对外经济政策。

关税税种的设置、税率的调整和征收办法的改变等，都会在不同程度上影响国际贸易往来，影响贸易各国在政治、外交和经济等方面的关系。因此，关税政策的制定不仅要尊重本国的实际情况，以国内相关法律作为依据，同时还要兼顾世界各国的利益，尊重国际条约和国际惯例，这样才有助于增进国际理解和交往，有利于建立互利友好的国际贸易关系。

三、关税的分类

（一）按通过关境的流动方向分类

关税按货品通过关境的流动方向可分为进口关税、出口关税和过境关税。

进口关税是指海关对进口货物或物品征收的关税，是关税中最主要的一种。征收进口关税，可以增加进口货物成本，削弱其在进口国市场的竞争能力，保护进口国的商品生产和经济发展。因而，在国际贸易竞争中，进口关税一直被看作一种重要的保护手段。

出口关税是指海关对出口货物或物品征收的关税。征收出口关税曾是欧洲各国重要的财政来源，但随着资本主义迅速发展，各国认识到征收出口关税不利于本国的生产和经济发展，19 世纪后期各国相继取消了出口关税。目前，仍有国家采用出口关税，目的是限制本国有大量需求而供应不足的商品的出口，或防止本国某些有限的自然资源耗竭，或利用出口关税控制和调节某种商品的出口量，防止盲目出口，以稳定国内外市场价格，争取在国外市场保持有利价格。

过境关税又称“通过税”，是指一国对通过其关境的外国货物所征收的一种关税。随着国际贸易的发展以及交通条件的改善，关贸总协定通过协议的形式取消了各成员方之间的过境关税。

（二）按关税的计征方式分类

关税按照计征方式可以分为从价税与从量税。

从价税是指以课税对象的价值或价格为标准，按一定比例计算征收的各种税。如对从国外进口的 A 商品以从价税的方式征收进口关税，其关税完税价格为 10 000 元，对应税率为 2%，则 A 商品需缴纳进口关税 10 000×0.02＝200 元。

从量税是指以课税对象的重量、容积、面积、长度等计量单位为标准，按固定单位税额计征的各种税。如对从国外进口的B商品以从量税的方式征收进口关税，其总重量为5吨，适用税率为10元/吨，则B商品需缴纳进口关税为5×10=50元。

对于一些特殊商品，如烟、酒等，我国采取从价税＋从量税的方式征税。具体形式如下：进口一批烟草，其完税价格为5 000元，产品总数量为10 000个，对应税率分别为5%和0.001元/个，则这批烟草需要缴纳的进口关税为5 000×5%＋10 000×0.001=260元。

（三）按关税的差别待遇分类

关税按差别待遇可分为歧视关税与优惠关税。

歧视关税又称加重关税，是指对某种进口货物或来自某些国家的进口货物，因歧视、报复、保护和发展经济的需要等，使用比正常税率高的税率征收的进口关税。其中包括反倾销关税、反补贴关税、报复性关税和保障性关税。

优惠关税又称优惠税率，是指对来自特定受惠国的进口货物征收的低于普通税率的优惠关税，其目的是增进与受惠国之间的友好贸易往来。优惠关税又可以分为互惠关税、特定优惠关税、普遍优惠关税和最惠国待遇。互惠关税是指两个国家之间协商签订协议，对进出口货物相互提供较低的关税税率，如我国与日本、英国、伊朗、美国、新西兰等众多国家均签订了贸易互惠协议。特定优惠关税（特惠税）是指一个国家或某一经济集团对特定国家的全部进口货物或部分货物单方面给予低关税或免税待遇的特殊优惠，如英国对英联邦国家实行的特惠税。普遍优惠关税（普惠税）是指发达国家对来自发展中国家的某些进口货物，特别是工业制成品和半制成品给予一种普遍的关税优惠制度，该优惠关税遵循普遍性、非歧视性、非互惠性三大原则，如美国对134个发展中国家和地区给予普惠税，受惠商品种类4 284种。最惠国待遇是指缔约国一方给予第三国的一切特权、优惠和豁免，缔约国另一方可以享受同样待遇，如我国与美国、意大利、日本等国家签订的贸易协定中均有最惠国待遇条款。

四、关税的作用

（一）维护国家主权和经济利益

在当今世界经济发展潮流中，一国的关税政策直接关系到国家之间的主权和经济利益。关税已经成为各国政府维护本国政治、经济利益，乃至进行国际经济斗争的一个重要武器。

小资料

关税与中美贸易摩擦

2018年1月，美国政府宣布“对进口大型洗衣机和光伏产品分别采取为期4年和3年的全球保障措施，并分别征收最高税率达30%和50%的关税”。同年2月，美国政府宣布“对进口自中国的铸铁污水管道配件征收109.95%的反倾销关税”；2月27日，美国商务部宣布“对中国铝箔产品厂商征收48.64%～106.09%的反倾销税，以及

17.14%～80.97%的反补贴税”。3月9日，特朗普正式签署关税法令，“对进口钢铁和铝分别征收25%和10%的关税”；3月22日，美国政府宣布“因知识产权侵权问题对中国商品征收500亿美元关税，并实施投资限制”。3月23日，中国拟对自美国进口的部分产品加征关税，以平衡因美国对进口钢铁和铝产品加征关税给中方造成的损失，其中计划对价值30亿美元的美国产水果、猪肉、葡萄酒、无缝钢管和另外100多种商品征收关税。4月2日起，中国对原产于美国的7类128项进口商品中止关税减让义务，在现行适用关税税率基础上加征关税。4月4日，美国政府发布加征关税的商品清单，将对中国输美的1 333项500亿美元的商品加征25%的关税。同日，经我国国务院批准，国务院关税税则委员会决定对原产于美国的大豆、汽车、化工品等14类106项商品加征25%的关税。4月5日，特朗普要求美国贸易代表办公室依据“301调查”，额外对1 000亿美元来自中国的进口商品加征关税。

（二）保护和促进本国经济的发展

一个国家关税政策的制定受到该国的经济发展水平、产业结构状况、国际贸易收支状况以及参与国际经济竞争的能力等多种因素的影响。许多发展中国家的经济学家认为，对于发展中国家来说，实行保护性关税政策对于国家经济的发展有着积极的作用。

从历史发展看，英国从1651年制订《航海条例》算起，到1849年条例废止，保护关税政策实行了近200年，使英国在产业革命完成后发展成为“世界工厂”；美国的保护关税立法始于1816年，关税保护对象从最初的幼稚工业到成熟的工业，使原先落后于英法的美国一跃成为先进的工业国。所以说任何一个国家在产业发展的初级阶段都需要采取必要的保护贸易政策来保障其产业健康成长。

（三）调节国民经济和对外贸易

关税是国家重要的经济杠杆，通过调节关税税率等措施影响进出口规模，进而在调节国民经济活动中发挥重要作用。以进口商品为例，关税对进口商品的调节作用主要表现在以下几个方面：

（1）对于国内已经可以批量生产或有较大发展潜力的进口产品，规定较高的进口关税，削弱其在国内市场的竞争力，保护本国同类产品或相关产业在国内市场的发展。

（2）对于生活非必需品或奢侈品制定较高的进口关税，可以在一定程度上限制该类商品的进口与消费。

（3）对于本国暂时不能批量生产或生产所需的原材料不足的产品、生活必需品等的进口，制定较低税率甚至免税，以此来鼓励进口，满足国内生产和生活的需要。

（4）当一国贸易逆差过大时，可以通过提高进口关税税率或加征进口附加税限制进口，减少贸易逆差。

（四）获取国家财政收入

马克思、恩格斯在《德意志意识形态》中说：现代国家出现后，关税便是国库进款的最方便的手段。在前资本主义时期和资本主义发展初期，各国工业还不够发达，除了土地税以外，税源有限。同时，关税在资本主义税收中属于间接税，容易被纳税人接受。因此，关税成为当时的一种主要税收，征收关税单纯是为了获取财政收入。

而在当今世界，大多数国家尤其是发达国家的税制结构中，关税的税收规模逐渐减小，在整个财政收入中所占比重呈下降趋势。但是，一些发展中国家，主要是那些国内工业不发达、工商税源有限且国民经济主要依赖于某几种初级资源产品出口，国内众多消费品主要依赖于进口的国家，征收进出口关税仍然是它们获取财政收入的重要渠道之一。

五、局部均衡模型

在局部均衡模型中，假设世界上有两个国家即本国与外国，且市场中只有一种商品即粮食。两个国家都既消费粮食又生产粮食，且粮食可以在两个国家之间实现无成本的自由贸易。两个国家的小麦市场结构均为完全竞争市场，其中供求曲线是关于市场价格的函数。通常，本国的国内供给与需求取决于以本国货币为基础的价格，外国的供给与需求取决于以外国货币为基础的价格。假设两种货币的汇率不受市场中任何贸易政策的影响。以本币计算两个市场的价格。

若两个国家在没有发生贸易时各自的粮食价格不同，那么贸易会在两国之间发生。假设没有贸易时本国粮食价格比外国粮食价格高，现在允许两国之间进行贸易，贸易商开始将粮食从外国运往本国，这会导致外国粮食价格上升，本国粮食价格下降，直到两个市场的价格差消失。

为了确定小麦的国际市场价格与交易数量，需定义两条新的曲线：国内进口需求曲线（import demand curve）与国外出口供给曲线（export supply curve）。这两条曲线分别由两国国内在封闭经济条件下的供给曲线和需求曲线推导得到。国内进口曲线由本国国内需求量与国内供给量的差额得到，外国供给曲线则由外国供给量与外国需求量的差额得到。

图 6－2 展现了国内进口需求曲线的推导过程。在价格 P_1 处，国内消费者的需求量为 D_1，国内生产者的供给量为 S_1，因此国内进口需求为 D_1-S_1。如果把价格提升到 P_2，国内消费者的需求量下降到 D_2，生产者的供给量上升到 S_2，此时国内进口需求下降为 D_2-S_2。这些价格数量组合为图 6－2 右侧图中的点 1 与点 2。因为随着价格上升国内需求下降，所以进口需求曲线 MD 向下倾斜。在 P_A 价格水平下，国内供求平衡，因此进口需求曲线与纵轴价格相交于 P_A（当价格为 P_A 时，进口需求为 0）。

图 6－3 展示了外国出口供给曲线 XS 的推导过程。在价格水平为 P_1 时，国外生产者供给量为 S_1^*，国外消费者的需求量为 D_1^*，因此国外总出口量为 $S_1^*-D_1^*$。当价格水平为 P_2 时，国外供给量上升至 S_2^*，国外需求量下降至 D_2^*，因此，外国总出口量为 $S_2^*-D_2^*$。由于价格上升，外国可供出口的粮食供给量上升，因此出口供给曲线向上倾斜。当价格水平为 P_A^* 时，外国的供给与需求平衡，因此出口供给曲线与纵轴价格相交于 P_A^*（当价格为 P_A^* 时，出口供给量为 0）。

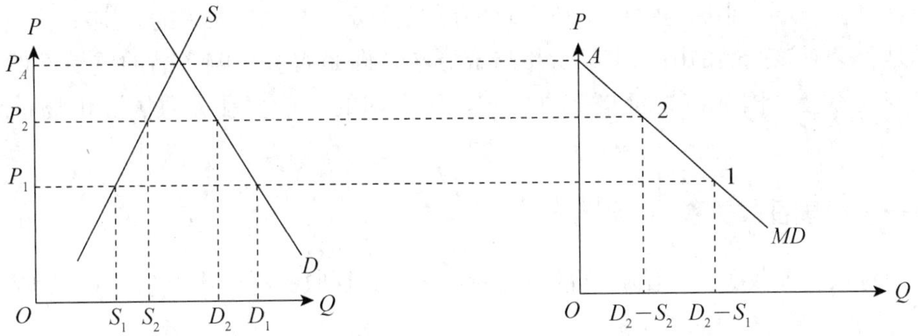

图 6-2　本国进口需求曲线的推导

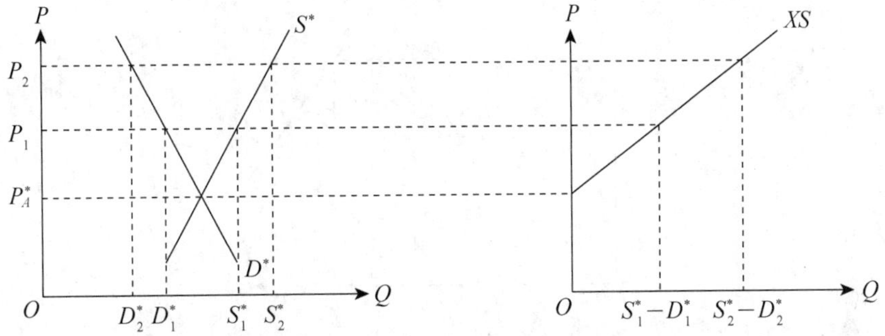

图 6-3　外国出口供给曲线的推导

当本国进口需求等于外国出口供给时，世界均衡发生（见图 6-4）。当价格水平为 P_W 时世界供给等于世界需求。在图 6-4 的均衡点 1 处有

本国需求一本国供给＝外国供给一外国需求

通过整理可得

本国需求＋外国需求＝本国供给＋外国供给

即　　世界需求＝世界供给

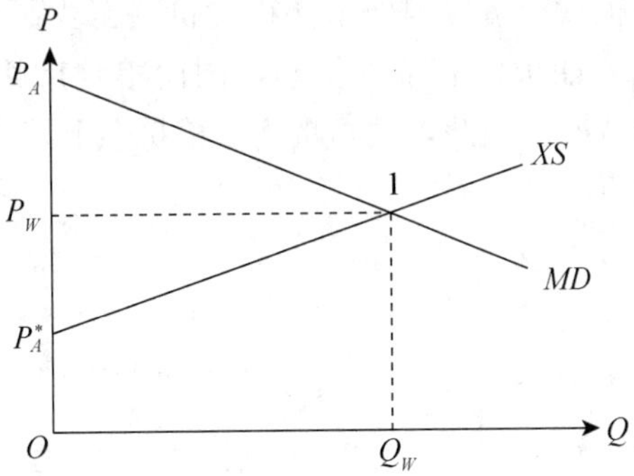

图 6-4　世界均衡

六、征收关税的经济效应分析

在分析一国征收关税带来的价格或其他经济效应时，往往会讨论征税国家的大小。

因此，这里首先定义小国与大国。在本章的研究范畴，小国与大国的区别在于一国的生产变动是否会对该产品的国际市场价格造成影响，即是否会影响产品的贸易条件。小国的生产变动不会对国际市场价格造成影响，而大国的生产变动会对国际市场价格造成影响。

（一）小国征收关税

小国对粮食征收关税无法影响世界均衡价格，其征收关税的影响如图 6－5 所示。

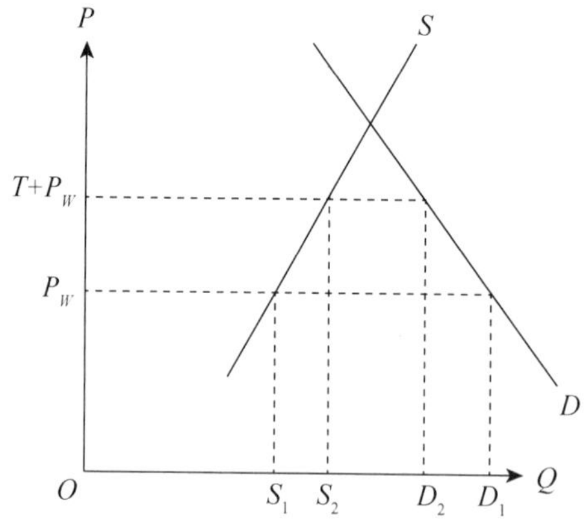

图 6－5　小国征收关税的影响

在这种情况下，关税提高了征收关税国家的进口商品的价格，进口商品的价格由 P_W 上升为 P_W+T。进口商品的生产从 S_1 上升到 S_2，而商品的消费从 D_1 下降到 D_2。因此，征收进口关税的国家进口量下降，由 D_1-S_1 下降至 D_2-S_2。

（二）大国征收关税

图 6－6 说明了大国对每单位粮食征收特定关税 T 所产生的影响。在没有关税的情况下，国内市场与国外市场价格均为世界价格 P_W，如世界市场中的点 1 所示。然而，随着征收关税，除非国内市场粮食价格比国外市场粮食价格至少高出 T，否则贸易商将不愿意把粮食从国外运到国内。如果没有粮食贸易，国内粮食市场将出现供不应求的状况，而国外将出现供过于求的状况。因此，国内粮食价格将会上涨，国外粮食价格将会下降，直至价格差异为 T 时为止。

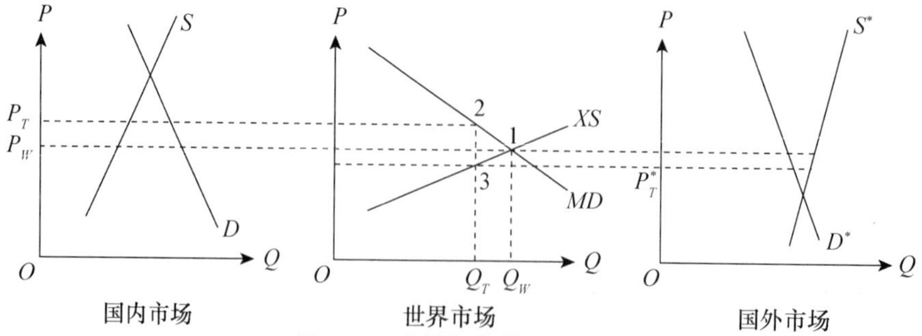

图 6－6　大国征收关税的影响

引入关税会对两个市场的价格产生影响。关税会使国内价格提高到 P_T，使国外价格降至 $P_T^*=P_T-T$。价格相对于 P_W 上升，本国生产者将以更高的价格增加供给，本国消费者的需求量将会减少。因此，进口需求量将减少（在 MD 曲线上从点 1 移到点 2）。粮食交易量从自由贸易下的 Q_W 下降到征收关税后的 Q_T。当 $P_T-P_{T^*}=T$ 时，本国进口需求等于外国出口供给，其贸易量为 Q_T。

对于大国而言，由于部分关税反映在该产品国际市场价格的下降上，因此这部分关税没有转嫁给国内消费者，国内价格从 P_W 增加到 P_T，增幅低于关税数额 T。这是关税和任何限制进口的贸易政策的正常结果。

第 2 节　关税的成本和收益分析

关税作为一种有效的贸易政策工具，会提高进口国家进口商品的价格，使得进口国国内生产该商品的厂商提高产量、扩大规模，导致国内该种商品的生产者受益而消费者受损。同样，征收关税会降低该商品在出口国国内的价格，使出口国国内的生产者受损而消费者受益。除生产者和消费者外，政府也能够通过征收关税获得一定的收入。下面通过消费者剩余和生产者剩余这两个微观经济学概念分析关税带来的成本和收益。

一、消费者剩余和生产者剩余

消费者剩余是衡量消费者在一次购买行为中愿意为某一商品支付的数额与实际支付的数额之间的差额。例如，某个消费者愿意用 10 美元购买某种商品，而事实上他只需支付 7 美元，那么此次购买的消费者剩余为 3 美元。从图形来看，消费者剩余是需求曲线以下及市场价格线以上的区域。需求曲线是指消费者为每增加一单位商品愿意支付的最高价格。

图 6-7 中，P 是商品的价格，Q 是商品的数量。当价格为 P_1 时，需求量为 D_1，此时的消费者剩余为区域 $a+b$ 的面积。当价格升至 P_2 时，由于价格上涨，需求量会降到 D_2，消费者剩余减少为区域 a 的面积。

生产者剩余是指生产者提供的产品或服务的最低供给价格与当前市场价格之间的差额。例如，某个生产者最低可以以 5 美元的价格卖出一件商品，实际的卖出价格为 10 美元，这 5 美元的差额即可看作生产者剩余。从图形来看，生产者剩余是供给曲线以上及市场价格线以下的区域。供给曲线表示每多生产一单位的产品所花费的边际成本。

图 6-8 中，P 是商品的价格，Q 是商品的数量。当价格为 P_1 时，对应的供给量为 S_1，此时生产者剩余为区域 c 的面积；当价格上涨到 P_2，供给量会增加到 S_2，生产者剩余也相应增加为区域 $c+d$。

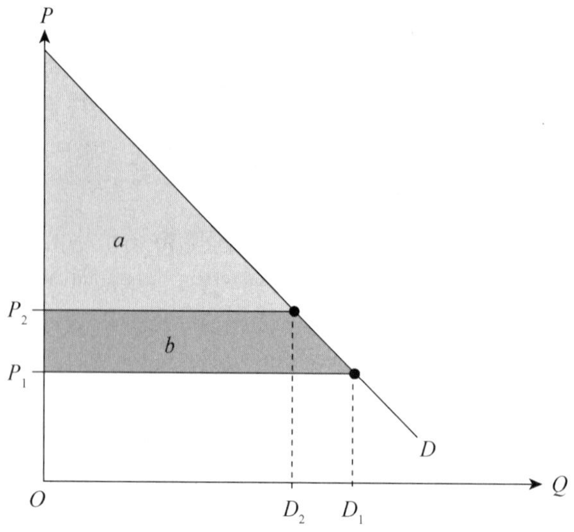

图 6－7　消费者剩余的几何表示

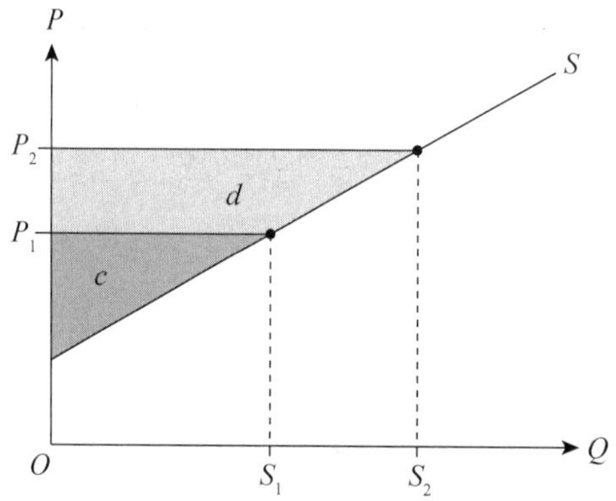

图 6－8　生产者剩余的几何表示

二、关税的成本与收益

图 6－9 显示了进口国征收关税所产生的成本和收益。关税把国内价格由 P_W 提高到 P_T，并将外贸出口价格由 P_W 降至 P_T^*。国内生产由 S_1 增加到 S_2，消费由 D_1 减少到 D_2。不同社会群体的成本和收益可以用标有 a、b、c、d 和 e 的五个区域之和来表示。

首先，考虑国内生产者的所得。征收关税使得进口商品的国内价格上升，生产者剩余增加。鉴于生产者剩余是由价格线以下和供给线以上的面积所表示，在征收关税之前，生产者剩余相当于 P_W 以下和供给曲线以上的面积；当价格上升到 P_T 时，生产者剩余增加的面积为 a，a 是关税带来的生产者所得。

其次，考虑国内消费者的损失。国内消费者损失源于进口商品国内价格的上涨。鉴于消费者剩余是由价格线以上和需求线以下的面积所表示，消费者支付的价格从 P_W 提高到 P_T，消费者剩余减少的面积为 $a+b+c+d$，这也就是关税带来的消费者损失。

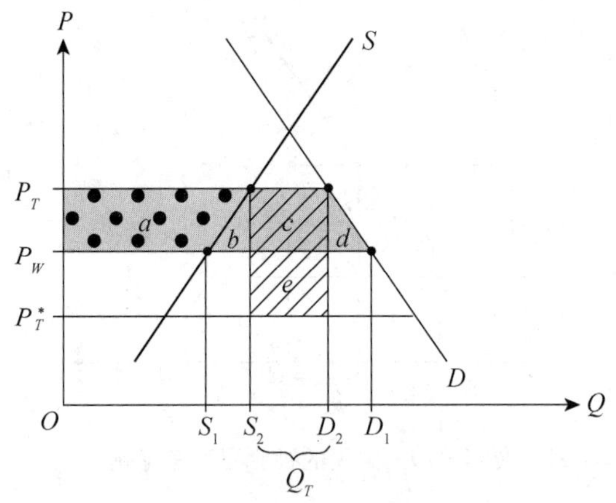

图 6-9　进口国征收关税的成本和收益

最后，考虑政府所得。政府可以通过征收关税得到税收收入。收益的大小等于关税税率 t 乘以进口量 Q_T（$Q_T=D_2-S_2$）。因为 $t=P_T-P_T^*$，所以政府的收益等于区域 $c+e$。

由此可以得到关税的净福利变动为生产者所得、政府税收与消费者损失之和。用图 6-9 中的各块面积来表示：关税的净福利变动 $=a+(c+e)-(a+b+c+d)=e-(b+d)$。

从图形来看，关税的净福利变动可以表示为两个用三角形面积衡量的损失和一个用矩形面积衡量的有抵消作用的收益。三角形表示由于关税扭曲了消费和生产行为而产生的效率损失，矩形则代表由于关税降低了外国出口价格而产生的贸易条件改善所得。

收益的多少取决于征收关税的国家迫使外国出口价格下降的能力。如果该国不能影响世界价格（即小国的情况），则代表贸易条件改善所得的区域 e 将减少，直至完全消失。在这种情况下，征收关税会减少社会福利。原因在于关税提高了进口商品的国内价格，迫使生产者和消费者以高于实际价格的商品价格来生产和消费。一方面，国内消费减少，原来可以消费的一部分消费者由于价格上升而失去消费能力；另一方面，国内生产增加，原来成本较高的一部分生产者由于价格上升使其生产变得有利可图，该部分商品的生产商由国内较高成本的厂商替代了原来国外生产成本较低的厂商。上述生产与消费的扭曲带来社会福利净损失。

图 6-10 显示了关税的社会福利净影响。关税的负面影响包括三角形 b 和三角形 d。三角形 b 表示生产扭曲损失，这是关税导致的产品在国内生产过多造成的；三角形 d 表示本国的消费扭曲损失，这是关税引起的消费下降造成的。这两种损失的反面是矩形 e 所代表的贸易条件改善所得，这是关税引起的外国商品出口价格下降造成的。但对于小国而言，关税几乎不会对国际市场价格产生影响，即区域 e 表示的贸易条件改善所得不存在，因此小国征收关税会造成社会福利净损失。

具体地，当一个小国对进口商品征收关税时，由于小国对这种商品的进口需求在世界总出口中所占份额小到几乎可以忽略不计，所以其进口量的减少对该商品的外国出口价格的影响也很小。此时，征收关税的影响是使价格由 P_W 上升到 P_W+t，进口需求量

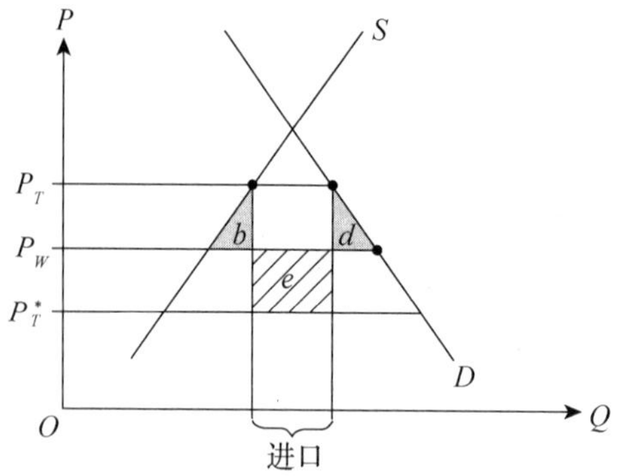

图 6-10 关税的社会福利净影响

从 D_1-S_1 减少到 D_2-S_2。生产者剩余增加了区域 a，消费者损失减少了区域 $a+b+c+d$，政府征收的关税为（D_2-S_2）$\times t$，即区域 c，则整个社会福利损失为区域 $b+d$（如图 6-11 所示）。

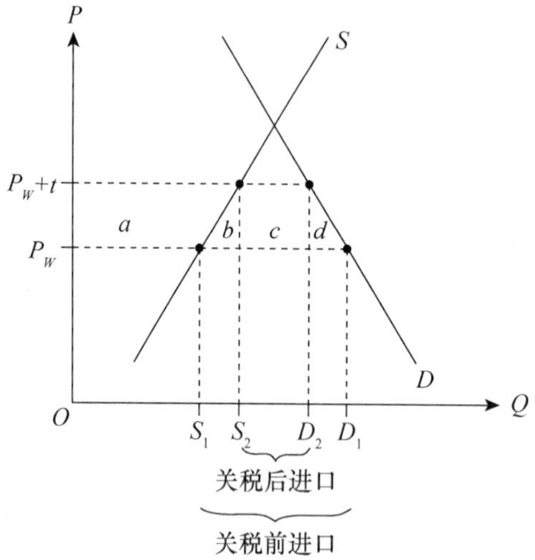

图 6-11 小国征收关税的情形

值得注意的是，在计算关税带来的成本与收益时暗含一个假设条件，即假定一单位边际收益或边际成本对于不同利益群体的价值是一致的，因此社会的福利变动可以直接通过加总不同利益群体的福利变动得到。但现实中，不同利益群体对单位收益或成本的评价不尽相同，为便于分析简化，这里不详细阐述。

三、垄断情形下的关税

若假定市场是完全竞争的，则各厂商接受既定的产品价格。但在现实生活中，诸多商品市场并不是完全竞争市场，贸易政策带来的影响是否会由于市场竞争程度的不同而存在差异？

在分析贸易政策在不完全竞争市场结构下的影响之前，须知自由贸易会减弱垄断势力，限制贸易则会增强垄断势力。假设市场中存在许多相同的外国厂商且允许自由贸易，那么即使作为本国某一商品市场上的唯一厂商，也无法对该商品制定高于国际市场价格的垄断价格。

为了解释说明贸易政策与市场竞争程度的关系，下面基于垄断市场结构进一步分析：假定一国的进口竞争行业由一个厂商控制，且该国为小国，即该国的贸易政策无法影响进口商品的国际市场价格，分析在垄断情形下关税带来的影响。

首先，考虑自由贸易的情形。如图 6－12 所示，自由贸易的前提下，进口商品会给国内垄断厂商带来竞争。D 是国内需求曲线，P_W 是进口商品的世界价格。假设国内该行业只有一家厂商，其边际成本曲线为 MC。

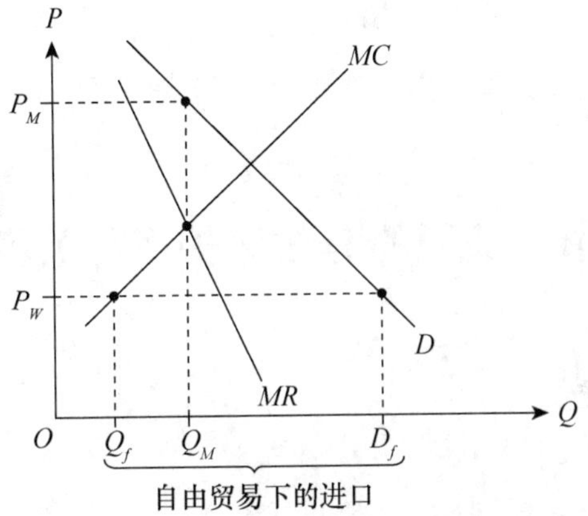

图 6－12　自由贸易情形下的垄断厂商

在封闭经济条件下，该国内厂商为追求利润最大化的一般垄断厂商。该厂商将选择利润最大化即 $MR=MC$ 时的产出水平 Q_M 和价格水平 P_M。

在自由贸易条件下，则不存在上述垄断行为。若厂商将产品价格仍定于 P_M 或任何高于国际市场价格 P_W 的价格，消费者便会转向购买更便宜的进口商品，而不再消费该厂商生产的商品。由此可知，在自由贸易情形下，国内垄断厂商的定价不能高于国际市场价格 P_W。

在 P_W 的价格限制下，垄断厂商将把产量定于 Q_f，此时该厂商的边际成本等于世界价格。当价格为 P_W 时，国内消费者对该产品的需求为 D_f，可得进口量为 D_f-Q_f。这一分析结果与完全竞争市场情况下的分析结果一致。因此可知：在自由贸易条件下，国内行业的市场结构假定（完全竞争或垄断）对分析结果无影响。

接下来，考虑征收关税的情形。关税带来的直接影响是提高了国内垄断厂商能制定的最高价格。若对进口商品征收从量税 t，则国内垄断厂商可以将价格提高至 P_W+t，如图 6－13 所示。P_W+t 即为垄断厂商的价格上限，若厂商制定的价格高于该价格，消费者将选择购买进口商品而放弃购买国内厂商生产的商品。因此，垄断厂商的最优选择是将价格定为 P_W+t，根据价格等于边际成本，产量为 Q_t。由于关税会提高进口商品的价格，垄断厂商的产出增加，消费者的需求减少，因此进口量也会随之减少。具体地，产出由 Q_f 增加为 Q_t，需求由 D_f 减少为 D_t，进口量由 D_f-Q_f 减少为 D_t-Q_t。同样地，国内垄断企业的生产行为与完全竞争市场情形下企业的生产行为一致。

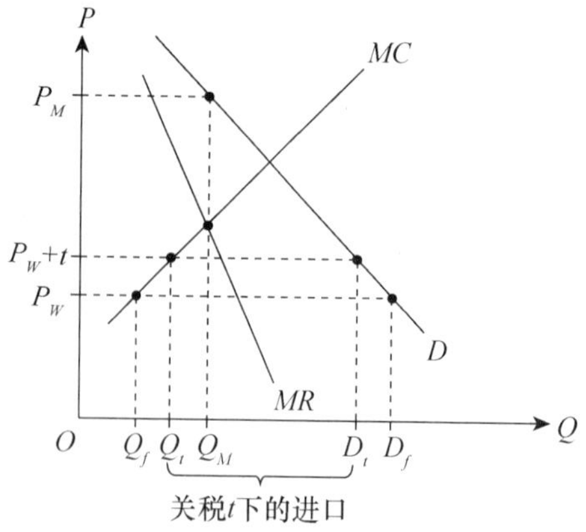

图 6-13 关税情形下的垄断厂商

第3节 关税的有效保护率与关税升级

一、关税的有效保护率

（一）名义保护率

世界银行提出："对一种商品的名义保护率（nominal rate of protection，NRP）指的是在保护之下，国内市场价格与国际市场价格之差与国际市场价格的百分比。"在现实情况中，影响进口商品价格的因素有很多，包括汇率变动、市场供求、消费者偏好、国家政策等，但不要求精确计算时，名义保护率的公式可以简化为：

$$NRP=\frac{P'-P}{P}\times100\%$$

式中，NRP 为名义保护率；P' 是对进口商品实行各种保护措施后的国内市场价格；P 是自由贸易条件下的国际市场价格。即名义保护率＝［(进口商品国内市场价格-国际市场价格)/国际市场价格］×100%。

自由贸易条件下，一辆汽车的市场价格为 100 000 元，征收关税后，该汽车在进口国国内的市场价格为 140 000 元，根据名义保护率的公式，该汽车的名义保护率为：

$$NRP=\frac{P'-P}{P}\times100\%=\frac{140\ 000-100\ 000}{100\ 000}=40\%$$

一般来说，在其他条件相同的情况下，名义保护率越高，保护程度越强。但是，名义保护率只反映了产业受保护的一般程度，没有反映实际保护程度。因此，仅仅用名义保护率来衡量关税的保护程度是远远不够的。它只体现了关税对国内同类商品的保护程度或对某种制成品价格的影响程度，忽视了该商品所处的加工阶段。名义保护率没有包括国内产业生产同类制成品所用的进口原材料或进口中间品的进口税率，所以不能完全适用于用进口原材料或进口中间品生产的制成品。

（二）有效保护率

一国的关税对于本国产业的实际保护程度，需要剔除产品价格中原材料的价格。例如 A 国进口一台价格为 5 000 元的电视机，名义关税率为 10%，即征收 500 元的关税，而 B 国对于相同的电视机征收了 15%的名义关税（即 750 元），可见，在电视机制造业中，B 国的一般保护程度要高于 A 国。单纯的名义保护率并不能反映一国对某一产业的实际保护程度，因此提出了有效保护率的概念。

有效保护率反映了一国对本国某一产业的真实保护程度。这一概念最早在 1955 年由加拿大经济学家巴伯（Barber）提出，巴伯认为从某产业产品的进口水平来判断一国对某一产业的实际保护程度是不够的，因为关税的征收同时也会引起该产业所需进口的原材料价格上涨，从而提高产品的生产成本。因此，要分析对本国某一产业的实际保护程度，需要综合分析某产业从投入品到制成品的系列商品所负担的进口关税，即该商品增值部分的提高程度。

有效保护率（effective rate of protection，ERP）是指，对某产业从投入品到制成品的系列商品征收关税后，该产业国内加工增值与自由贸易条件下使用进口投入品产生的加工增值的差额与后者之比。

关税有效保护率的公式为：

$$ERP=\frac{(y-b)-(x-a)}{x-a}$$

式中，y 为产品的国内价格（含关税）；b 为原材料的国内价格（含关税）；x 为产品的国际价格（自由贸易条件下）；a 为原材料的国际价格（自由贸易条件下）。

关税有效保护率的公式也可表示为：

$$ERP=\frac{V'-V}{V}\times 100\%$$

式中，V'是征收关税后的国内附加值；V 是自由贸易条件下的附加值。

还可使用下列计算公式：

$$ERP=\frac{t-a_1t_1}{1-a_1}$$

式中，t 为最终产品进口的名义关税率；a_1 为进口投入系数，即进口投入品在最终产品价值中的比重；t_1 为进口投入品的名义关税率。

下面举例说明关税有效保护率的计算。在自由贸易条件下，汽车整车的售价为 100 000 元，国内生产汽车需要进口 60 000 元的橡胶、钢材等中间投入品。不考虑关税、运输和保险等费用，国内市场上整车与中间投入品的价格与国际市场价格一致。即如果在国内进行加工装配，国内外的增值额相同，均为 100 000－60 000＝40 000 元。

考虑如下几种情况：

（1）对进口汽车征收 40%的从价税，对进口的中间投入品不征税。则汽车在国内的销售价格变为100 000×(1+40%) =140 000元。进口的中间投入品在国内完成加工装配后，其增值额为140 000－60 000＝80 000元，进而可以得出关税的有效保护率为 $ERP=\frac{V'-V}{V}\times100\%=\frac{80\,000-40\,000}{40\,000}\times100\%=100\%$。有效保护率远远高于名义保护率。

(2) 对进口汽车征收40%的从价税，对中间投入品征收30%的关税。国内汽车的销售价格仍为140 000元，中间投入品在国内的销售价格变为78 000元，加工增值额为140 000－78 000＝62 000元，可得出 $ERP=\frac{V'-V}{V}\times100\%=\frac{62\,000-40\,000}{40\,000}\times100\%=55\%$。

(3) 对进口汽车征收40%的关税，对中间投入品征收40%的关税。中间投入品在国内的销售价格变为84 000元，加工增值额为140 000－84 000＝56 000元，可得出 $ERP=\frac{V'-V}{V}\times100\%=\frac{56\,000-40\,000}{40\,000}\times100\%=40\%$。

(4) 对进口汽车征收40%的从价税，对中间投入品征收更高的关税，如70%的关税。国内汽车的销售价格仍为140 000元，中间投入品在国内的销售价格变为102 000元，加工增值额为140 000－102 000＝38 000元，可得出 $ERP=\frac{V'-V}{V}\times100\%=\frac{38\,000-40\,000}{40\,000}\times100\%=-5\%$。

根据上面的讨论可以看出，有效保护率与政府对进口商品和进口原材料/中间投入品征收的税率差额有着密切联系。当进口商品的关税税率大于进口原材料/中间投入品的关税税率时，有效保护率高于该商品的名义保护率，差距越大，保护程度越高；当进口商品的关税税率与进口原材料/中间投入品的关税税率相等时，关税的有效保护率与名义保护率一致；当进口商品的关税税率低于进口原材料/中间投入品的关税税率时，两者差距越大，保护程度越低，甚至有可能出现负值，即关税的负保护。

负有效保护率，指的是关税制度作用下对原材料/中间投入品征收了过高的名义关税率，使得原材料/中间投入品的价格上升大于制成品征税后的增值额。负有效保护率的出现会削弱本国产品的竞争力，刺激成品的进口。

区别于传统的保护理论，有效保护理论立足于产品加工增值部分，考虑的是关税对生产过程的影响，而不是关税对国内市场价格的影响。虽然加征关税使得国内市场价格提高可以为国内生产者带来更多的利润，促进国内生产，从而实现经济增长，但是，征收进口关税的目的在于通过保护本国产业的发展来促进本国经济的发展，而非提高国内市场价格。

（三）名义保护率与有效保护率的区别和联系

1. 两者的区别

名义保护率和有效保护率的区别在于，名义保护率是征收的关税与产品价格之比，只考虑了制成品的国内市场价格所受的关税影响；而有效保护率是征收的关税与产品增加值之比，着眼于生产过程的附加值，除了考虑制成品市场价格所受的关税影响，还考虑了征收关税的情况下，原材料/中间投入品价格所受的影响。

2. 两者的联系

当进口最终产品的名义关税率高于进口原材料/中间投入品的名义关税率时，有效保护率高于名义保护率；当进口最终产品的名义关税率等于进口原材料/中间投入品的名义关税率时，有效保护率等于名义保护率；当进口最终产品的名义关税率低于进口原材料/中间投入品的名义关税率时，有效保护率低于名义保护率。表 6－1 呈现了美国、日本和欧洲共同体部分产品的名义关税率和有效关税率，表中数据显示，一国的有效关税率通常大于一国的名义关税率。

表 6－1　美国、日本和欧洲共同体的名义关税率和有效关税率

	欧洲共同体		日本		美国	
	名义关税率	有效关税率	名义关税率	有效关税率	名义关税率	有效关税率
牛奶、奶酪和黄油	22.0	59.9	37.3	248.8	10.8	36.9
可可产品和巧克力	12.8	34.6	22.8	80.7	4.2	16.2
棉籽油	11.0	79.0	25.8	200.3	59.6	465.9
豆油	11.0	148.1	25.4	286.3	22.5	252.9
烟草香烟	87.1	147.3	339.5	405.6	68.0	113.2

资料来源：Chacholiades M.（1990）. International Economics. McGraw Hill International Editions.

二、关税升级

（一）中国的关税保护

在加入世界贸易组织（WTO）后，为履行关税减让的承诺，总体上看，我国名义保护率不断下降。经验分析表明，总体上我国制造业的关税的有效保护率随着名义保护率的降低而大幅度下降，且有效保护程度总体下降的幅度超过名义保护率的下降幅度。为鼓励进口，对那些属于原材料生产的行业，关税有效保护率低于名义保护率；为促进发展，对那些属于消费品和资本品性质的行业，我国关税的有效保护率高于名义保护率；而国家重点扶持的行业，我国关税的有效保护率仍在不断提高；通过对比有效保护率和名义保护率的高低，可以看出我国制造业的行业特征和国家相应的产业措施。

（二）关税升级

在引入关税升级的概念之前，先通过一个研究举例说明。Balassa（1965）将发达国家的名义关税率与有效关税率进行比较之后发现：

（1）有效关税率与名义关税率的差值：美国 72%，日本 84%，英国 81%，欧共体 54%。

（2）关贸总协定对原材料的进口关税税率下降幅度：全体缔约成员平均 64%，美国 77%。

（3）关贸总协定对制成品的进口关税税率下降幅度：全体缔约成员平均 34%，美国 29%。

这导致发达国家原材料进口关税税率和制成品进口关税税率的差距进一步扩大，对制造业的有效保护率也随之提高。这种关税结构被称为“关税升级”。

关税升级（tariff escalation）是关税的纵向结构，是指关税税率随加工程度逐级递增，即随着初级产品、中间品和最终产品之间的附加值的增加，关税水平相应增加。

例如，1988 年韩国的食品关税，初级加工阶段的平均关税税率是 14.1%，半成品加工阶段的平均关税税率是 17%，成品加工阶段的平均关税税率是 22.4%，体现了食品产业的关税升级。

在国际贸易中，保护力度低的主要为初级产品，例如原料、资源等基础产业；中间品保护力度进一步加大；高附加值、科技型的产品保护力度最大。关税升级制度可以用于保护国内幼稚产业，实现保护国际竞争力弱小的产业的目的；对有一定基础的中间品市场进行适当的保护，面对竞争力强大的国际市场给予其发展空间；对原料、资源等基础产业起到鼓励出口的作用。作为一种有效的贸易壁垒，在不考虑其他贸易成本的条件下，关税升级制度可以极为有效地保护下游产业，促进国内加工制造业的发展。

发达国家的关税升级制度对发展中国家的制成品出口是极大的阻碍，导致发展中国家的出口产业由加工制造业向资源密集型或者劳动力密集型产品偏移，抑制加工制造业的发展。

发达国家利用关税升级，对原材料进口关税税率设置较低，但对制成品关税税率设置较高。依照有效保护理论，本国的有效关税率远高于名义关税率。因此在国际成本高于国内成本的情况下，对发展中国家的市场准入加高门槛，人为增加了发达国家制造业的增值空间，以保护自己的制成品出口；但对于发展中国家，出口市场的关税升级越多，国内创造增值的空间就越少，在这种关税结构之下，就越倾向于初级产品出口，而非对初级产品进一步加工。生产要素由制成品部门流向初级产品部门，最终制成品受到的发达国家的歧视进一步加深，抑制发展中国家出口制成品产业的发展，出口多样化和产业升级受限，高附加值产品获得利润的机会减少。同时，这种扭曲的贸易模式将扩大发展中国家的原材料出口，造成发展中国家资源的过度开发以及对环境的持续性破坏。

小资料

乌拉圭回合谈判

乌拉圭回合谈判（1986—1994 年）对关税升级的讨论在历史上是个研究重点。鉴于关税问题对于发展中国家的重要性，WTO 和联合国粮农组织（FAO）对乌拉圭回合谈判对农产品的关税结构的影响进行了大规模的研究。

乌拉圭回合最后达成的协议主要包括以下内容：

（1）市场准入。大幅度削减关税，近 20 个产品部门实行零关税。工业产品、农产品的关税税目约束增加。非关税措施受到严格限制，全部非关税措施进行了关税化，并在关税化的基础上进一步削减。

(2) 海关估价。海关估价应当真实反映实际进口估价，任意估价极易导致税基扩大。

(3) 服务贸易总协定达成，将服务业纳入世界贸易规则范围之内。

(4) 将农产品归入世界贸易规则范围之内。农产品协议（美欧达成）将逐步扩展到全世界范围，促使各国农产品能够公平竞争。

(5) 对知识产权加以充分的保护，对不同的知识产权的期限作出不同的规定。

(6) 贸易投资措施协议。对所有引起贸易限制或扭曲作用的规定加强管理，设置了取消这些规定的期限：发达国家 2 年，发展中国家 5 年，最不发达国家 7 年。

(7) 建立 WTO，取代关贸总协定。

WTO 与 FAO 对乌拉圭回合谈判的研究，以下方面值得关注：

(1) 在 WTO 的研究中，一般用名义关税率代替关税的有效保护率，衡量关税升级的程度。

(2) 在贸易和环境委员会文件中，WTO 秘书处研究了钢铁、皮革制品、纺织品与服装、木料与家具等产品在乌拉圭回合之后的名义保护率。在对美国、加拿大、欧洲共同体、日本、马来西亚、印度尼西亚、印度、巴西、匈牙利和波兰进行关税升级的调查之后，得出下述结论：以自然资源为基础的行业、服装业和纺织业，其最终产成品很大的比重来源于原料产品，若关税下降，基于以上国家巨大的市场基础，其他国家的市场准入机会将大大增加。

(3) 关税减让是乌拉圭回合谈判的重要成果之一。根据 FAO《乌拉圭回合对农产品关税升级的影响》，超过 80%的农产品原料名义关税率与加工品的名义关税率之差持续下降，为发展中国家由原材料出口模式转向附加值高的加工业模式带来益处。根据报告中对欧洲共同体、日本、美国三个市场名义关税率差距的研究，各义关税率差距的具体变化如表 6－2 所示。

表 6－2　名义关税率差距

	1986—1988 年基期	乌拉圭回合减让之后
欧洲共同体的名义关税率差距	23%	16%
日本的名义关税率差距	25%	17%
美国的名义关税率差距	12%	9%

虽然关税升级的程度在乌拉圭回合之后有所减缓，但是整体的关税升级仍然存在，且维持在一定的规模水平之上。

对乌拉圭回合之后相关的农产品预测的有效保护率的如表 6－3 所示。

表 6－3　预测有效保护率

欧盟相关农产品的有效保护率	小麦粉：44%	橘汁：25%
日本相关农产品的有效保护率	精炼糖：30%	炭烧咖啡：12%
美国相关农产品的有效保护率	大豆油：13%	精炼奶：42%

(4) 虽然农产品关税有一定程度的下降，但仍导致了其他问题。当农产品制成品或者中间品的关税低于农产品原材料的关税时，按照有效保护理论，有效保护率为负值即出现关税降级（tariff de-escalation）的现象。但这并不意味着发展中国家就因此获得更大的制成品的出口空间。发达国家通常对加工业、低关税或者免关税的原材料进口产品实施关税配额，对其他行业的进口产品征收附加税，以保护本国产业的发展。所以，关税升级现象（有效保护率）表面上有所下降，但是实际保护力度的下降幅度并没有那么高，甚至可能出现保护力度上升的现象。

(5) FAO 的研究指出，关税和关税升级可能使发展中国家的出口多样化面临严重问题。虽然食品加工业是发展中国家的一项主要出口产业，但其出口产品主要集中在初级加工阶段，深加工食品在最不发达国家农产品出口中仅占 5%，在发展中国家仅占 16.6%，在发达国家则占 32.5%。限制发展中国家建立高附加值加工产业和增加其农产品加工出口份额的原因较多，关税升级可能是影响农产品加工出口垂直多样化的一个重要原因。

(6) 虽然乌拉圭回合对农产品的关税制度作出了重大改革，一定程度上削减关税，取消非关税措施，推进农产品的贸易自由化，但是在农产品的关税化过程中，发展中国家需面对发达国家的关税升级以及关税高峰现象，市场准入降低，发达国家的技术性贸易壁垒越来越高，发展中国家在农产品的产业多元化和高附加值的农业加工产品等方面面临的挑战日益严峻。

(7) 在当时的 WTO 背景下，积极利用 WTO 的谈判机制，大幅度降低发达国家存在的关税高峰和关税升级，是缓解发展中国家农产品产业关税不平衡问题的重要解决思路。

第 4 节　最优关税及其测度

一、最优关税概述

在大国情形下，一国征收进口关税会给进口国带来效率损失和贸易条件改善。

如图 6-14 所示，根据第 2 节介绍的关税成本和收益分析，征收关税后，本国消费者因进口商品价格上升而蒙受损失，本国消费者剩余减少了 $a+b+c+d$。同时，生产者剩余增加了 a，政府通过征收关税获得了 $c+e$ 的收益。

因此，征收关税给本国带来的净福利变动为 $e-(b+d)$。这一结果可能为正，也可能为负，取决于 e 和 $b+d$ 的相对大小。当供给和需求曲线斜率不断变化时，e 和 $b+d$ 的相对大小也会随之变化。在其他条件一定时，e 越大，因征收关税给本国带来的福利就越大；效率损失 $b+d$ 越小，关税带给本国的福利越大。

最优关税（optimal/optimum tariff）为使 $e-(b+d)$ 最大化的关税水平，是本国在供给和需求给定的情况下达到福利最大化的关税，其税率被称为最优关税率。

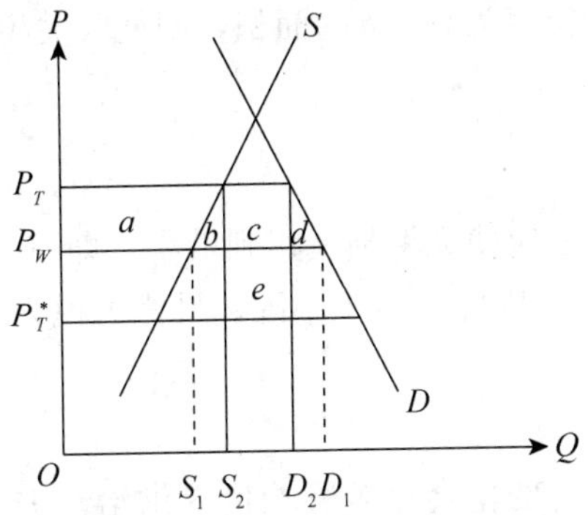

图 6-14 关税福利分析

二、最优关税的测度

最优关税及其测度在大国和小国中存在差异。在国际经济学中，大国和小国并非地理概念，而是看一国的生产和消费对世界市场价格的影响。若一国的供求能够显著影响世界价格，则为大国，反之则为小国。

（一）小国情形

对小国而言，其面临的出口供给曲线是完全弹性的。与世界总供给量相比，小国的少量需求变化基本上可以忽略不计。这种微小程度的需求量变化，不能改善本国贸易条件，也无法改变世界价格。因此，如图 6-15 所示，小国的出口供给曲线是水平直线。

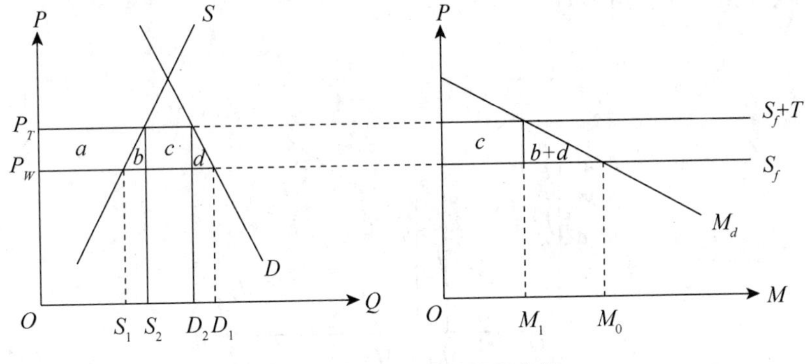

图 6-15 小国关税福利分析

我们注意到，小国提高关税，不能影响世界价格，只会造成国内进口价格由 P_W 上升至 P_T，其上涨幅度等于关税增长幅度。此时的进口需求量由 D_1-S_1 下降到 D_2-S_2。

因此，对于小国而言，征收关税最终会导致所有关税由本国消费者承担。关税的传递率为 100%。

在此基础上，我们对小国进行征收关税后的福利分析。

进口产品价格上升使生产者剩余增加了梯形面积 a，使消费者剩余减少了梯形面积 $a+b+c+d$；同时，政府收入因征收关税增加的部分为矩形面积 c。综上，本国的社会总福利是减少的，具体减少幅度为 $b+d$ 的面积，即征收关税带来的“无谓损失”。

$$S_{b+d}=\frac{T}{2}(M_0-M_1)$$

要探讨小国的最优关税，应使无谓损失达到最小，即 S_{b+d} 最小。当小国不征收关税时，$T=0$，S_{b+d} 有最小值 0。因此，对于小国，最优关税为零，即不征收关税。

（二）大国情形

与小国不同，大国需求的变化会显著影响世界供给，进而影响世界价格。因此，大国征收关税可以改善贸易条件，具体表现为进口商品的世界价格下降。但同时，本国进口价格上涨也会造成一定程度的效率损失。对大国而言，征收关税可以给本国带来福利上的正、负双重效应，因此，存在可以使本国征税后的福利最大化的最优关税 T，其计算方法如下。

1. 方法一

当一国关税处于最优水平时，关税对本国福利的影响为零，即提高一单位关税带来的贸易条件改善与其造成的效率损失相等，此时该国不存在使关税达到最优的激励。假设关税税率为 λ，最优关税应该满足：

$$\left|\frac{\Delta e}{\Delta\lambda}\right|=\left|\frac{\Delta(b+d)}{\Delta\lambda}\right|$$

如图 6－16 所示，假设原来大国征收 $t=\lambda P_0^*$ 的关税，国内价格上升到 P_0，世界市场价格下降至 P_0^*，此时征收关税带来的贸易条件改善部分为矩形 $P_WP_0^*he$，因贸易量下降带来的效率损失为三角形 cef。

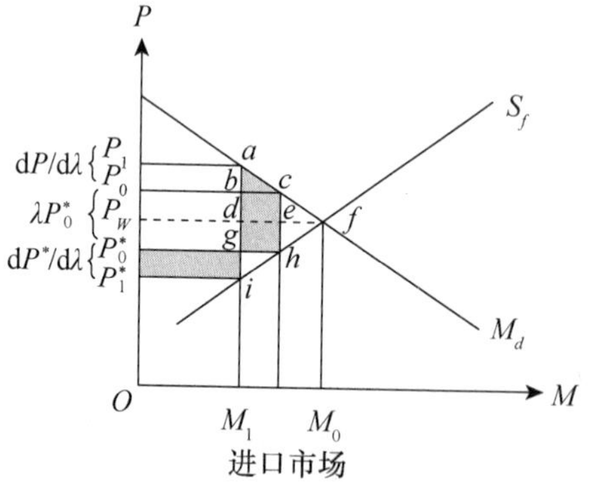

图 6－16 大国关税福利分析

现在，假设多征收一单位关税，国内价格上升至 P_1，国际市场价格下降为 P_1^*，此时的效率损失变为三角形 adf，新增损失为梯形 $adec$ 的面积；而贸易条件改善部分变为矩形 $P_WP_1^*id$，相比原来减少了矩形 $dehg$，增加了矩形 $P_0^*P_1^*ig$。

综上，最优关税即为矩形 $P_0^*P_1^*ig$ 的面积等于梯形 $aghc$ 的面积时的关税水平，其数学表达式如下：

$$M_1\left(\frac{dP^*}{d\lambda}\right)=\lambda\cdot P_0^*\ \frac{dM}{d\lambda}+\frac{1}{2}\frac{dP}{d\lambda}\frac{dM}{d\lambda}$$

忽略小三角形 abc 的面积，则有

$$M_1\left(\frac{dP^*}{d\lambda}\right)=\lambda\cdot P_0^*\ \frac{dM}{d\lambda}$$

可解得最优关税税率：

$$\lambda=\frac{M_1}{P_0^*}\frac{dP^*/d\lambda}{dM/d\lambda}=\frac{M_1}{P_0^*}\frac{dP^*}{dM}$$

为了更好地理解最优关税税率的含义，此处引入出口供给弹性的定义。出口供给弹性是用于衡量出口商品供给量对出口价格变动的敏感程度的指标，计算公式为：

$$e=\frac{\dfrac{dM}{M_1}}{\dfrac{dP^*}{P_0^*}}$$

对比出口供给弹性与最优关税税率的表达式，可得出结论：最优关税税率等于出口供给弹性的倒数。此结论在大国与小国情形中均适用，小国面临的出口供给曲线是完全弹性的，即 $e\to\infty$，最优关税水平即为零关税水平。

出口供给弹性一般情况下是正数，即出口商品价格和出口商品供给量同方向变动。

$e>1$：出口供给富有弹性；

$e<1$：出口供给缺乏弹性；

$e=1$：单位弹性。

2. 方法二

根据本章的分析可知关税给本国带来的净福利为 $e-(b+d)$。其中，e 代表本国征收关税导致外国所付出的代价。$b+d$ 表示征收关税后，生产效率下降带给本国的经济损失（如图 6－17 所示）。现用 m 和 n 分别表示这两种效应（如图 6－18 所示）。

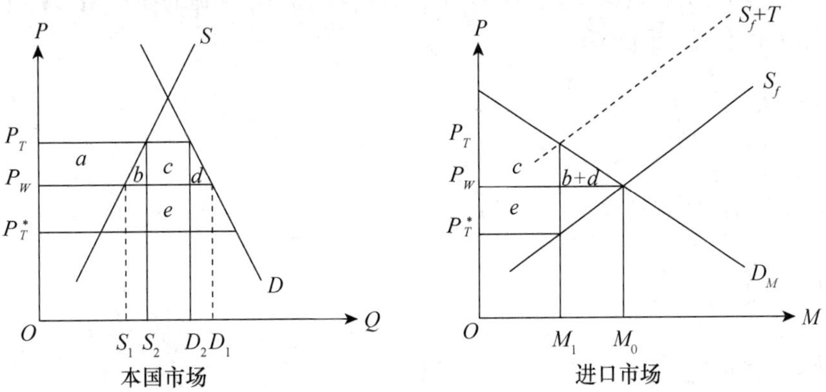

图 6－17　大国关税效应

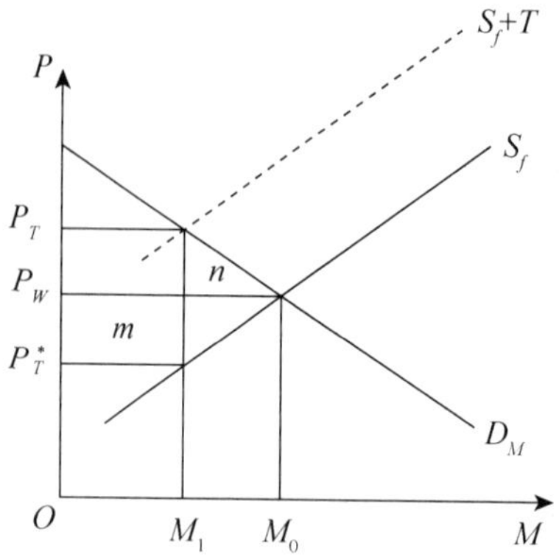

进口市场

图 6－18　大国进口市场

征收关税给本国带来的福利变化为 $m-n$。

$$m-n=M_1(P_W-P_T^*)-1/2(M_0-M_1)(P_T-P_W)$$

将线性的进口需求和供给曲线标记为：

$$M_d=a-bP$$
$$M_s=-c+eP$$

这两条曲线的交点决定了均衡价格。由 $a-bP=-c+eP$ 可知均衡价格为：

$$P_W=\frac{a+c}{b+e}$$

将均衡价格的解带入需求函数，得到

$$M_0=a-bP_w=a-b\,\frac{a+c}{b+e}$$

在征收进口关税后，外国生产者对商品的供给数量和本国消费者对商品的需求数量减少到 M_1。国内消费者购买商品的价格 P_T 和外国生产者收到的净价格 P_T^* 之间，存在大小为税收 T 的价差。因此有

$$a-bP_T^*=-c+dP_T$$
$$a-b(P_T^*+T)=-c+eP_T^*$$

那么，外国生产者得到的价格为：

$$P_T^*=\frac{a+c}{b+e}-\frac{bT}{b+e}$$

$$P_W-P_T^*=\frac{bT}{b+e}$$

显然，P_T^* 小于 P_W。本国征收关税造成二者相差$\frac{bT}{b+e}$。当 b 越大，e 越小时，即本

国需求越富有弹性，国外供给越缺乏弹性时，$\frac{b}{b+e}$越大，外国生产者得到的净价格越低，同时本国贸易条件改善的程度就越大。

在求得 P_W、P_T^* 和M_o 后，根据需求函数可得

$$M_1=a-b(P_T^*+T)=a-b\left(\frac{a+c}{b+e}-\frac{bT}{b+e}+T\right)=a-\frac{b(a+c)}{b+e}-\frac{beT}{b+e}$$

福利变化可以表示为：

$$\begin{aligned}m-n&=M_1(P_W-P_T^*)-\frac{1}{2}(M_0-M_1)(P_T-P_W)\\&=M_1(P_W-P_T^*)-\frac{1}{2}(M_0-M_1)(P_T^*+T-P_W)\end{aligned}$$

$$m-n=\left[a-\frac{b(a+c)}{b+e}-\frac{beT}{b+e}\right]\left(\frac{bT}{b+e}\right)$$
$$-\frac{1}{2}\frac{beT}{b+e}\times\left[\frac{a+c}{b+e}-\frac{bT}{b+e}+T-\frac{a+c}{b+e}\right]$$

对 $m-n$ 化简，得

$$m-n=\frac{ae-bc-beT}{b+e}\times\frac{bT}{b+e}-\frac{1}{2}\frac{beT}{b+e}\times\frac{eT}{b+e}$$

对 T 求导，令导数等于 0：

$$\begin{aligned}\frac{\mathrm{d}(m-n)}{\mathrm{d}T}&=-\frac{be}{b+e}\times\frac{bT}{b+e}+\frac{ae-bc-beT}{b+e}\times\frac{b}{b+e}\\&\quad-\frac{1}{2}\frac{be}{b+e}\times\frac{eT}{b+e}-\frac{1}{2}\frac{beT}{b+e}\times\frac{e}{b+e}\\&=\frac{-2b^2eT+abe-b^2c-be^2T}{(b+e)^2}=0\end{aligned}$$

$$-2b^2eT+abe-b^2c-be^2T=0$$
$$-2beT+ae-bc-e^2T=0$$

得到使净福利最大化的 T 值：

$$T=\frac{ae-bc}{2be+e^2}$$

根据所得的解，我们不难发现，当进口需求函数中的 $-b$ 变大时，T 会变大；当供给函数中的 e 变大时，T 会变小。

当进口需求和供给函数各参数已知时，最优关税 T 的具体值可以通过计算获得。例如：令 $M_d=100-10P$，$M_s=-80+20P$，通过计算可得 $P_W=6$，$M_0=40$，最优关税为 1.5，$P_T^*=5.5$，$M_1=30$。

（三）最优关税与禁止性关税

最优关税税率应介于零关税以及禁止性关税之间。作为一种贸易保护手段，禁止性关税是指为了保护本国产业，对某些商品征收重税（超过自由贸易条件下国内价格与世界市场价格的差额），以极大减少进口的一种关税。在禁止性关税水平下，进口量可看作零；而在零关税水平下，大国仍存在追求最优关税的激励，因此，最优关税税率应在零关税与禁止性关税之间进行调整。

三、贸易报复

（一）贸易报复概述

需要明确的是，大国通过征收关税带来的贸易条件改善建立在损害他国利益的基础上，因此在假设其他国家不实行贸易报复措施的前提下，才能得出结论：大国征收关税可以提高福利水平。

如图 6－19 所示，P_W 为自由贸易价格。征收关税后，国内产品价格上升至 P_T，在进口市场上的价格下降至 P_T^*。矩形 m 代表政府收入的增加，一部分是国内消费者剩余的损失，另一部分由国外生产者承担。

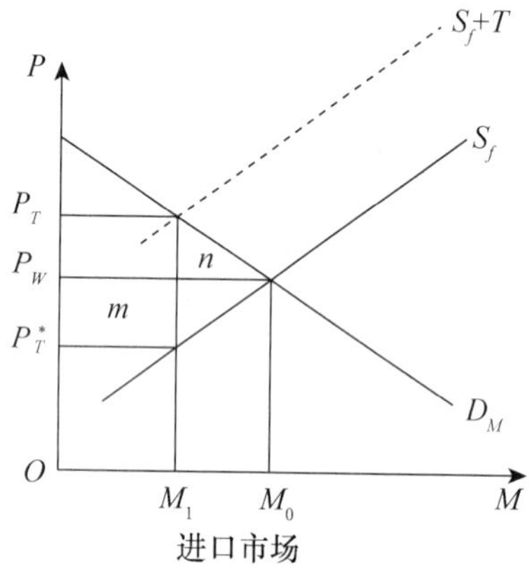

图 6－19 大国关税福利分析

征收关税在影响本国福利的同时，也会对外国福利造成影响。当本国因征收关税获得福利的改善时，必然会导致外国的福利受到影响。外国面对本国不友好的税收政策，很有可能实行相关报复措施，引发贸易争端。这种一国采取的提高关税或高筑非关税壁垒的报复行为，我们称之为贸易报复，其目的在于改变其他国家对其不友好的贸易政策，打开国际市场。一国不友好的关税政策或非关税壁垒引发其他国家的贸易保护行为，并最终导致循环报复的情况称为贸易战。

（二）贸易报复措施

贸易报复主要分为关税和非关税壁垒两方面。征收高额关税是国家间贸易报复最主要、最直接的方式之一。常见的非关税措施有进口配额、进口许可证等。

进口配额也称进口限额，是指一国对某商品在一定时期内的进口量事先进行规定和限制。该国只能在规定的范围内进口，超过该限定范围则不能进口。

进口许可证是一国为了控制某些进口商品的数量，规定只有从指定机关申办领取进口许可证后，商品才允许进口。进口许可证常作为进口配额的一种方式。

在国际贸易中，贸易摩擦时有发生。下面主要从关税措施方面介绍历史上著名的贸易摩擦案例，有关非关税壁垒的分析将在后续章节详细阐述。

即时案例

美欧鸡肉贸易战

第二次世界大战结束后，各国处于经济整顿与复苏时期。美国由于远离主要战场，受战争影响较小，经济得到迅速恢复和发展，饲养鸡的工厂向欧洲大量出口低价美国鸡肉。为保护国内养殖产业，欧共体针对美国的冷冻鸡肉产品加征关税，沉重打击了美国鸡肉产品的出口。美国鸡肉在欧洲的销售额下降 25%，家禽业损失预计高达 2 600 万～2 800 万美元。因此，美国向关税与贸易总协定（GATT）起诉，并通过《1962 年贸易扩展法》，直接授予总统还击欧共体贸易保护做法的权力，以图缩短贸易战战线。当时的肯尼迪政府对欧洲进口的小型卡车、大众汽车等商品增收关税，进行报复。美国甚至威胁将减少在欧洲的驻军数量。

美欧之间的鸡肉贸易战最终以美国的妥协结束，但实质上两败俱伤。对美国低价鸡肉的抵制使欧洲消费者无法再购买便宜的鸡肉；对美国而言，针对欧洲汽车加征的高关税，看似保护了国内汽车行业，实际上使国内汽车行业因缺少竞争而丧失了快速现代化转型的机会。美国汽车行业的后续发展深受鸡肉贸易战的影响。

即时案例

钢铁贸易战

21 世纪初，全球的钢铁生产处于相对过剩状态。自 2002 年起，美国政府对中、法、日、韩、澳等 28 个国家和地区提出钢铁反倾销起诉。2002 年 3 月 20 日，美国正式启动"201 条款"（美国国际贸易委员会对进口产品进行全球保障措施调查，并就进口增加对国内产业造成的影响及损害程度作出裁决），对进口钢材征收 8%～30%的进口关税，并对多种钢铁产品实施进口限额。

美国的"201 调查"引起了许多国家贸易报复的连锁反应。欧盟委员会决定，对来自一些国家的钢管征收高达 53.1%的附加进口关税。波兰和匈牙利也采取配额和临时反倾销措施保护本国钢铁产业。贸易战初期，贸易保护主义加大了全球经济格局的不确定性，美国经济出现下滑。

2003 年，WTO 在初步裁决中判定，美国对进口钢材征收的高额关税违规；7 月，进一步裁定美国的做法违反 WTO 规则。本轮钢铁贸易战以美国政府停用"201 条款"而告终。

从以上两个案例中不难看出，历史上的贸易战存在许多相似之处。

从原因上看，国际贸易涉及众多国家，在不同的历史发展阶段，由于众多复杂因素，不同国家通过国际贸易获得的利益难以均衡。除此之外，国际形势变化对传统国际分工和利益分配格局的冲击和影响，使贸易中的不平衡问题难以避免。因此，国际贸易中的不平衡问题常常是引发贸易战的主要原因。

从过程上看，贸易战往往会经历漫长的时间，因为国家间的博弈常会经历由缓和到激化的多次反复。

从结果上看，贸易战中没有真正的赢家，长时间的贸易战对两国经济的损害和消耗难以估量，甚至会对世界经济形势产生负面影响。因此，妥协与和平协商常常成为贸易战双方最终的共同选择。贸易中的冲突和摩擦不可避免，但在经济全球化的大环境下，和平解决贸易争端无疑是最佳选择。

小资料

“301 条款”

美国的“301 条款”从法律角度承认了美国实施贸易报复的合理性。经历了多番演变和发展，如今的“301 条款”有了更丰富的内容。

“301 条款”最早可以追溯到《1962 年贸易扩展法》，其中著名的第 252 条规定：“如果某一外国实施不公正或不合理的进口限制，给美国的贸易造成负担或歧视的，（美国）总统有权撤回对该国的减让，或增加对该国的产品关税或实施其他进口限制。”

20 世纪 70 年代，为了应对世界经济形势变化，尤其是日本、欧洲的迅速崛起给美国带来的贸易逆差，《1974 年贸易法》应运而生。后来，该法的第 301 条经修订逐步演变为如今狭义上的“301 条款”。该法同时要求设立贸易代表办公室，直接负责美国的国际贸易政策，在必要时应用“301 条款”发起贸易调查。

“301 条款”最典型的应用之一是 20 世纪七八十年代，美国为了保护本国经济，针对日本钢铁产业发起的调查。经过双方多次谈判，日本自愿限制钢铁出口，并与美国签署《美日特殊钢进口配额限制协定》。1989 年，美国再次利用“301 条款”对日本的计算机、卫星等行业发起调查，原因是美国认为日本在这些行业存在贸易壁垒，最终日本完全开放本国市场。

如今我们探讨的“301 条款”有广义和狭义两种。广义上的“301 条款”还包含针对知识产权的特别“301 条款”和针对外国贸易壁垒的超级“301 条款”。

WTO 建立后，成员间的贸易摩擦可以通过多边协商机制得到更好的解决，“301 条款”因具有单边贸易保护色彩，其作用在一定程度上被削弱。各国更倾向于采用和平谈判与协商的方式解决贸易问题。

在中美贸易历史上，美国曾多次利用“301 条款”针对中国进行调查。早在 1989 年，美国就将中国从“301 调查”的“观察对象”移入“重点观察对象”，之后又进一步提升至重点国家，中国成为美国重要贸易伙伴的同时，也成为美国贸易摩擦的重要对象。

1991 年 4 月，美国对中国发起第一次“301 调查”，拟针对因中国专利法存在的缺陷对美国商标权与著作权等产生的不良影响征收惩罚性关税。最终经过漫长的谈判过程，双方和平解决争端，签订了知识产权保护协议。

1994 年，美国再一次在知识产权领域对中国展开调查，要求中国进一步完善知识产权保护并扩大对美国知识产权产品的开放程度，激烈谈判的最终结果仍是和平解决，双方签署了第二个知识产权保护协议。

1996 年，中国第三次因知识产权问题登上美国“301 调查”“重点国家”名单，美国以保护不力为由启动了制裁程序，推动了第三个知识产权保护协议的签订。

在中国加入 WTO 之后，美国的对华“301 调查”仍在继续，相继在知识产权和清洁能源领域发起“301 调查”，但最终双方均达成妥协，并未真正实施贸易报复措施。由此可见，“301 调查”在一定程度上是美国用来改善贸易环境，获取贸易优势的手段。和平解决贸易争端，仍是当今国际贸易领域的主流做法。

第 5 节　其他贸易政策工具

一、出口补贴

出口补贴是指为国内出口商品的企业或个人提供的转移支付，是一国政府为鼓励出口而采取的一种措施，通常以现金支付、税收减免、保险安排、低息贷款等形式进行。出口补贴又分为从价补贴（补贴出口总额的一定比例）和从量补贴（对每单位商品补贴一定金额）。

出口补贴能够有效降低出口企业的成本，从而以较低的价格在世界市场上获得更大的份额，提高一国出口行业的竞争力。政府以补贴形式鼓励出口的目的是多样的，包括改善本国贸易账户、发展战略性产业、援助拥有出口行业的落后地区等。长期以来，各国政府在不同时期为不同的行业或产品提供补贴已成为一种普遍现象。当然补贴也成了许多国家实行贸易保护的工具。

在分析出口补贴的经济效应之前，需要注意的是，由于政府为出口商品提供出口补贴，出口变得更有利可图，出口厂商会一直选择出口商品，假定该国为大国，则该商品的国际市场价格会下降，国内市场价格会上升，直到商品的国内价格与国际市场价格之差等于出口补贴额度。由此可知，出口补贴政策对国内商品价格的影响刚好与关税相反，出口补贴会使得本国出口商品的国内市场价格上升。

出口补贴的局部均衡分析如图 6－20 所示，政府提供出口补贴之前，国内价格等于国际市场均衡价格 P_W，当政府实行出口补贴之后，假定该国为大国，则该商品的国际市场价格下降至 P_S^*，该商品的国内市场价格为 P_S，P_S 与 P_S^* 的差额刚好等于政府的出口补贴额。出口补贴使得国内价格上升，因此国内生产增加，由 S_1 增至 S_2；国内消费减少，由 D_1 减少至 D_2；该国的出口量增加，由 S_1-D_1 增至 S_2-D_2。从福利角度来看，国内价格上升使得国内生产者剩余增加了 $a+b+c$，使得消费者剩余减少了 $a+b$，政府由于提供出口补贴需支付额外成本 $b+c+d+e+f+g$，即为政府单位出口补贴额

$P_S - P_S^*$ 与出口量 $S_2 - D_2$ 的乘积。由此可得，实行出口补贴使得社会存在净福利损失 $b+d+e+f+g$。其中，b 为由于国内消费者的购买量低于初始世界价格下的购买量导致的消费效率损失，d 为生产者边际成本高于世界价格导致的生产效率损失，$e+f+g$ 为出口补贴带来的贸易条件恶化损失。

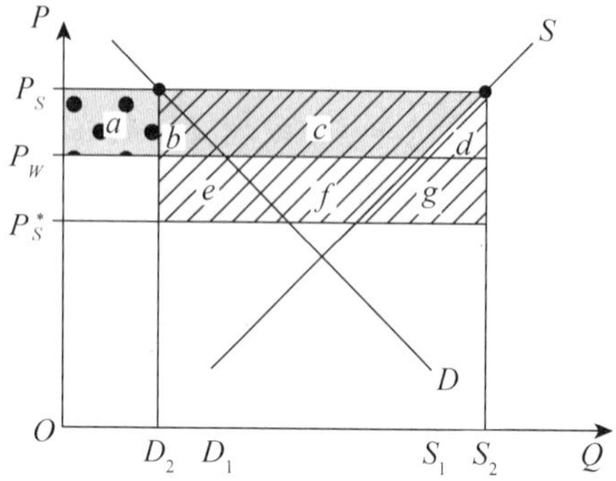

图 6-20　出口补贴的局部均衡分析

若该国为小国，政府提供出口补贴不会影响该商品的国际市场价格，进而不会产生因贸易条件恶化导致的损失。由此可知，相对于大国而言，小国提供出口补贴带来的净福利损失更小。总而言之，一国实行出口补贴会使得该国的总体福利下降，无论该国是大国还是小国。

除此之外，补贴行为还可能导致进口国征收反补贴税，或是引起其他出口这种商品的国家向 WTO 抗议，进而引发其他损失。

二、进口配额

进口配额是指一国在单位时间内对某种商品的进口数量或金额进行限制，在这一期间内只能进口配额内的货物，超出配额后不准进口或征收较高的关税、附加税。形式上表现为政府向企业或个人发放许可证。配额造成的影响与关税类似，主要是该商品国内价格提高，进口减少。乌拉圭回合贸易谈判要求各国取消这种保护主义的措施，但由于种种原因，配额在许多国家仍然存在。

进口配额主要有绝对配额和关税配额两种。绝对配额是在一定时期内规定某种商品进口数量或金额的最高额，达到后不准进口。绝对配额进一步分为对世界各国均适用的全球配额与按国别实施的国别配额。关税配额不规定商品进口的最高限额，但对超额进口商品征收较高的关税、附加税。

进口配额对福利的影响如图 6-21 所示。假设某国进口一种商品，自由贸易情况下，进口国生产量 Q_1 与进口量相加得到总供给 Q_4，价格为 P_0。实行配额后，进口被限制为 Q，导致国内需求超过国内的产量与进口之和，进口商品在国内的价格一直在提高，直至达到均衡价格 P_1。价格提高后，本国生产者扩大产量为 Q_2，Q_2+Q 得到新的总供给 Q_3。

对这种商品进行的进口配额导致商品价格提高，造成了消费者剩余损失 $a+b+c+$

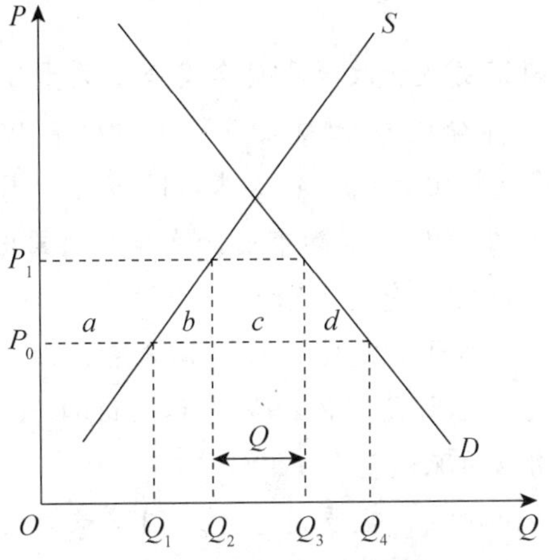

图 6-21 进口配额的局部均衡分析

d，其中的 a 转化为生产者剩余，提高了生产者福利，b 和 d 则成为无谓损失。

然而 c 部分的剩余属于有权把货物运入进口国的人，c 部分的归属可能出现不同情况。如果进口商获得这个权利，他们可以在世界市场用低价购买商品之后，在进口国内用较高价卖出；如果出口商结成团体与买方谈判，可能也会获得一部分收益 c；如果进口国政府实行许可证拍卖，出价最高者得到配额，政府通过进口商之间的竞争能够获得 c 部分的收益。但是如果政府随意分配进口配额，就会出现贿赂与腐败的可能，进口商有可能与拥有分配权的有关部门官员串通。对于进口国来说配额造成的成本更高，因为无谓损失不仅有 $b+d$，还可能有 c。

在征收关税时，c 部分将会成为政府收入，这是配额与关税的不同之处。此外，当进口商品的国内生产者处于垄断状态时，关税限制了垄断企业能收取的最高价格，即世界价格加关税，垄断企业定价高于这个水平就会面对进口商品的竞争。但是进口配额下，垄断企业可以把自己的产出提高至边际效益等于边际成本的数量，尽管销量少于自给自足时的水平，垄断企业却可以利用更高的售价来获得更高利润。因此在存在市场势力时，关税比配额更有效。

即时案例

中国的粮食进口关税配额

美国对农产品实行出口补贴政策，旨在减少过度积压的农产品库存，改善国际收支。而中国的粮食问题则从国家粮食安全和农民利益角度出发，实施进口关税配额，保证粮食的自给率，同时保证国内价格高于世界市场价格。

2001年12月中国正式加入WTO，设定了加入WTO前承诺的关税减让义务时间表，对国家粮食出口不再进行出口补贴。同时，为保护国内农业生产者，中国对粮食进口实施关税配额管理。2003年，中国出台《农产品进口关税配额管理暂行办法》，对小麦、玉米、大米、豆油等农产品实行进口关税配额管理。该项政策对规定进口数量以内的粮食征收较低关税，当进口规模超过配额数量时，可征收较高关税，以此保护国内粮食市场。关税配额内税率为1%～10%不等，按普通税率最高达180%。以小麦为例，配额框架下进口所支付关税可低至1%，无进口配额的公司所支付关税最高可达 180%。

2018 年 10 月 12 日，国家发展和改革委员会发布了关于 2019 年粮棉进口关税配额申领条件和分配原则的公告。部分进口配额数量如下：小麦 963.6 万吨，国营贸易比例 90%；玉米 720 万吨，国营贸易比例 60%；大米 532 万吨，国营贸易比例 50%。上述配额数量自 2004 年以来没有发生变化。国际市场价格和中国国内粮价相差较大，然而在严格的进口配额制下，主粮进口规模受到了限制。2018 年中国粮食累计进口 11 555 万吨，同比减少 11.5%，主要源于大豆进口量减少。具体来看，玉米进口 352 万吨，同比增加 24.7%。小麦进口 310 万吨，同比减少 29.9%。稻米进口 308 万吨，同比减少 23.6%。三大主粮的进口量均低于相应的配额量。

中国对粮食进口实施关税配额，主要是基于对国家粮食安全的考虑。中国坚持口粮绝对自给，自 2013 年以来，粮食连年保持 6 亿吨以上的生产规模，足以对接国内消费需求，无须大量进口。此外，配额的实施也能有效保护国内农民的利益。如果粮食市场完全放开，从国际上进口的小麦、稻谷、玉米大量进入，将打压国内主粮价格，对国内农民的收益和生产积极性产生不利影响。

对于部分农产品，中国并未实施或已取消关税配额。以大豆为例，在国内需求增加、内外价格倒挂的背景下，中国大豆进口量近 10 年来不断攀升。2017 年大豆进口 9 553 万吨，占我国粮食进口总量的 73.1%，占世界大豆市场进口总量的 64.5%。连续多年，中国是世界上最大的大豆进口国和消费国。由于中国耕地资源有限，很难保证在小麦、大米等主粮基本自给的同时，实现大豆等其他土地密集型农产品的有效供给。

三、自愿出口限制

自愿出口限制与进口配额类似，都对某种商品的进口量进行限制，区别在于自愿出口限制不是进口国对进口商品实施配额管理，而是出口国对出口商品进行配额限制。自愿出口限制一般是应进口国要求制定的，出口国通过自愿限制出口避免进口国的其他贸易限制，相当于进口国向外国政府颁发进口许可证。一般来说自愿限制协议是私下达成的。

自愿出口限制一般采取两种形式：单方面自愿出口限制和协定自动出口限制。单方面自愿出口限制由出口国单方面自行规定出口配额，限制商品出口；协定自动出口限制由进口国与出口国通过谈判达成协议，规定限额。

在之前对配额的叙述中我们分析了一部分收入的不同归属，因为出口商此时获得了把商品运入进口国的权利，在自愿出口限制的情况下，这部分收入由出口商获得。对于进口国而言，自愿出口限制带来了更高的成本。

自愿出口限制引起的福利变动涉及不止一个国家。我们扩展之前的模型到三个国家（如图 6－22 所示），首先两个出口国同时向一个国家出口，自由贸易下，世界价格为 P_0，进口国从出口国 1 进口 Q_4，从出口国 2 进口 Q_6，总计进口 Q_1。我们假设出口国 2

与进口国达成自愿出口限制，出口量最多为 Q_5。此时，进口价格上涨至 P_1，总进口量降至 Q_2，出口国 1 出口量上升至 Q_3，出口国 2 出口量降至 Q_5。我们发现自愿出口限制引发了贸易的转移效应，限制贸易的国家减少的贸易量被转移至自由贸易国。从福利的角度来看，此时进口国仍然受损，因为价格上涨给消费者带来的损失超过了给生产者带来的收益。这种情况下自由贸易国是受益者，不受限制的出口商能在更高的价格上出售更多商品。对于进口国，如果想改善这种情况，可以分别与每个出口国达成自愿出口限制，以此限制进口数量，改善贸易条件。

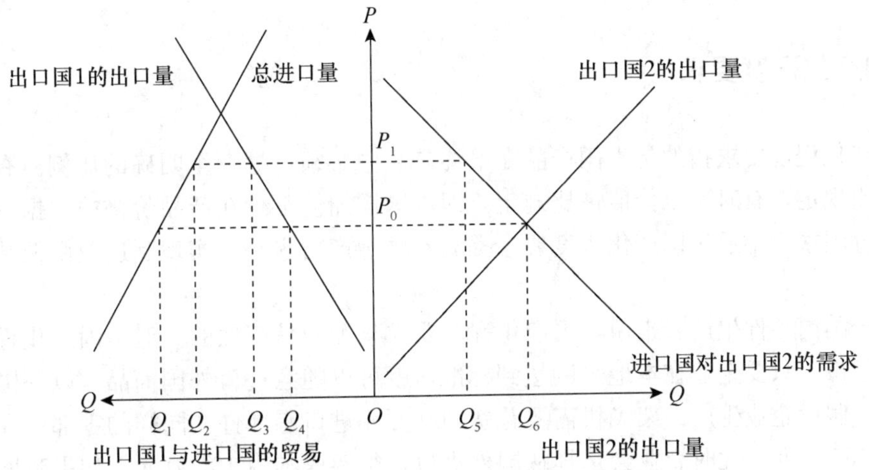

图 6-22　自愿出口限制的福利分析

即时案例

日本对美国的自愿出口限制

1956 年，日本承诺自愿对美国的棉纺织品出口进行限制，同美国签订了历史上第一份自愿出口限制协议。自愿出口限制本质上是非自愿的，是来自进口国的变相进口配额。其后的二三十年间，美国多次使用这一手段，其中 20 世纪 80 年代初美日汽车贸易争端中的自愿出口限制最为著名。

20 世纪 70 年代后期，伴随着石油危机的出现，美国国内市场对节能型小型汽车的需求剧增。而日本由于资源限制和环境要求，开发的车型大多是小型的、节能的，这使得日本汽车在石油价格迅速上涨时期十分畅销。与此同时，美国本土制造的汽车销量迅速减少，三大汽车厂商（福特、通用汽车和克莱斯勒）相继出现亏损，失业人员大量增加。

为解决实际问题，又不至于违反美国在关贸总协定中的承诺，1981 年 3 月，美国贸易代表访日，与日本通商产业省进行磋商。考虑到美国可能采取其他单方面保护措施，带来更大的贸易摩擦，1981 年 5 月，日本政府以声明的形式发表了对美出口轿车的限制措施，同意自愿限制对美国的汽车出口。第一年（1981 年 4 月至 1982 年 3 月）自愿将汽车出口数量限制在 168 万辆以内；第二年（1982 年 4 月至 1983 年 3 月）的限制额在原有基础上增加了 16.5%，第三年（1983 年 4 月至 1984 年 3 月）根据美国轿车市场动态，研究第三年是否继续实行数量限制。出于各种原因，直到1994年日本的汽车自愿出口限制才最终取消。

自愿出口限额制使日本汽车的销量有所减少，但日本汽车的价格在此期间有所上涨，从而为日本汽车厂商获取“租金”。而美国汽车需求的增加使得美国本土汽车制造商能够提高价格，增加利润。由于工资提高和产业繁荣，美国汽车工人获益。然而，美国的消费者成了该政策的受害者，无论是购买本土汽车还是日本汽车，消费者都付出了更高的代价。

四、国产化程度要求

国产化程度要求指的是本国产品在最终产品中必须占据一个明确的比例。有时是以数量占比规定，有时是以价值占比规定，即本国增加值至少在产品价格中占据一定的比例。部分国家希望通过国产化程度要求提高本国生产力水平，实现制造业由低端向中高端转型。

对于国内零件生产者来说，国产化程度要求与配额是相似的。但是国产化程度要求不限制进口，只要企业在本地采购达到标准，就可以随意进口外国商品。以一国生产飞机为例，假设企业生产一架飞机需要花费100万元进口零部件，同样的零部件在国内采购需要150万元，此时企业会选择从国外进口，每架成本为100万元。如果政府颁布国产化程度60%的要求，企业就需要在国内采购90万元零件，再用40万元进口，这就提高了企业成本，也提高了最终价格。在这个例子中我们发现，国产化程度要求使最终价格成为国内外成本的加权平均。也就是说，在没有产生政府收入与配额租金的情况下，成本由消费者承担。

即时案例

印度的太阳能电池

印度为推动本国太阳能产业的发展，在2010年启动“国家太阳能任务”，每年扩大太阳能电力的购买数量，并对太阳能电池板作出了国产化程度要求，太阳能开发商使用的关键零部件必须由本国生产。为此印度创办了两家国有企业，如果太阳能开发商没有满足当地成分要求，国有企业就有权终止电力购买协议。但是这一系列措施引起了美国的反对，美国很快起诉至WTO，WTO最终裁决印度的措施不符合规则。因此政府在制定促进产业发展的措施时需要全面考虑，不能忽视国际贸易规则、WTO法律规则。

五、其他限制贸易措施

（一）出口信贷补贴

政府有时会向外国进口商或本国出口商提供带补贴的贷款并提供担保，用来扩大本国大型设备等产品的出口，一般利率较低。出口信贷分为买方信贷与卖方信贷两类，分别向进口商和出口商提供，作用与出口补贴类似。出口信贷往往由专门机构管理，如中国进出口银行、英国的出口信贷担保局等。又因为其偿还期限长、金额大，出口信贷往往与保险相结合，以此减小银行的风险，确保资金安全，国家也会设立信贷保险机构，用于担保中长期贷款。

（二）政府采购

政府为了提供服务需要通过财政购买商品和劳务，为了保护本国产业，政府会以国家安全、经济欠发达等理由采取保护本国产业的采购政策，作为非关税壁垒调节国际贸易活动。例如政府会保留部分政府采购市场不对外开放，在采购中通过给予中小企业和少数民族企业优惠条件等措施对本国产业进行保护。

（三）产业政策

国家通过产业政策引导某一产业的发展，协调产业结构，调控市场。从贸易的角度来看，一般有出口产业政策和进口产业政策两类。对于出口，政府可能会采取鼓励制成品出口、改善产业结构等方法改善本国现状。对于进口，政府可能会鼓励先进技术、设备和重要资源的进口。

（四）技术壁垒

技术壁垒是指进口国为限制产品进口而规定的严苛的制造技术、公证检验、卫生检疫、商品包装和标签等方面的标准。这一系列标准可能并非有意为限制贸易而设置，但客观上可能产生进口障碍。以汽车行业为例，当美国厂商生产的汽车想要在日本或英国销售时，汽车的方向盘和其他驾驶部件必须从汽车的左侧移到右侧。生产调整所产生的额外成本对于汽车出口国相当于征收了一定的关税，这使得国际贸易产生了扭曲。

（五）劳工标准和环境标准

劳工标准，是指关于劳工保护的基本法律法规，一般分为两方面内容：一是劳动法基本原则方面的标准，如同工同酬、结社自由、集体谈判、禁用童工、禁止就业歧视等；二是劳动基本条件方面的标准，如劳动时间、劳动报酬、劳动安全、劳动卫生等。

环境标准，是指为了防止环境污染，保护人类健康，维护生态平衡，对产品生产中需要统一的各项技术规范和技术要求所做的规定。

由于经济水平、自然环境、国民素质、法律制度等因素不同，各个国家的劳工标准和环境标准并不完全一致。而不同的劳工标准和环境标准意味着不同的生产成本，意味着相关产品不同的国际竞争力。一般来说，发展中国家的劳工标准和环境标准相对宽松，使得生产产品的成本较低，从而在国际市场上具有价格优势。

由于劳工标准和环境标准具有多样性和复杂性，部分国家将其运用到贸易政策中，倡导制定国际通行的劳工标准和环境标准，并将其与国际贸易挂钩，从而有效削弱他国产品的低成本优势，保护本国产业。

本章小结

本章主要介绍了各国政府针对国际贸易采取的各种贸易政策。第1节主要介绍关税的特点与分类、关税的经济效应分析；第2节介绍一国征收关税的成本与收益，即关税对一国福利的影响；第3节讨论关税的名义保护率与有效保护率；第4节讨论最优关税的测度；第5节主要介绍了其他常用的贸易政策工具，包括出口补贴、进口配额、自愿出口限制、国产化程度要求等。本章内容旨在为理解主要的贸易政策工具提供一个基本的分析框架。

关键词

从价税　从量税　消费者剩余　生产者剩余　无谓损失　名义保护率　有效保护率　最优关税　出口补贴　进口配额　自愿出口限制

复习与思考题

1. 假定W国为“小国”，国内大米的需求曲线为：$D=400-10P$，供给曲线为：$S=100+5P$。假定在自由贸易的情况下，W国以10美元/袋的价格进口大米。

a. 确定W国在封闭经济条件下的国内生产均衡点。

b. 确定自由贸易的均衡点。在自由贸易条件下，W国的消费者剩余和生产者剩余分别变动多少？

c. 假定对进口大米征收2美元的从量税，W国的消费扭曲损失与生产扭曲损失分别是多少？

d. 假定W国把大米的进口配额限制在5万袋，则进口配额给W国带来的福利净损失为多少？

2. 假设国际市场上汽车售价为每辆10 000美元，整套散件每套售价8 000美元。在自由贸易条件下，本国售价与国际市场相同。

a. 如果该国对汽车产业实行保护，征收50%的关税，对汽车整套散件征收25%的关税，计算对汽车产业的有效保护率。

b. 如果对汽车征收25%的关税，对散件征收50%的关税，计算对汽车的有效保护率。

c. 如果对汽车和散件都征收25%的关税，计算对汽车的有效保护率。

d. 结合上述分析，归纳在什么情况下关税的有效保护率会高于名义保护率，为什么？

3. 运用贸易政策相关知识评价下列命题：

a. 大国实施加征关税政策会带来贸易条件的改善，因此大国加征关税会提高一国的整体福利水平。

b. 关税、配额、补贴等贸易政策都会带来福利损失，因此各国采取贸易政策措施不利于本国发展。

c. 一国对进口商品加征关税可以降低本国的失业率。

d. 贸易政策会带来一国福利的损失，因此对国内各个参与主体都是不利的。

第7章

贸易政策中的政治经济学

学习目标

- 熟悉支持自由贸易的观点。
- 了解反对自由贸易的观点。
- 了解公共选择理论。
- 了解国际谈判是如何促进世界贸易发展的。

第1节　支持自由贸易的观点

一、自由贸易发展现状

如今能真正做到自由贸易的经济体少之又少，尽管自亚当·斯密时代以来，经济学家一直主张自由贸易。从理论推导可知，限制贸易的政策会带来社会福利损失，自由贸易则可以有效避免保护性贸易政策带来的效率损失，还可能产生额外的收益，如规模经济、资源再配置效应。

然而，自由贸易理论在发展中国家的实践表明，它虽然能够带来额外的收益，但同时也有一些不可避免的代价。不同的发展中国家在贸易自由化中有不同的利益和损失。有些国家在自由贸易进程中提高了经济地位，有些国家则更加趋于边缘化。一个重要的原因是，自由贸易理论所描述的自由贸易利益的实现有一系列前提条件，而不同的国家有不同的自由贸易条件，所以发展中国家对自由贸易政策不能一概照搬，要因地制宜。

二、支持自由贸易的理论基础

（一）自由贸易可以形成互利的国际分工

亚当·斯密的绝对优势理论与大卫·李嘉图的比较优势理论主张自由贸易条件下各

国进行专业化生产。国际分工具有以下优点：

（1）通过分工与专业化，改进各国各产业的特殊生产技能。

（2）通过分工使生产要素（土地、劳动与资本等）得到最优配置。

（3）通过分工可以节省社会劳动时间。

（4）通过分工可以促进发明创造和市场发育。

（二）自由贸易可以扩大国民的真实收入

在自由贸易环境下，各国根据自身条件发展最佳生产部门，合理配置与利用劳动力和资本，可以增加国家财富。在自由贸易条件下，更多的商品可以用更少的费用交换，进口廉价商品可以减少国民消费支出。

（三）自由贸易可以防止垄断

自由贸易可以加强竞争，提高经济效率，防止垄断。显然，独占或垄断不利于国民经济的发展，因为独占或垄断会提高价格，导致受保护的企业不寻求改进，生产效率低下。长期独占或垄断可能导致行业或企业停滞不前，削弱竞争力。

（四）自由贸易有利于资本积累

自由贸易可以提高利润率，促进资本积累。李嘉图认为，随着社会的发展和进步，工人的名义工资将继续增加，这将导致利润率下降。他认为，要避免这种情况，保持资本积累和产业扩张的可能性，唯一的解决办法就是自由贸易。他指出："如果由于对外贸易的扩大或机械的改进，工人的食品和必需品能够以较低的价格进入市场，他们的利润就会增加。"

三、自由贸易的利得

（一）自由贸易降低福利损失

限制贸易如关税、进口配额等会导致生产与消费的扭曲，进而带来社会福利的净损失。而自由贸易政策可以消除由于价格变动带来的生产与消费的扭曲，使社会整体福利提高。基于成本-收益分析法，根据图 7-1 进行具体分析。

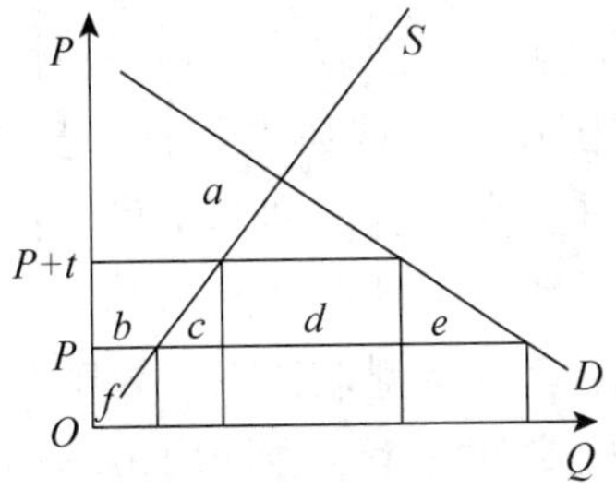

图 7-1　自由贸易下的福利分析

当一国取消关税壁垒，实行自由贸易政策时，市场价格从 $P+t$ 下降到 P，从生产者的角度来看，由于价格下降，生产者愿意供给的商品数量减少，生产者利益受损；从消费者的角度来看，消费者可以购买价格更低的商品，获得更多的利益。政府收入则因关税取消而减少。具体地，当国内价格从 $P+t$ 下降到 P 时，生产者剩余减少 b，消费者剩余增加 $b+c+d+e$，政府收入减少 d。由此可知，当一国取消关税实行自由贸易之后，社会总福利增加了 $c+e$。

（二）自由贸易减少寻租成本

当政府采用进口配额替代关税进行进口限制时，配额的成本往往会高于关税情形下的成本，原因在于寻租行为的存在。进口配额是通过给部分个人或厂商分发进口许可证的形式以达到限制进口的目的。显然，得到进口许可证的个人或厂商可以从国外进口商品并在国内以更高的价格进行销售（进口配额会提高国内的市场价格），从而获得配额租金。鉴于此，个人或厂商都会尽力争取成为进口许可证持有者，在此过程中往往会产生一些寻租成本或浪费一些生产资源。

（三）自由贸易的额外收益

（1）规模经济。自由贸易的额外收益之一是规模经济。无论是外部规模经济还是内部规模经济，自由贸易会扩大市场需求规模，进而促进产品生产规模的扩大，降低产品生产成本。反之，限制贸易会造成产品生产规模不足，提高企业的生产成本，降低企业的利润。尤其对于越来越普遍的产业内贸易而言。比较典型的例子是飞机或汽车制造业，据估算，美国波音公司在销售一架 777 喷气式飞机前须投资 30 亿美元，销售 300 架才能使成本与收益持平，如此高昂的固定成本需要巨大的规模经济，而世界需求也只能支持三家类似的寡头垄断公司，为了使这些厂家为世界市场服务，自由贸易势在必行。

一些经济学家指出，对于一些西欧小国，规模经济是它们从区域贸易一体化中获利的主要来源。对于大国，规模经济带来的利得也同样重要。有学者论证，当贸易双方存在绝对规模差异时，大国往往可以从规模经济中获得更大的贸易利益。

（2）技术进步。自由贸易不仅可以带来专业化分工、规模经济等贸易利得，同时可以促进国内产业的技术进步，尤其对于技术相对落后的发展中国家而言。通过从知识技术较密集的发达国家进口产品，并对产品生产技术进行模仿再创新，提高国内产品的生产技术，甚至有可能实现后发优势进行技术赶超。一个较为典型的例子是中国高铁。中国的高铁在全国可谓四通八达，无论在速度上还是平稳性上都已超越日本新干线，但中国高铁最初技术源于进口，中国铁道部从加拿大的庞巴迪公司购买了 CRH－1 型列车，并从日本、法国、德国不断引进更高时速的列车型号与技术，通过消化再创新，最终自主研制生产出新一代 CRH380A 型高速列车，运行时速达 380 千米。

（3）资源优化配置。在垄断竞争模型框架下，异质企业模型的研究表明自由贸易使得更有效率的企业从事出口，效率低的企业在国内市场销售。这意味着自由贸易引致的竞争效应会促使资源流向更有效率的企业，从而推动社会整体生产效率的提升（Melitz，2003）。

（四）支持自由贸易的政治依据

尽管理论上可能有比自由贸易更好的政策，但实际上，政治上认可和支持自由贸易原则可能更为重要。经济学家认为，无论国家的成本和利益如何，贸易政策在现实中都由具有特殊利益的群体所主导。虽然经济学家有时可以从理论上证明选择性关税和出口补贴政策可以提高社会福利，但实际上，任何政府机构在试图制定详细的贸易干预计划时，都可能受到利益集团的控制，从而成为有政治影响的部门进行收入再分配的工具。即任何试图实施非自由贸易政策的尝试，无论其最初动机如何，最终都会被政治决策过程扭曲。基于上述观点，倡导自由贸易显然是最好的选择。

四、支持自由贸易的经验证据：以中国为例

从 20 世纪下半叶开始，随着世界整体经济水平和科技水平的不断提高，交通工具的发展与通信设施的建设都取得了显著的成就，世界各国各地区之间的联系也愈发紧密。在这样的大环境下，世界各国纷纷开始推行贸易自由化。

1979 年中国开启了贸易自由化的进程，开始了从封闭到开放、从计划经济到市场经济的转变。在加入 WTO 之前，中国做了很多前期工作，包括推行贸易政策改革，如下调关税税率和降低非关税壁垒等（毛其淋和盛斌，2014）。2001 年，中国正式加入 WTO，开始与世界经济接轨，进入新的开放时代。中国的贸易自由化在这个过程中不断向前推进，进口关税不断下降，逐渐取消非关税壁垒，开放进口贸易权，商品检验和认证体系也开始对国内商品和进口商品一视同仁（简泽等，2014）。在贸易自由化的过程中，中国获得了长足发展。改革开放以来取得的骄人成绩充分肯定了自由贸易对中国经济发展的重要作用。

（一）贸易自由化推动了我国进出口贸易的发展

贸易自由化为我国具有比较优势的出口产品提供了更大的销售平台和市场，自身优势不断扩大，并转化为经济效益。同时，在一些资源匮乏或技术条件不具优势的产品上，我国可选择进口而不是耗时耗力自己生产，这样不仅节约资源，还可以将钱财和人力投入到优势项目上，获得更大的经济收益。另外，进出口贸易的蓬勃发展也拓宽了消费者选择的品类，进而拉动消费的增长。毛其淋和盛斌（2014）以中国加入 WTO 为实验事件，发现贸易自由化显著地促进了制造业企业的出口参与，而且对本土企业的影响更大，可以让更多的本土企业走向国际市场。此外，中国加入 WTO 会通过竞争效应与成本效应两个渠道影响企业的出口参与，两者当中成本效应的作用要比竞争效应更大。毛其淋和许家云（2019）考察了中国贸易自由化对企业出口的国内附加值的影响，发现贸易自由化对企业出口的国内附加值率有显著的正向影响，并且企业的加工贸易程度越高，贸易自由化的作用就越小。余淼杰（2018）指出，通过贸易自由化的发展，我国从落后的农业国一跃成为全球第二大经济体、第一大货物贸易国、第一大货物出口国、第二大货物进口国、第二大服务贸易大国、第二大对外直接投资大国。因此，贸易自由化不仅能

够推动我国进出口贸易的发展，更能促进我国整体经济的高效发展。

（二）贸易自由化提供了许多就业岗位，有效缓解了我国的就业压力

我国劳动力资源丰富，仅依靠国内企业来提供就业岗位是远远不够的。贸易自由化引入了一大批跨国公司来我国投资建厂，带来设备与资金的同时也为我国提供了许多就业岗位，缓解了我国面临的就业压力，为我国的就业市场注入新的活力。何冰和周申（2019）以中国加入WTO为自然实验事件，分析了最终品与中间品自由化对劳动力市场就业的影响，结果发现，不论是最终品还是中间品自由化，贸易自由化对非正规就业有显著的正向作用。此外，贸易自由化对就业的影响会随着自由化程度的提高而变强，进而导致地区总就业增加。赵瑾（2019）分析认为，贸易为我国增加了很多服务业的就业岗位，劳动力的技能结构有所改善，高技能工人的市场需求不断扩大。同时，贸易还改变了我国劳动力的性别结构，女性的就业机会增多。张川川（2015）采用微观数据研究发现，2000—2005年间的出口增长显著增加了制造业和服务业的就业机会。

（三）贸易自由化促进了我国本土企业的发展，提高了市场竞争力

在贸易自由化之前，我国国内企业发展水平较低，发展速度较慢，一些资源的利用方式、企业的决策方式和管理模式都受到自身水平不足和其他方面的限制，自主性和创新性较差。而贸易自由化之后，国际市场中经验丰富的企业开始进入国内市场，它们先进的科技手段、管理方式、企业文化和用人理念具有很高的参考价值，我国企业通过学习他国经验并结合自身情况进行改造转变。这样的转变促使我国形成了企业间的竞争机制并极大地提升了我国企业的市场竞争力。贸易自由化使企业的技术更新迭代速度加快，有利于企业创新。在市场竞争激烈的环境下，科技创新在企业的发展中所占的分量不断扩大。为了满足世界市场上消费者的需求，并在整个世界市场竞争中以较低的成本来获取出口利润，国内企业必须通过不断学习、不断创新来提升自己的科技水平，以具备与国际厂商横向竞争的能力。同时，世界经济发展对科技的高要求也促进了我国科技人才的增多。

国内很多学者已经证实了中国进口自由化导致的进口竞争对企业全要素生产率和经济增长的促进作用（高凌云和王洛林，2010；余淼杰，2011；钱学锋等，2011）。盛斌和毛其淋（2017）考察了进口贸易自由化对中国企业出口技术复杂度的影响，发现贸易自由化对企业出口技术复杂度有显著的提高作用，并且对中间品进口自由化的影响要强于对最终品自由化的影响。余淼杰（2010）采用1998—2002年工业企业数据分析了贸易自由化对制造业企业全要素生产率的影响，结果发现有显著的正向影响，并且对出口企业生产率的提升作用更大。

小资料

中国在推动自由贸易方面的努力

中国自改革开放以来，始终奉行加快推动自由贸易的原则。在促进双边、多边和单边自由贸易方面都作出了很大的努力。在双边自由贸易方面，截至2019年11月，中国

已签署17个自由贸易协定，协定涵盖25个国家或地区，包括毛里求斯、马尔代夫、格鲁吉亚、澳大利亚、韩国、瑞士、冰岛、哥斯达黎加、秘鲁、新加坡、新西兰、智利、巴基斯坦等。

在多边贸易方面，随着中国加入WTO，中国进口关税大幅下降。根据海关统计，制造业平均关税在2000年为19.62%，在2007年下降至10.76%（余淼杰和智琨，2016）。在2007年之后中国关税继续小幅度下调，2017年，关税税率下调到9.8%。

在多边贸易方面，中国积极加入亚洲太平洋经济合作组织并参与活动，签署亚太贸易协定。2013年，中国提出"一带一路"倡议，推动"一带一路"沿线各国实现经济政策协调，开展更大范围、更高水平、更深层次的区域合作，共同打造开放、包容、均衡、普惠的区域经济合作架构。截至2019年8月，中国已经与136个国家和30个国际组织签署了195份共建"一带一路"合作文件。

在单边贸易方面，2013年8月至2019年8月，中国多批次批准了18个自由贸易试验区，初步形成东西南北中协调、陆海统筹的开放态势，旨在推动形成中国新一轮的全面开放格局。2013年8月，国务院正式批准设立中国（上海）自由贸易试验区。2015年3月，中共中央政治局召开会议，审议通过广东、天津、福建自由贸易试验区总体方案，进一步深化上海自由贸易试验区改革开放方案。2016年8月，党中央、国务院决定，在辽宁省、浙江省、河南省、湖北省、重庆市、四川省、陕西省新设立7个自由贸易试验区。2018年4月，习近平在庆祝海南建省办经济特区30周年大会上郑重宣布，党中央决定支持海南全岛建设中国（海南）自由贸易试验区。2019年8月，《国务院关于同意新设6个自由贸易试验区的批复》印发，同意在山东省、江苏省、广西壮族自治区、河北省、云南省、黑龙江省新设立6个自由贸易试验区。至此，中国已在18个省（自治区、直辖市）设立自由贸易试验区。

第2节 反对自由贸易的观点

根据理论模型，自由贸易政策是经济学家广泛认同的促进贸易往来的最优选择。尽管经济学家基于亚当·斯密"看不见的手"，一直倡导自由贸易理论，反对政府采取措施干涉贸易自由，但理论与现实总是有偏差的。当今世界中，采取自由贸易政策的经济体（国家或地区）数量极少，绝大多数国家依旧会采取一定的贸易政策，政治家宣称这些政策能够在一定程度上维护国内某些特殊利益集团的利益，目的主要在于反倾销、反垄断、保护国内幼稚产业和衰退产业、增加政府财政收入和维护贸易收支平衡。事实证明，积极适度的贸易政策有时确实能够增加国家的整体福利。

随着贸易理论的发展，经济学家将公共选择的政治经济学方法引入贸易理论，抓住贸易政策作为"公共物品"这一非市场集体决策的特征，来分析贸易政策决策的"内生"过程和结果，使一般均衡模型中的政府政策内生化。贸易政策政治经济学（the political economy of trade policy）因此不断发展，目前主要涵盖两种贸易政策：赞成关税的贸易条件改善论和反对自由贸易的国内市场失灵论。

一、赞成关税的贸易条件改善论

探究关税对于一国贸易状况的影响，一个有效的论证依据来自成本-收益分析。假设进口国是贸易小国，即该国某种商品的进口量占世界进口量的很小一部分，意味着该国只是价格的接受者，其进口量的价格变动并不会影响世界市场价格。因此，该国征收关税以后，进口商品国内价格上涨的幅度等于关税税率，关税全部由进口国消费者负担。对贸易小国而言，关税会增加国家财政收入和生产者利益，使消费者利益受损，最终带来无谓损失，导致社会资源配置效率的下降和社会总福利水平的降低。

相反，如果进口国是一个贸易大国，即该国某种商品的进口量占了世界进口量的较大份额，那么该国进口量的变化就会引起世界价格的变动，该商品的供给-需求曲线如图 7-2 所示。

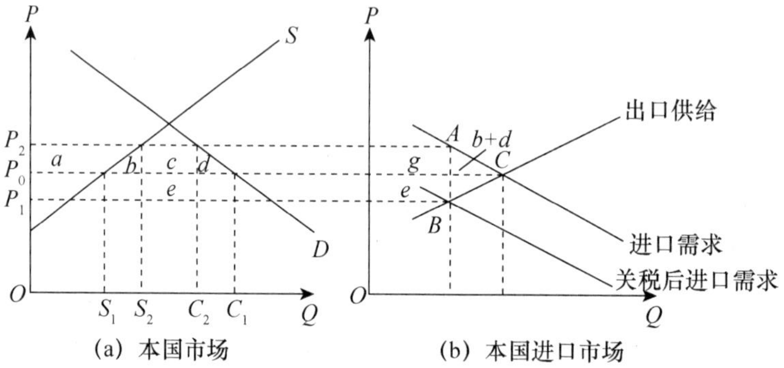

图 7-2 进口国（贸易大国）征收关税的福利分析

图 7-2 中的 D 为国内需求曲线，S 为国内供给曲线，P_0 为实行自由贸易时的初始价格，即世界市场价格（等于国内市场价格），S_1C_1（需求大于供给的部分）为该商品的进口量，此时在 C 点达到供需平衡；当对该进口商品征收关税时，由于该国为贸易大国，国内消费者需求减少（相对于自由贸易条件）使得该商品的世界市场价格降低，供需均衡点移至 B 点，P_1 为征收关税前的进口价格，P_2 为征收关税后的国内价格（$P_2=P_1+T$），S_2C_2 为征收关税后该商品的进口量。征收关税以后，消费者剩余的减少为面积 $a+b+c+d$，生产者剩余的增加为面积 a，政府增加的财政收入为面积 $c+e$，社会净福利为面积 $e-(b+d)$。征收关税造成的无谓损失为面积 $b+d$，e 等于外国出口商承担的关税部分。当 $e>b+d$ 时，社会总体福利水平提高；当 $e<b+d$ 时，社会总体福利水平下降。

贸易大国由于征收关税，其进口商品的世界市场价格下降，假设该国出口商品的价格保持不变，则该国的贸易条件$\left(\frac{P_{出口}}{P_{进口}}\right)$得到了改善，且进口商品征收关税后价格上涨的幅度低于关税税率。原因在于征收关税使国内价格 P_0 上升到 P_2 的同时，世界市场价格也由 P_0 下降到 P_1，政府的税收收入并不是全部由消费者承担，大国向商品出口国转嫁了部分关税，从中得到的收益为面积 e。从上述征收进口关税的局部均衡来看，大国征收关税对该国净福利的影响，取决于保护成本 $b+d$ 与贸易条件改善所得 e 的相对大小，满足 $e \geqslant b+d$ 时，该国征收关税才不会遭受净损失。

据此，经济学家提出反对自由贸易的社会福利依据之一：赞成关税的贸易条件改善论。对一个能够影响出口国家价格的大国而言，关税可以降低进口商品的价格从而使贸易条件得到改善，这一收益必须抵补关税带来的成本，因为关税扭曲了生产和消费的动因。在某些情况下，贸易条件改善的收益可能会超过其成本，因此，对大国而言，自由贸易未必是最优政策。

从图 7－2 中容易看出，征收关税时，净收益的增加取决于贸易条件改善所得 e 与保护成本 $b+d$ 的相对大小，而这一相对大小又取决于该贸易大国对进口商品征收的关税率水平，那么大国应当设定怎样的关税率使得 $e>b+d$ 呢？

（一）最优关税率的确定

首先证明存在一个大于零的关税率 t_0，并且当 $e>b+d$ 时 t_0 足够小。

假设本国为进口国（所有常数默认为正数），P_0 为该商品的国内价格，则国内需求曲线为：

$$D=m-nP_0$$

国内供给曲线为：

$$S=l+kP_0$$

该国进口量等于国内需求量与国内供给量之差：

$$D-S=(m-l)-(n+k)P_0$$

假设 P_W 为该商品的世界价格，即外国的出口价格，D^* 和 S^* 表示外国的供给量和需求量，则外国的出口供给曲线为：

$$S^*-D^*=e+fP_W$$

设 P_1 为自由贸易条件下的世界价格，即国内进口需求曲线与外国出口供给曲线的交点。此时本国进口价格与世界价格相等，即

$$(m-l)-(n+k)P_1=e+fP_1$$

$$P_1=\frac{m-l-e}{k+n+f}$$

当本国征收进口关税时，本国的国内价格比世界价格高出关税 t，即

$$P_0=P_W+t$$

根据之前的图形分析，征收关税使国内价格提高，同时世界价格降低。
达到均衡时，国内进口需求与外国出口供给相等，即

$$D-S=S^*-D^*$$

$$(m-l)-(n+k)P_0=e+fP_W$$

此时关税 t 会使国内价格提高到

$$P_0=P_1+\frac{f}{n+k+f}t$$

而世界价格降至

$$P_W=P_1-\frac{n+k}{n+k+f}t$$

对于小国而言，外国的供给具有高度的弹性，P_W 变化量微乎其微，P_0 的价格近似于 P_1。因此，对于一个小国来说，关税对世界价格基本不造成影响，而全部附加于国内价格。

下面分析关税对本国社会福利水平的影响（如图 7-3 所示）。S_1 和 D_1 分别表示自由贸易时本国的国内供给量和消费需求量；由于征收关税，商品的国内价格提高，国内供给增加，消费者的需求减少，S_1 增加至 S_2，D_1 减少至 D_2。

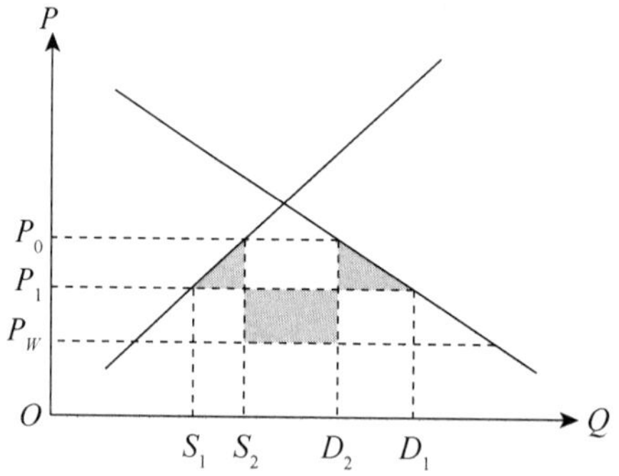

图 7-3 关税对本国福利水平的影响

$$D_1=m-nP_1$$

$$D_2=m-nP_0=m-n\left(P_1+\frac{f}{n+k+f}t\right)$$

$$D_2=D_1-\frac{nf}{n+k+f}t$$

$$S_1=l+kP_1$$

$$S_2=l+kP_0=l+k\left(P_1+\frac{f}{n+k+f}t\right)$$

$$S_2=S_1+\frac{kf}{n+k+f}t$$

征收关税使得世界价格下降，贸易条件改善得到的收益为图 7-3 中的灰色矩形面积，其价值为世界价格的下降量与征收关税后该商品进口量的乘积，即

$$\begin{aligned}\text{收益}&=(D_2-S_2)\times(P_1-P_W)\\&=\left(D_1-S_1-\frac{(n+k)f}{n+k+f}t\right)\times\frac{n+k}{n+k+f}t\end{aligned}$$

$$=t\times(D_1-S_1)\times\frac{n+k}{n+k+f}-t^2\times\frac{f(n+k)^2}{(n+k+f)^2}$$

由于关税造成的生产和消费扭曲带来的无谓损失为图 7-3 中两个灰色三角形面积之和，即

$$无谓损失=\frac{1}{2}\times(S_2-S_1)\times(P_0-P_1)+\frac{1}{2}\times(D_1-D_2)\times(P_0-P_1)$$
$$=\frac{1}{2}\times\frac{f(n+k)}{n+k+f}t\times\frac{f}{n+k+f}t$$
$$=\frac{(n+k)f^2}{(n+k+f)^2}t^2$$

因此，征收关税后社会净福利变化为：

$$收益-损失=Ut-Vt^2$$

其中，$U=\frac{(D_1-S_1)(n+k)}{(n+k+f)}$，$V=\frac{f(n+k)^2+f^2(n+k)}{(n+k+f)^2}$。

数学形式上社会福利净值为一个关于关税 t 的开口向下的一元二次函数。在一个足够小的关税税率 t 的水平下，由于 t^2 趋近于 0 的收敛速度大于 t 值本身的收敛速度，此时社会福利净值一定为正值。但是，低关税税率意味着征收进口关税带来的收益低，可能无法抵补征收关税过程中的各类技术或人工成本，且对于某些特殊利益集团而言，征收关税不是为了得到一个低值的关税收益，因此，这些利益集团会有选择地提高关税水平。

接下来分析关税水平与社会福利之间的关系。如图 7-4 所示，关税水平为 0 时，对应纵轴截距的社会福利水平为自由贸易条件下该国的贸易收益；随着关税税率的增加，社会福利水平上升，但由于 t^2 的作用，每增加一个单位的关税税率带来的无谓损失的增加量大于贸易所得的减少量，即边际量之间的差距缩小，斜率逐渐平缓，导致社会福利的增加量越来越小，最终为零。此时

$$边际净收益=边际收益-边际损失=U-2Vt=0$$

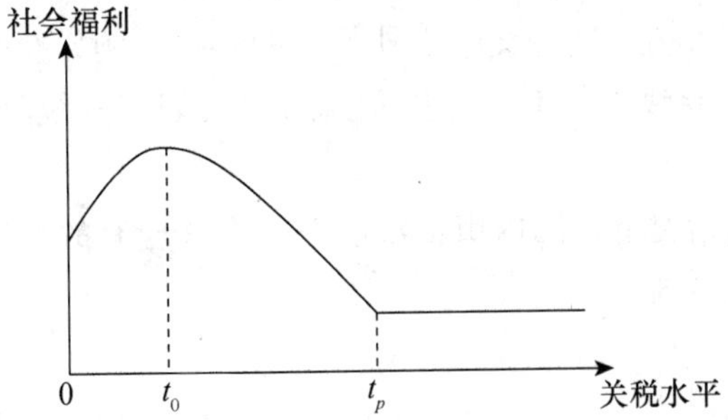

图 7-4　关税水平与社会福利的关系

对应图 7-4 中的 t_0。

根据微观经济学理论，生产者利润最大化的条件为 $MR=MC$，即边际收益等于边际

成本，该等式适用于所有市场。因此，t_0 为社会福利达到最大化的关税水平，也就是该国为使贸易所得最大应当征收的最优关税。在这一点看，从贸易条件改善中获取的边际收益正好等于生产与消费扭曲所带来的边际效率损失。

当 $t>t_0$ 时，过高的关税水平会对贸易起到抑制作用，以至于社会福利水平持续恶化（斜率小于 0）；当 $t=t_p$ 时，高的关税水平完全禁止了贸易，国内凭借本国生产的商品自给自足，社会福利恶化至不及自由贸易时的水平。由于完全排除贸易，此时关税水平不再影响社会福利的变动，社会福利水平曲线是平直的。

最优关税率具有以下几个特征：

（1）最优关税率能够使社会福利最大化。

（2）最优关税率总是正值，但是小于禁止性关税税率。

（3）小国的最优关税率为零，因为征收进口关税不能改变小国的贸易条件。

（二）贸易条件改善论的局限性

贸易条件改善论虽然从理论上分析了关税会增加大国贸易所得的好处，但其实际意义不大。一方面，由于贸易条件改善论只适用于大国，因此该理论本身对世界上的小国而言毫无用处；另一方面，该理论实际上是利用大国的国际影响力形成对某一类商品的进口垄断，并且以牺牲其他国家的利益为代价。尽管对于某些大国而言确实可以做到这一点，但是这必然会招致其他大国的报复。这与现阶段提倡的“合作共赢”理念相悖。因此在实践中，经济学家将贸易条件改善论作为一种理论主张，并不认为它是合理的贸易政策。

二、反对自由贸易的国内市场失灵论

（一）国内市场失灵

在理想的最优世界中，社会收益与私人收益相等，各种激励政策处于充分的平衡状态。而事实上，这只是一种理论上的假设，其前提条件过于苛刻，现实世界无法满足。现实世界运作并非完美，正因如此，我们处于次优世界（second-best world）之中。在次优世界里存在着对在市场上进行交易之外的人的影响，例如新兴行业可能存在技术外溢，资本市场存在缺陷导致不能有效分配资源等，我们将其统称为国内市场失灵（domestic market failure）。

在国内市场失灵的情况下，国内市场没能充分发挥应有的功能，导致社会收益和成本不能与私人收益和成本画等号。

（二）国内市场失灵论

在不考虑贸易条件的情况下，对于消费者剩余与生产者剩余的成本-收益分析是自由贸易理论建立的基础。但国内市场失灵导致这一成本-收益分析的结果并不准确，许多经济学家因此对消费者剩余、生产者剩余的概念持怀疑态度，尤其认为生产者剩余并不能准确衡量成本与收益，由此他们提出了反对自由贸易的国内市场失灵论。面对国内市场失灵，有乐观和悲观两种政策取向，本章遵循乐观主义政策取向，相信政府有能力纠正市场失灵。

（三）边际社会收益

在对模型进行解读之前，先引入一个概念即边际社会收益（marginal social benefit）。

假定生产某种产品可以积累某项经验，提高全社会的技术水平，但该部门中的厂商不能获此收益，所以当厂商决定产量时，并未考虑该项福利。此时增加生产该产品可能产生边际社会收益，这部分收益是全社会的，并未装入生产者的口袋。因此这些额外收益不能用生产者剩余的衡量方法来反映，边际社会收益的获取为关税及其他贸易政策的合理性提供了依据。

首先考虑一个小国的情形，即考虑一国贸易不会影响国际价格的情况。如图 7－5 所示，当一国对进口产品征收进口关税 t 后，进口关税 t 会使国内价格由 P_W 升至 P_W+t，即由国际价格上升至征收关税后的国内价格，国内供给曲线与国内需求曲线在征收关税后的国内价格水平上，确定了新的国内产量 S_2 与消费量 D_2，即国内产量由 S_1 增至 S_2，消费量由 D_1 降至 D_2。

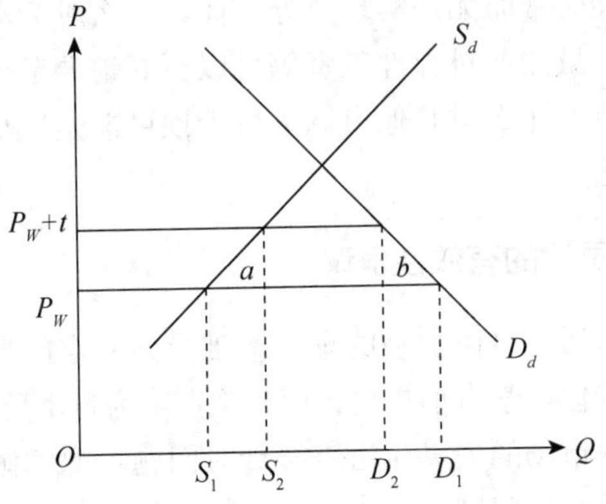

图 7－5　对小国关税情形的传统成本－收益分析

关税对生产者和消费者的影响已在第 6 章详细讲述，征收进口关税会造成生产扭曲损失以及消费扭曲损失。生产扭曲损失代表以更高的边际成本生产原本能以更低价格进口的产品所导致的损失，相当于图 7－5 中的面积 a；而消费扭曲损失代表由于排斥消费对本国来说收益大于成本的进口品所导致的损失，相当于图 7－5 中的面积 b。

因此，当对生产者剩余和消费者剩余进行成本－收益分析时，将进口关税对消费者、生产者和政府的影响综合考虑，得出关税带来的成本大于收益，这必然导致社会福利的净损失。

但在这里，需要同时考虑本国生产增加产生了附加社会收益，这一部分社会收益是未被生产者获得的福利，在图 7－6 中为边际社会收益曲线下方 S_1 增至 S_2 的面积，用 c 来表示。

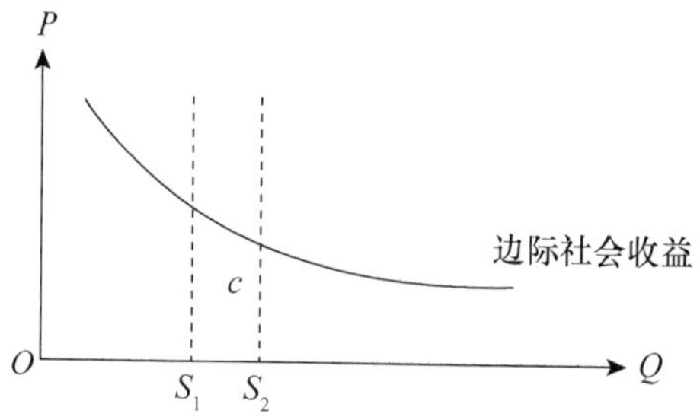

图 7-6 不包含在生产者剩余中的边际社会收益

在这种情况下，与未征收进口关税相比，关税对社会福利来说可能有利也可能有弊。其结果取决于面积 c 与面积 $a+b$ 的比较。事实上，只要关税低到一定程度，c 将大于 $a+b$，即征税可能带来社会福利的提升。

（四）次优理论

国内市场失灵论实质上是次优理论的特例。次优理论认为，在任何一个市场上，只有所有其他市场都能正常发挥作用时，实施自由放任才是最优政策。政府干预造成的某一市场激励机制的扭曲有可能通过抵消其他市场失灵的结果而增加社会福利。

如果劳动力市场功能失常而无法实现充分就业，那么对劳动密集型产业进行补贴的政策或许可以促进就业，虽然通过弹性工资等可以更好地调节劳动力市场，但如果由于某些原因无法做到这一点，那么对其他市场进行干预可能是次优方法。这在劳动力市场失灵时不失为一个好办法。

（五）国内市场失灵论的有效性争议

在市场失灵论被提出后，自由贸易的理论基础受到一定的冲击。关于对贸易进行干预而增加社会福利的可能性，学者们提出了两种观点来为自由贸易辩护。

第一种观点是，国内市场的失灵应由直接针对问题根源的国内政策而非国际贸易政策来修正。这一观点符合对症规则（specific rule），对症规则指政府应对问题的根源进行干预，所采用的政策工具要能够直接作用于导致私人与社会收益（或成本）不一致的根源，这样的政策才是最有效的。这一规则适用于所有的政策问题。

下面通过对征收关税以及生产补贴政策作比较来进行说明（如图 7-7 所示）。

征收进口关税 t 会造成生产扭曲损失以及消费扭曲损失，相当于图中面积 $a+b$ 之和，同时产生附加社会收益面积 c。

而当政府为国内生产者给予与进口关税等额的生产补贴 t 时，被补贴的每件商品为国内生产者带来的收入增加至 P_W+t，其中消费者支付 P_W，政府支付 t。

对于生产者而言，补贴效果与关税影响相同，均使产量由 S_1 增至 S_2，因而带来同样的附加社会收益 c。

补贴并未提高消费者的支付价格，因而消费数量并未减少，仍为 D_1。因此并未产生消费扭曲损失（图 7-7 中的面积 b）。

由此可见，对本国生产给予补贴明显优于征收关税。国内生产出现问题，生产补贴

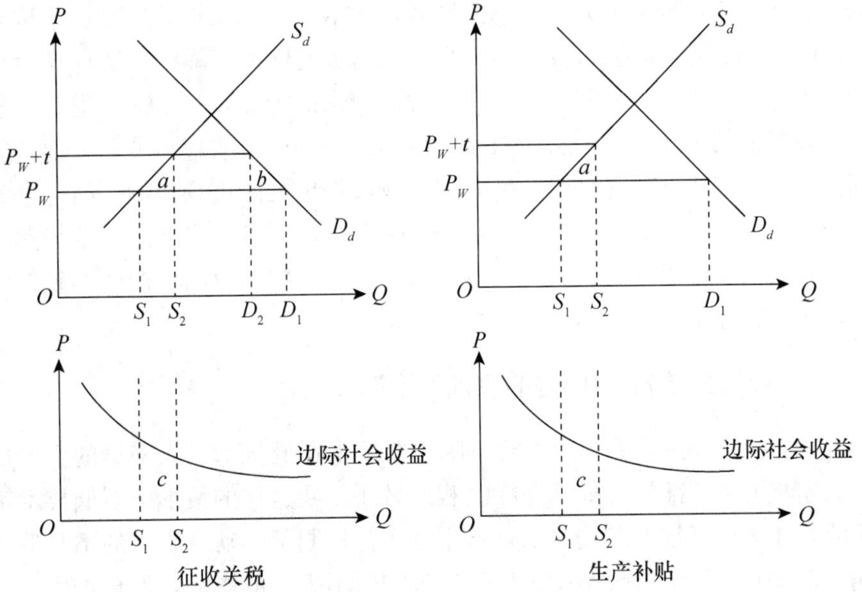

图 7－7　征收关税与生产补贴的政策影响

政策对症下药，直接治理病根，而征收进口关税会同时影响消费者购买外国商品的价格，可见生产补贴更符合对症规则，较进口关税表现更为优异，政府应当在此情况下为生产者提供生产补贴，从而鼓励国内生产的增加。

第二种观点是，经济学家无法对市场失灵进行充分的诊断并开出对症的药方。判断市场失灵的难度无疑极大，例如某城市存在失业现象，那么征收关税来保护该市的工业部门能帮助失业工人重新上岗，产生的社会收益弥补了成本，但另有理论假设认为该政策会刺激其他城市人口大量涌入该市，不仅无法解决问题，反而使失业问题更加严重。市场无法正常发挥作用的情况复杂，而次优政策的选择正是基于市场失灵的具体情况作出的。

与此同时，确定合适的次优贸易政策的困难进一步强化了支持自由贸易的政治依据。特殊利益集团可能会利用贸易政策满足特定群体的利益而置社会整体福利于不顾，承诺自由贸易反而可能获得优于不确定的政策带来的后果。

三、经验证据

自由贸易在推动国内经济发展上发挥着重要作用，与此同时，自由贸易也不可避免地对国内经济的发展带来威胁和挑战。

（一）贸易自由化使世界经济的变化对国内的冲击加大

在贸易自由化之前，一国的经济情况基本只受本国政策影响。与世界接轨之后，世界经济中的任何风吹草动都有可能影响一国的经济，例如，2008 年席卷全球的金融危机，从美国开始最终也波及其他国家的经济及贸易。在这样的情况下，经济层面的风险有所增加。另外，一些反倾销法案也在很大程度上影响了我国的出口贸易。

贸易自由化为企业带来更大的市场的同时，使本土企业面临的进口竞争越来越激烈（江小涓，2008；毛其淋和盛斌，2014）。当一国的贸易壁垒下降时，贸易自由化会加剧国内企业面临的竞争压力，尤其是之前保护程度较高的行业。一方面，进口竞争可能会迫使本土企业降低其价格水平，从而对企业成本加成产生负效应；另一方面，贸易会加剧企业间的竞争，淘汰低效率企业，高效率企业获得更大的市场份额，即产生竞争市场的“选择效应”（Melitz，2003；Melitz and Ottaviano，2008）。因此，尽管贸易自由化对一国行业生产率的总体影响是正面的，但对国内进口部门对应的生产效率较低的企业而言，将会带来较大冲击。

（二）贸易自由化加剧了国内的收入不平等

一国在加入 WTO 后，关税的大幅下降主要发生在低技术工人密集的生产部门，而高技术工人密集的生产部门关税下降幅度相对较小。在这样的情形下，低技术工人的工资明显下降，相对于高技术工人的工资差距变大，加剧了劳动者收入的不平等程度。姜凌和左萌（2010）分析了加入 WTO 对劳动者收入不平等的影响，发现加入 WTO 是加剧中国劳动者收入不平等的一个重要因素。张川川（2015）的研究发现，尽管出口显著提高了在业者的收入水平，降低了城市内部的收入不平等，但是进口显著增加了城市内部的收入不平等。

（三）贸易自由化使国内新兴企业发展面临困境

贸易自由化发展对于那些成熟的大型企业而言有着很强的推动作用，但对一些新兴企业来说却是极大的阻碍，它们规模较小，资金实力不及大型企业雄厚，很容易在激烈的国际市场竞争中被击垮。这也是现代社会中贸易保护政策出现的原因。有研究考察了贸易自由化对制造业企业现金储蓄的影响，结果发现贸易自由化不仅没有提高国内制造业企业的现金储蓄率，反而通过投资挤压显著降低了企业的现金储蓄率，这与某些国家的相关结论不同（张国峰等，2019）。贸易自由化对纯内销企业尤其是小规模企业的现金储蓄率的负面影响更大。

综上，自由贸易是一把双刃剑，对一国经济的发展有利有弊，但在经济全球化的大背景下，贸易自由化仍是世界贸易发展的主流趋势，一些贸易保护主义的抬头和不合规的针对性法案的出台无疑会对世界经济的发展产生影响，世界各国都应该在贸易自由化发展的洪流中抓住机遇，壮大自己，促进世界经济的良性发展。

第 3 节　收入分配与贸易政策

李嘉图模型告诉我们，作为一个整体的国家会在国际贸易中获利，但是当考虑一国国内的收入分配时，特定要素模型又告诉我们国际贸易中总是有些人获利，有些人受损。特朗普发动中美贸易战的原因之一就是他认为中美贸易是美国制造业岗位流失的罪魁祸首，在他看来，中国向美国出口的劳动密集型产品挤压了美国制造业工人的生存空间。

然而，美国向中国出口的高附加值的高新技术产品同样影响了中国相关产业工人的就业状况。

在美国，出口部门就业人员的工资明显高于进口部门就业人员。尽管收入分配并不是国际经济学的专题，但它对于维护社会稳定、保证国民经济健康发展具有重要作用。当讨论收入分配和贸易政策时，问题会复杂很多。政府有时候制定政策并不是出于获得最大的社会福利的考量，而存在更多政治因素的考量。本节介绍收入分配与贸易政策的关系。

一、公共选择理论

公共选择理论是政治经济学理论的一个分支，主要研究市场主体的行为和政治市场的运行。

公共选择理论沿用经济学中的“经济人”假设，以个人利益最大化为出发点，把政治舞台模拟为一个经济学意义上的市场，即政治市场。人们在政治市场上投出民主选票时，就像受到预算约束的经济人在超级市场投出货币选票来最大化他的效用一样，即个人在市场决策领域与非市场决策领域保持了将个人利益放在社会利益之前的行为一致性。

这意味着在政治市场中，我们同样可以假定“消费者”具有一个效用函数（假设影响效用的仅仅是 X 和 Y 两种因素）：

$$U=U(X,Y)$$

对于政府官员来说，式中的 X 和 Y 可能是连任、个人收入、个人权力、后世的评价等。例如，能从连任中获得最大效用的政府官员可能就会主张扩大公共支出的规模——不管这些支出能否确切地改善民众的福利。这是因为一方面，公共支出的扩大能让部分社会群体受益，政府官员能够获得他们的支持；另一方面，更多的公共支出往往伴随着一个政绩突出的政府，政府官员的个人声望能得到提升。

二、中位选民理论

在实际决策过程中，一致同意原则（unanimity decision-making rule）是能充分保障个人权利的帕累托最优方案，然而其决策成本过高，在实际中一般采用多数同意原则（majority voting rules），其本质是少数服从多数。多数同意原则能保证最终的政治均衡与投票者偏好的结果离散程度最小。多数同意原则最终达成的政治均衡可由中位选民定理决定。值得一提的是，简单多数原则下的集体决策所体现的是多数人的利益，它不能保证实现帕累托最优。

中位选民（median voter），是指偏好恰好处于所有投票者偏好结果中间状态的投票者。

可以假定这样一种情况，由三位投票者决定关税税率，能给三位投票者带来最大效用的关税税率分别为 X_1、X_2、X_3。若对 X_1、X_2 进行多数同意原则的民主表决，第一位与第二位投票者显然会选择自己最为偏好的关税税率。X_1 与 X_2 中，第三位投票者更支持与自己偏好接近的 X_2。同理，若对 X_2、X_3 进行多数同意原则的民主表决，X_2 也能获得更多的支持。最终只有中位选民可以得到他最为偏好的结果（如图 7－8 所示）。

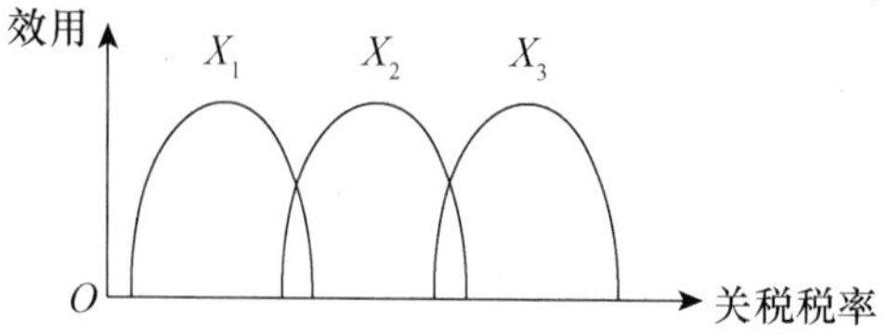

图 7－8　选民偏好及其效用

中位选民理论表明了这样一种政治规律，想要赢得竞选的政治家或者政党，若他们的竞选宣言符合中位选民的政治偏好，就能获得更多人的支持。我们可以简单地考虑这个问题，现实生活中剑走偏锋的总是少数人，大多数人的偏好都是处于两个极端之间。下面，我们用一种简单的政党间竞争模型来说明这种政治竞争（如图 7－9 所示）。

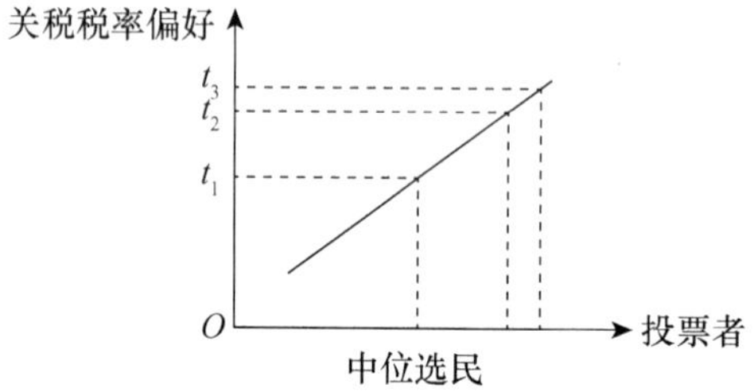

图 7－9　中位选民理论在政治家关税博弈中的运用

现在，假定有更多的投票者，要投票表决的议题仍然是关税税率，我们将这些投票者按照他们对关税税率高低的不同偏好沿 x 轴排成一条直线，其中偏好最低税率的投票者在最左边，偏好最高税率的投票者在最右边，偏好关税税率 t_1 的选民恰好为中位选民。假如一个政党提出关税税率为 t_3 的政治议案，另一个政党只需提出关税税率 t_2 即可获得更多的支持。这表明，当关税税率高于中位选民的合意量时，从政党自身的政治利益出发，各党派倾向于对高于中位选民偏好的关税税率进行削减，这也会提高低于该数值的实际税率。

中位选民理论在公共选择理论中占有重要的地位，它的模型简单实用。依据该理论，政党所颁布的政策只要符合中位选民的偏好，就能让大多数人满意，又能理所当然地赢得政治选举。这是否意味着现实中颁布的贸易政策都是符合中位选民理论的呢？答案是否定的。

一方面，中位选民定理的确能作出让最多人合意的决策，但并不意味着这个决策能给社会整体带来福利。如图 7－10 所示，模型假定已经给定一个关税税率，我们以从 0 到 1 的数字表示选民对该税率的偏好，并排列在横轴上。纵轴表示这一税率给选民带来的收益或损失。为简化处理，假定所有选民的损失是相等的 L，收益是相等的 G。从图中可以看到，这一关税税率可以带来收益 S_G，但仅造成损失 S_L，即这一关税税率能给社会整体带来福利。观察横轴发现，中位选民（即偏好表达为 0.5 的选民）在这一政策下是受损的。按照中位选民定理，执政者会否决这一能给社会整体带来福利的政策。

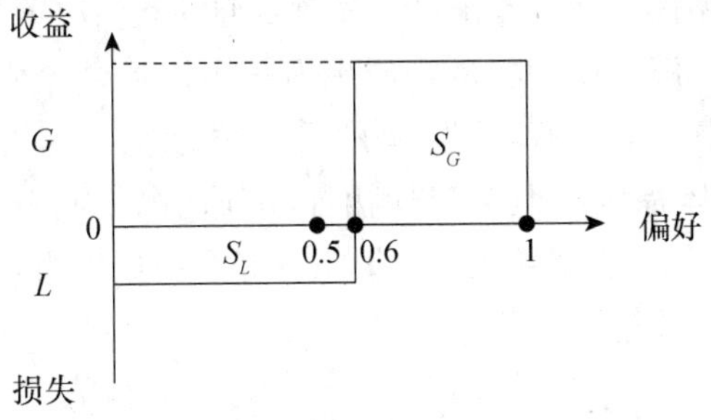

图 7-10　选民关税税率偏好与收益

另一方面，即使中位选民理论下的政策能给社会整体带来福利，也往往不能通过。例如 20 世纪 80 年代前美国实行的关税和配额制度，向进口纺织品征收 32%的关税，对进口服装的关税税率更是达到 46%。进口关税提高了美国国内纺织及服装行业工人的工资以及相应产品的价格，根据统计数据，为了保护纺织及服装行业的一个就业机会，美国每年需要支出 52 000 美元，而该就业机会每年的工资回报不足 20 000 美元，相当于每保留一个就业机会，每年就会损失 32 000 美元的福利。

中位选民理论在实际政治决策过程中失灵的一大原因在于，现实中存在着错综复杂的利益集团。

利益集团，也称压力集团或倡导集团（advocacy group），是指具有相同利益并向社会或政府提出诉求以争取团体及其成员利益，影响公共政策的社会团体。

对于一般民众来说，偏好的表露对最终政治决策结果产生的影响微乎其微。相比于一般民众，利益集团具有共同的目标并且更有组织性，它们可以通过与立法机关或行政机关建立联系来影响公共选择。

利益集团中任何一个成员代表团体利益的政治行为是一种利众行为。例如，美国农业工人联合会的一位成员给所在选区的国会议员写了一封信，要求提高农产品的价格，从而提高农场工人的福利。这封信中主张的提案最终在国会会议中获得通过，那么除了写信的人之外，其他所有的农场工人的福利都得到了改善，即使他们并没有写信，这种现象称为搭便车效应。利益集团中的单个成员为改善集团整体状况所付出的成本大于个人收益。当搭便车问题过于严重时，将阻碍利益集团成员的积极性。用经济学家曼瑟尔・奥尔森（Mancur Olson）的话说就是集体行动（collective action）存在困难。

解决这一问题通常有两种方法。一种是适当缩小集团的规模，较小的集团规模意味着分享收益的成员较少，为实现集团利益而积极活动的单个成员就能分享到更大份额的收益。发达国家的农民人数少于发展中国家的农民人数，但前者往往更容易获得政府的补贴，这就是小集团提高效率的很好例证。另一种方法是选择性激励，即按照利益集团成员对集团的贡献来分配利益，奖惩分明。

三、政治决策过程模型

尽管公共选择理论可以解释许多政治现象，但实际的政治是复杂的。政治家参与选举需要大量的资金，为政治家提供资金支持的团体在很大程度上能影响政治家当选后的政治立场。因此，政治家往往无法作出最受民意欢迎的政治决策。

一些贸易政策政治经济学模型将现实假想为一场拍卖会，利益集团根据政府可能采取的政策来提供政治捐款，有选择性地“购买”一些政策。为了赢得选举，政治家尽管不会完全不顾社会的整体福利，但会选择牺牲部分选民的利益来出售自己的“政策承诺”，从而获得竞选的资金。这将导致部分组织良好的利益集团以牺牲社会整体福利为代价获得对集团自身有益的政策。

四、谁得到了保护

面对不同的特殊利益集团，政府需要在众多个人偏好和意见综合形成的不同贸易政策中作出选择，决定具体实施何种政策以保护相关利益群体。作为一个现实问题，要研究哪些行业在与进口商的竞争中需要得到保护，我们首先需要了解有哪些保护形式可供选择。

（一）保护形式的选择

假设一个经济体中有三个利益群体：消费者、与进口竞争的商品生产者以及从政府支出中获益者。

先介绍消费者。他们的兴趣很容易被详细描述：消费者将从消除经济扭曲中获益。将三种政策按照最大限度减少经济扭曲的能力排名，假设完全竞争和规模收益不变，很容易得出生产补贴的破坏性最小。生产补贴只扭曲经济的生产方面，造成的福利损失比关税和配额造成的损失要小，配额扭曲造成的福利损失一般超过关税扭曲造成的福利损失。因此，消费者的偏好是生产补贴优先于关税，而关税又优先于配额，即 S（补贴）$>$ T（关税）$>$ Q（配额）。

再介绍与进口竞争的商品生产者。尽管三种保护手段都会增加产出，但对于与进口竞争的商品生产者而言，这三种政策选择也有不同的排序。对他们来说，首要的考虑是在国内市场上提高产品的价格。所有这些政策都能实现这一点，因为在每种情况下，国内生产者都受到保护，不受进口产品降价效应的影响。因此，我们将这个群体称为寻求保护者。出于以下几个原因，寻求保护者更喜欢配额而不是其他两种选择：首先，配额可能会让国内生产商和外国出口商在市场份额的分配上串通。在美国，外国公司向国内市场提供的进口产品数量受到限制，因此合作取代了进一步的价格竞争。其次，从政治角度考虑，配额相较于关税是更具有隐蔽性的保护手段，因此，寻求保护团体的政治效果可以通过配额得到提高。

寻求保护的政治效果可能是补贴大于关税。如前所述，补贴对经济造成的福利损失要小于关税。与直接补贴相关的这些较小的福利损失，可能会减少政治反对。此外，直接生产补贴很可能是企业特有的利益，而关税是公共产品，任何决定在受保护的行业进行生产的新企业都可以获益。因此，受保护行业的现有成员可能更喜欢补贴，而不是关税，因为补贴有助于控制行业成员的搭便车行为，而且不太可能与新成员共享。所有这些都让我们假设，寻求保护者会把他们的政策选择列为 Q（配额）$>$ S（补贴）$>$ T（关税）。

最后一个群体由可从政府支出中获益的利益集团组成。例如，在政府限制支出的情况下，政府养老金领取者可能会采取行动，确保有更多的政府收入可以花在养老金上。这种行为称为“创收”，包括大学教授向政府申请研究经费以及其他类似的行为。

关税和配额都可以用来增加政府收入，而补贴是对收入的额外消耗，因此最不受寻求税收的人欢迎。关税优于配额，因为虽然配额权可以用于拍卖以增加收入，但是这些权利通常是分配的，不会增加收入。于是我们得出这部分人会把政策选择列为 T（关税）$>Q$（配额）$>S$（补贴）。

表 7-1 中总结了三个群体的政策偏好。假设政府已经决定为寻求保护者提供保护，现在尝试为这项工作选择一种政策工具。假设这三个群体的规模大致相同，这给了我们一个政策的非传递性政治秩序，解决这一政策选择问题的方法来自考虑对这些问题进行审议或投票的顺序。如果先比较关税和配额，再比较关税和补贴，补贴将占上风。审议顺序取决于用来决定保护问题的体制结构。例如，关贸总协定在降低关税方面制定了强有力的多边规则，而在使用配额方面却只有薄弱的规则。因此，关税直到最近几十年才成为最重要的保护手段，但各种配额政策已经得到了更广泛的应用。这种政策的转变不是因为各利益集团的政策偏好次序发生了变化，而是因为决定保护决策的体制结构发生了变化。

表 7-1　不同利益群体的政策偏好

利益群体	政策偏好
消费者	补贴＞关税＞配额
与进口竞争的生产者	配额＞补贴＞关税
从政府支出中获益者	关税＞配额＞补贴

（二）经验证据

关税和其他形式的保护是各种利益集团相互角力的结果。在自由贸易的背景下，国内市场失灵、搭便车和中位选民理论导致的政策结果，均没有实现最优的公共利益最大化。

对贸易政策政治经济学的检验有三种主要的形式：具体保护主义立法的个案研究、相对保护的微观层次检验和保护水平的时间序列分析。保护水平的时间序列分析的前提是，随着时间的推移，活跃于贸易政策制定的特殊利益集团的实力、规模或政治效力将发生变化。一般来说，这些时间序列分析本质上是综合的，因此，诸如失业、通货膨胀和实际国民生产总值等宏观经济变量被视为决定利益集团在获得保护方面的有效性因素。例如，在高失业率时期，保护主义利益集团通过树立“外国不公平竞争偷走国内就业机会”的形象，获得政治支持。因此，时间序列分析假定了一个“关税周期”：在这个周期中，保护以一种与保守的社会福利功能相一致的方式起落。

研究不同利益集团成员的偏好，可以更深入地了解最有可能采取的保护方式。关税、配额和生产补贴都有可能作为国内产业与进口竞争的政策选择，具体取决于在作出保护决策时所使用的制度结构。

许多发展中国家过去运用所谓的进口替代工业化政策对本国的制造业提供广泛的保护，但这一政策近年来不再受欢迎。发达国家的保护范围要相对窄得多，大多数保护集中在农业和服装业这两个部门。下面以美国这两个部门为例进行说明。

1. 农业

发达国家的农业人口很少，以美国为例，1.3 亿劳动力中，农民只有 200 万。但农民通常是一个组织良好、政治影响力强大的群体，可以向政府争取到相当有效的保护。欧洲共同农业政策的出口补贴，让大量欧洲农产品的价格达到世界市场的 2～3 倍；日本政府的大米进口禁令，让日本国内的大宗食品价格超过国际市场 5 倍。

美国基本属于粮食出口国，因此关税、进口配额并不能使粮食的市场价格提高。虽然农民一直能够得到政府补贴，但由于政府不愿直接支付现金补贴，补贴规模一直是有限的。也正是由于政府不愿意直接支付补贴，美国的保护政策主要集中在服装业。

2. 服装业

服装业主要由纺织品和服装两个部分组成，服装加工业尤其受到政府关税和进口配额的有效保护。直到 2005 年，服装业仍受到《多边纤维协定》的管制。

服装加工业有两个显著特征：一是属于劳动密集型行业。一个工人只需要很少的资本投入，甚至只需要一台缝纫机即可工作，不需要接受正规的教育。二是对技术的要求较低，技术能轻易地向发展中国家转移。因此，服装加工业在资本密集型国家处于劣势，而在劳动密集型的发展中国家则具有较强的优势。但是，包括美国在内的发达国家的服装加工业往往有很强的组织性，因此美国服装业受到政府较多的贸易保护。随着《多边纤维协定》的终止，服装业保护导致的福利损失大幅下降。

第 4 节 国际谈判与贸易政策

由于贸易政策中的政治因素，贸易政策总是被一些利益集团的思想所左右，利益集团会雇用一些游说队伍向执政者进行游说，以说服后者制定不损害利益集团利益的政策。由此有人认为贸易政策有时对国家整体福利的改善是无用的，且会被利益集团所利用，有时甚至损害国家利益。此外，制定和推行贸易政策也需要一定的成本，很多人因此对贸易政策理论产生怀疑。

事实上，从 20 世纪开始，很多国家逐渐取消关税壁垒，越来越多的国家建立关税同盟等，为自由贸易作出了很大贡献，也推动了各国经济和世界经济的发展。我们可以从实践中得出结论——贸易政策有它存在的必要性。

那么贸易政策的制定怎么避免前面提到的政治因素呢？答案就是通过国际谈判。

一、国际谈判的优点

相对于国内制定的单边政策，国际谈判形成的多边政策有很多优势。

首先，国际谈判有助于贸易政策的制定且有利于国际贸易的发展。例如中国和美国分别向对方出口纺织品和农产品，假设中国为保护本国农产品行业而制定进口配额，这显然对美国不利；而美国制定纺织品的进口配额，对中国不利。此时两方就可通过国际谈判解决问题，双方同时撤销对方出口至本国的产品的配额，以使双方同时获益。

其次，国际谈判有助于避免贸易战的发生。假设世界上只有 A 和 B 两个国家，而两国只有自由贸易和贸易保护两种选择，且两国政策制定者都头脑清醒，会作出使本国福利最大化的选择，于是便存在以下几种情况：当两国都选择自由贸易时，两国都受益且受益规模相等；当一个国家选择自由贸易而另一个国家选择贸易保护时，选择贸易保护的国家获利更多，而选择自由贸易的国家利益受损。当两国都选择贸易保护时，两国都会受损。具体福利变动如表 7－2 所示。

表 7－2　国际谈判有助于避免贸易战示例

		B 国的选择	
		自由贸易	贸易保护
A 国的选择	自由贸易	(10，10)	(20，－10)
	贸易保护	(－10，20)	(－5，－5)

我们假设的模型即为囚徒困境，当固定一个国家的选择后，另一个国家毫无疑问会选择贸易保护，出现两个国家都受损的结果，但是两国的最优结果为都选择自由贸易。看似两国各自实行单边政策会使结果改善，但是仍存在一国突然改变选择的风险和打响贸易战的可能，而贸易战的后果是十分可怕的。显然两国应该通过国际谈判来制定贸易政策，签订条约以对自己的行为进行约束。

虽然以上例子高度简化，但仍能代表一系列事例，不仅能证明贸易政策存在的必要性，而且能证明国际谈判的优点和存在的意义。

接下来简单回顾世界贸易谈判的历史。

二、世界贸易谈判的历史

关贸总协定（GATT）共主持八轮多边贸易谈判，议题多集中在缔约方之间的关税减让以及部分非关税措施方面。

第一回合于 1947 年 4—10 月在瑞士日内瓦举行，并于 10 月 30 日签订了 GATT，在第二年即 1948 年 1 月 1 日，GATT 临时生效。这是一个有深远影响的多边协定，是世界贸易组织的前身，由政府或国家/地区之间签订，主要作用是制定关税以及与贸易相关的规定。GATT 通过降低成员之间的进口关税以及其他贸易壁垒消除自由贸易的屏障，充分利用世界资源，既实现各个成员总贸易所得最大，又实现发达国家与发展中国家共同发展。第一回合达成了 123 项双边进口关税减让协议，占进口值约 54%的商品的平均关税降低了 35%。但是，因为 GATT 制定之后始终未能满足生效条件，所以它并没有正式生效，而是通过《临时适用议定书》产生临时效用。但毫无疑问，GATT 的制定和出现，大大推动了国际贸易的发展。

第二回合于 1949 年 4—10 月在法国的阿纳西举行。这轮谈判的最初目的是促进欧洲经济合作组织的一些成员加入多边协议体制，毫无疑问，它们的加入会为该协议体制输入新鲜血液并且会推动其向前发展。相比于第一轮谈判时的 23 个国家，第二轮新加入了希腊、海地、芬兰、意大利、多米尼加、利比里亚、丹麦、尼加拉瓜、瑞典和乌拉圭这 10 个国家。这 33 个国家在会上提倡削减 5 000 种商品的关税。这轮谈判最后达成了 147 项关税减让协议，并且将关税水平降低了 35%。

第三回合于 1950 年 9 月至 1951 年 4 月在英国的托奎举行。这轮谈判讨论是否允许奥地利、联邦德国、韩国、秘鲁、菲律宾和土耳其加入。由于关贸总协定成员增加，参与该协定的国家或地区之间的贸易额已经占当时世界贸易总额的 80%。但是在关税减让等方面，美国与英国、澳大利亚和新西兰等国家的谈判进展十分缓慢。由于美国的减让份额较小，英联邦国家不愿就此达成协议，最后美国与这些国家也未能达成协议，虽然这对本轮谈判是个打击，但是谈判仍然取得了重大成果。第三回合共有 38 个国家/地区参加谈判，降低了 8 700 种商品的关税，达成 150 项关税减让协议，关税水平平均降低 26%。

第四回合于 1956 年 1—5 月在日内瓦举行。这轮谈判英国的关税减让幅度较大，而美国代表团的权限大幅度减小，这是因为美国国会认为美国之前签订的协定中作出的让步远大于其他国家。在这轮谈判中，美国只给予 9 亿美元的关税减让，而其所享受的关税减让约 4 亿美元。这轮谈判的成果为关税水平平均降低 15%。

第五回合于 1960 年 9 月至 1962 年 7 月在日内瓦举行，这轮谈判由美国副国务卿道格拉斯·狄龙（Douglas Dillon）倡议，故也称“狄龙回合”，共有 45 个国家/地区参加。谈判分两个阶段：前一阶段为 1960 年 9—12 月，主要商讨欧洲共同体的关税同盟问题。后一阶段于 1961 年 1 月开始，主要就进一步减让关税进行谈判。这轮谈判使 20%的应征税工业品平均降低关税 20%，但协议不包括农产品和其他一些敏感性商品。欧洲共同体六国形成关税同盟，统一减让对外关税。最后本轮谈判使得关税水平平均降低 6.5%。

第六回合于 1964 年 5 月至 1967 年 6 月在日内瓦举行，也称“肯尼迪回合”。共有 54 个缔约方参加。美国和欧洲共同体各自提出建议，前者提出成员都减让 50%关税，欧洲共同体提出“削平”方案，即关税高的国家/地区降低较大幅度的进口关税，而关税低的成员降低较小幅度的关税，以缩小关税水平差距，达到公平的目的。最后这轮谈判采用了欧洲共同体提出“削平”的办法，经合组织成员间工业品关税水平一律削减 35%。

1968—1973 年，美国工业品行业的关税水平平均降低了 37%，欧洲共同体关税水平平均降低了 35%。第六轮谈判的开创性在于它对倾销作出了法律规定，虽然仍然存在某些国家不正当使用反倾销措施的行为，但第六回合已经在该点上作出了很大改进。第六回合制定的协议在 1968 年 7 月 1 日生效，包含 21 个国家/地区。这轮谈判还制定了“贸易与发展”条款，这是针对发展中国家的义务和福利所制定的，不仅在法律上明确了优惠待遇，而且明确了发展中国家可不作出与发达国家相同的减让承诺。由于波兰参加了这轮谈判，本次会议开创了中央计划经济国家参加关贸总协定的先例。

第七回合于 1973 年 9 月至 1979 年 4 月在日内瓦举行，也称“东京回合”，因为本轮谈判的重要会议是在东京召开的。共有 73 个缔约方和 29 个非缔约方参加了谈判。谈判取得的成果颇丰，不仅确定了计算削减关税的统一公式，使得各成员降低关税的幅度更加公平和透明，制成品、工业品和农业品的平均关税降低，同时还加大了关税降低的力度，降低幅度约为 1/3。这轮谈判的特点是涉及的行业多、贸易额大，同时明确了发展中国家的义务和权利，发达国家不能要求发展中国家给予相同的关税削减力度。

第八回合于 1986 年 9 月在乌拉圭的埃斯特角城举行，1994 年 4 月 15 日在摩洛哥的马拉喀什结束。由于起始地点在乌拉圭，故被称为“乌拉圭回合”。这轮谈判长达 7 年，起初共有 103 个国家/地区参加，结束时增加到 125 个。

乌拉圭回合谈判成果显著：第一，达成的协议明确了多边贸易体制的法律体系；第二，签订的协议进一步降低了关税，促进了国际贸易的发展；第三，在协议中加入服务贸易和知识产权的部分；第四，在农产品和纺织品贸易两方面更加完善；第五，也是最重要的成果，1995 年 1 月 1 日正式成立了 WTO，取代关贸总协定。

三、 GATT 与 WTO 的含义及区别

GATT 既可以代表 1947 年在瑞士日内瓦制定的一个政府间缔结有关关税和贸易规则的多边国际协定，又可以指后来建立的支持该协议的国际组织。目前 GATT 作为国际组织的含义已经被 WTO 取代，虽然它仍然可以代表关贸总协定，但其中的内容已经更新，且不再是国际贸易的适用规则，而是作为 WTO 协议的一部分。

随着经济不断繁荣，贸易自由化进程加快，世界上许多新型贸易模式开始迅猛发展，贸易形势极速复杂化。以保险贸易、咨询业贸易、银行业贸易、知识产权贸易为代表的服务贸易开始在世界舞台上大放异彩。但是，由于 GATT 仅适用于货物贸易，因而没有任何成文的规则约束这些越来越重要的贸易模式，以至于许多国家的法规可以公开地或者在实际上歧视外国供应者。同时，由于 GATT 争端解决机制固有的缺陷，对于新增的非关税贸易壁垒没能进行有效的遏制，大量国际经济贸易纠纷得不到解决。

GATT 并没有因 WTO 的建立而消失，而是成了 WTO 的一部分。修正后的 GATT 与《服务贸易总协定》（GATS）、《与贸易有关的知识产权协议》（TRIPS）并列，WTO 则将这三者合为一体，构成自己的合约基础。

那么，GATT 与 WTO 有什么区别呢？

首先，GATT 是一个临时性的协议，WTO 则是一个成熟的国际组织。从参与者的角度来看，GATT 拥有“缔约方”，而 WTO 拥有“成员”。虽然各缔约方对关贸总协定的承诺为永久性承诺，但是其适用的基础仍具有临时性，而各成员对 WTO 的承诺具有完整性和永久性。WTO 在国际法上拥有主体地位，在法律地位方面与国际货币基金组织、世界银行是平等的。

其次，GATT 规则只适用于货物贸易，并且农产品和纺织品都是作为例外处理的。而 WTO 体制的构成，除了具有 1994 年 GATT 文本外，还增加了经过乌拉圭回合谈判修改和新制定的规则，覆盖范围不仅包括货物，还包括服务及知识产权。所以 WTO 比 GATT 适用范围更广。

再次，相比于 GATT，WTO 更有助于世界贸易组织体制的统一性，是更完整的多边贸

易体制。虽然 GATT 是一个多边体制，但是到 20 世纪 80 年代，出现了许多仅适用于有限成员的简单多边协议，从而使 GATT 成为具有自愿选择性质的体制，这必然导致缔约方在总协定内权利和义务的不平衡，最终导致总协定体制的分化。但是，除政府采购协议、民用航空器贸易协议、国际乳制品协议、国际牛肉协议可根据有关规定提出保留外，构成 WTO 的协定和协议几乎都是多边的，且具有法律效力，全体成员都受其约束。

最后，在争端解决机制方面，WTO 相比于 GATT 也更具有优越性。GATT 的专家小组权限较小，争端解决往往需要花费很长时间，监督后续行动也十分困难。虽然各个缔约方之间可以通过国际法庭处理争端，但这样的处理过程可能会持续好几年，甚至几十年。而且，即使形成了裁决，有时也没有办法执行。各缔约方出于不想让自己背上“违反法规者”名声的原因，努力使自己的行为符合 GATT 规定。然而，处于灰色地带的案例很有可能解决不了。但 WTO 建立了一套完善的综合争端解决机制，更加高效。它组建了专家小组听证案例，通常不到一年就可以得出最后结论。即使有上诉，整个程序一般也不会超过 15 个月。并且 WTO 作出的裁决受到阻挠的可能性更小，一旦违反规定的成员拒绝改变政策，WTO 会给予诉讼国对其进行报复的权利，例如对另一种商品征收临时性关税等，这更有利于国际贸易制度及争端裁决的实施。

四、多哈回合的失败

然而，并不是所有谈判都能成功签订协议。国际贸易谈判第九回合于 2001 年在卡塔尔多哈举行，被称为“多哈回合”，这是一个至今都没有签订任何协定的谈判，以失败而告终。

（一）多哈回合谈判内容

2001 年 11 月，WTO 第四次部长级会议启动了多哈回合谈判，确定了农业和非农产品等八个谈判领域。多哈回合谈判的目标在于创造一个更公平的贸易环境来促进世界经济的发展，特别是改善发展中国家的贸易环境，进一步减少贸易壁垒与非贸易壁垒。谈判核心问题集中在农产品的出口竞争、国内支持和市场准入方面，其中农产品出口市场准入问题成为谈判焦点。153 个成员方就削减农业补贴、削减农产品进口关税及降低工业品进口关税进行了深入讨论。多哈回合是九次谈判中覆盖面最广的一次，也是参与范围最大的一次，可以说是历史上最大的一次多边贸易谈判。

然而，多哈回合谈判经历了十余年的不断博弈，异常艰辛。在 2003 年 WTO 第五次部长级会议上，各国在农产品贸易壁垒问题上无法达成一致，使多哈回合谈判陷入僵局。2004 年，WTO 总理事会议达成了《多哈回合框架协议》，明确规定美国及欧盟逐步取消农产品出口补贴及降低进口关税，以回应发展中国家的诉求。2006 年多哈回合贸易谈判经 WTO 批准暂停，并于 2007 年重启，但在 2008 年基于印度、中国、美国在农产品市场准入“特别防卫机制”上的不同意见正式宣告破局。2013 年，WTO 第九届部长级会议发表了“巴厘一揽子协定”，多哈回合谈判 12 年僵局终获历史性突破，但随后又陷入停滞状态 。

（二）多哈回合谈判失败的原因

多哈回合谈判中，最关键的谈判方分别属于三大阵营：美国，欧盟，以中国、印度、巴西为代表的发展中国家。三大阵营之间的农业发展状况、经济水平相差较大，出发点各不相同，谈判桌上矛盾重重。

在三大阵营中，美国与欧盟之间的矛盾主要集中在国内支持与市场准入两个方面。美国农业资源丰富、科技发达，长期实施农业补贴政策，农产品出口量大、价格低廉；而欧盟农业资源相对不足，是农产品进口市场，长期实施农产品补贴、高关税壁垒以保护境内农产品市场发展。在谈判中，美国被要求削减农产品补贴，但条件是欧盟大幅削减关税，欧盟则要求美国大幅削减国内补贴。经过磋商，双方在 2003 年提出了谈判联合框架，至此多哈回合谈判的交锋点转向了以美国和欧盟为代表的发达国家与以印度、中国、巴西为代表的发展中国家之间。

印度、中国等发展中国家农业发展水平较低，出口大多是初级农产品，面临着发达国家的低价农产品竞争以及高关税壁垒，竞争环境极其不公平。因此，发展中国家要求发达国家取消补贴、削减关税。然而，许多发达国家要求发展中国家开放农产品市场却对本国农业实行保护，双方陷入僵局。2008 年 7 月 WTO 小型部长会议上，美国、欧盟分别对削减国内农业补贴 80%和 70%达成一致，但各方在农产品进口特别防卫机制上难以达成一致。农产品进口特别防卫机制是一种贸易保护措施，对于发展中国家来说，当农产品进口数额大幅度增加时可以采用该贸易保护措施，以保护国内农业发展。美国等发达国家倾向于较高的触发点，而发展中国家倾向于较低的触发点。过高的触发点会让防卫机制运作难度加大，在一定程度上阻碍该条款对发展中国家国内农业的保护，但过低的触发点违背了 WTO 促进贸易自由化的初衷。

长期以来，贸易自由化大多局限于工业产品领域，直到乌拉圭回合，农业才首次被纳入多边贸易体系，是最后一个需要贸易自由化的部门，也是最敏感的部门之一。据世界银行统计，虽然农产品贸易额占比不到世界贸易额的 10%，但是农产品自由贸易可以为世界带来 63%的自由贸易收益。然而自由贸易很难实现，在多哈回合中，有可能被接受的提议事实上缺乏完全自由化的空间。WTO 契约型体制使得成员方承担了较低的退出协议的成本，多哈回合谈判失败也是发达成员不惜谈判破裂而竭力维护自身利益的结果。此外，区域贸易在世界范围内盛行，多哈回合的失败也受到了该方面的影响。由于区域贸易具有时间短、见效快、有歧视性优惠等特点，协定成员比非成员享有更多优惠条件，对于政府来说，从短期来看，区域贸易的利益更加明显。由于各国政府专注于区域贸易合作谈判，对耗费精力较大、程序更麻烦的多边贸易谈判更加缺少动力。

五、当今贸易谈判的热点

（一） WTO 争端解决机制危机

如今，贸易保护主义重启，在全球范围内盛行，以 WTO 为核心的多边自由贸易体系正遭遇危机。WTO 内部的争端解决机制也面临严重问题，机制改革阻碍巨大。

WTO 贸易政策审议正在逐渐失去其实质性意义，其政策审议报告不再具有强制约束力，导致审议机制效果不佳，贸易争端隐患频生。争端解决机制是 WTO 相比于 GATT 的主要优势，但当前 WTO 上诉机构大法官人数已经达到审理案件所需的最低要求，也面临很大危机。然而，WTO 改革的主导权还在被各贸易强国争夺。如果 WTO 争端解决机制停摆，那么其主导下的贸易谈判机制将遭遇严重危机。

（二）多边贸易谈判受限

与此同时，国际贸易体系也趋于碎片化，WTO 主导下的多边自由贸易体系遭遇巨大挑战，区域和双边自由贸易协定飞速发展，贸易谈判更多围绕区域内多个国家或两个国家开展，多边贸易谈判发展十分有限。

美国、欧盟、日本等频繁开展大型自由贸易协定谈判，区域和跨区域的经济合作成为当今国际贸易领域的热点，世界亟需一套新的国际贸易规则。2018 年，《跨太平洋伙伴关系协定》（CPTPP）正式生效；日本和欧盟签署了当今世界上规模最大的自由贸易区协定——经济伙伴关系协定（EPA），意在进一步削减关税和消除非关税贸易壁垒；美国同墨西哥和加拿大推出了全新的《美墨加协议》（USMCA），取代了《北美自由贸易协定》，还计划同欧盟建立零关税、零贸易壁垒及非汽车产品零补贴的自由贸易区。

（三）中美贸易战谈判

自 2018 年以来，中美贸易战不断升级，先后爆发三轮“关税战”。至 2019 年 4 月，中美双方已经进行了九轮经贸高级别磋商，就技术转让、知识产权保护、非关税措施、服务业、农业、贸易平衡、实施机制等相关协议进行了深入讨论，取得了一定的进展。今后贸易谈判会依旧频繁，随着中美贸易谈判进入收尾阶段，美国也逐步展开与欧盟各国以及日本的贸易谈判，试图通过削减关税、消除非关税壁垒、消除投资限制等方式，减少美国出口商和企业在海外面临的贸易壁垒。

本章小结

本章主要从政治经济学的角度分析一国贸易政策的决定。第 1 节主要介绍支持自由贸易的理论基础与经验证据；第 2 节介绍反对自由贸易的相关理论与经验证据；第 3 节介绍收入分配与贸易政策的关系；第 4 节主要介绍国际谈判及其对贸易政策的影响。本章内容旨在为不同国家采取的不同的贸易政策提供相关的理论依据。

关键词

贸易条件改善　国内市场失灵　最优关税　边际社会收益　次优理论　中位选民　国际谈判　乌拉圭回合　多哈回合　WTO　GATT

复习与思考题

1. 为什么一国的贸易政策会随着收入分配的不同而不同？对一个劳动稀缺且收入分配极不平等的国家而言，对中位选民最有利的贸易政策是什么？

2. “穷国的低薪工人在恶劣的环境下工作，其劳动被工厂剥削。为了表示对这些工人的支持，欧盟应该限制从这些国家进口商品。”欧盟的限制进口措施对本国和外国的工人将产生什么影响？对贸易量会产生什么影响？

3. 下列哪些可以作为支持自由贸易的有效论据，哪些可以作为支持非自由贸易的有效论据？解释原因。

a. 制造业回流可以降低美国的失业率。

b. 美国对自中国进口的农产品加征关税，意味着中国农民的收入降低。

c. 中国部分非时令水果源于进口，随着非时令水果进口量的不断增加，这些昔日奢侈水果的价格大幅下降。

d. 半导体好比是技术的“原油”，如果我们不着急生产芯片，则对于每一个使用微电子技术的产业来说，其生产很容易受到破坏。

e. 出口木材的实际价格下降了40%，大量木材工人失业。

第8章
发展中国家的贸易政策

学习目标

- 了解进口替代、二元经济结构以及出口导向战略的概念。
- 掌握进口替代战略对发展中国家工业化进程的影响。
- 认识中国二元经济结构的特点、成因，进而理解实现经济的一元化发展面临的挑战和相应的对策。
- 深入理解出口导向战略对发展中国家工业化的影响，培养根据中国的具体开放实践分析问题和解决问题的能力。

第1节　进口替代的工业化

从20世纪中叶开始，许多发展中国家，尤其是从欧美殖民地独立出来的国家或地区，为了迅速增强自己的经济实力以摆脱对发达国家的依赖，纷纷探究新的贸易政策。由于资源导向型政策的逐渐崩塌和贸易条件的不断恶化，许多国家采取了封闭的经济措施，即利用关税配额等传统贸易政策将本国市场与世界市场隔离开来。这些措施同时也起到了保护本国工业生产的作用，被称为进口替代策略。该理论的奠基人赫希曼（Hirschman）诠释了这些政策的重要性，即限制进口能达到拉动国内生产的目的，相当于间接保护和支持国内产业的发展。该理论为进口替代政策的广泛采用提供了强大的支撑，于是越来越多的国家开始采用这些政策。通常这些国家被简单地分为两类：一类国家具有很好的工业基础，另一类国家的工业基础比较薄弱。有一定工业基础的国家会选择将耐用消费品的生产作为进口替代的突破口，而工业基础薄弱的国家或地区则会选择将非耐用消费品的生产作为突破口。正是由于这些政策的实施，许多发展中国家初步实现了工业化。当然这种由进口替代慢慢走向工业化的道路在历史上并不是首次出现，早在19世纪工业革命时就有很多欧美国家尝试。例如，美国和德国分别在汉密尔顿（Hamilton）的保护关税理论和李斯特（List）的幼稚工业保护理论的指导下采取的进口替代措施，以及后来拉丁美洲相继采取的进口替代政策，等等。因此，进口替代政策在历史上并不是由发展中国家初次采用的。

一些数据可以用来简单分析实施进口替代政策的效果。菲律宾作为最早采用进口替代政策的国家，在综合考虑了国内资源丰富的优势之后，结合国民待遇原则给予外企一些优惠政策，使得该国的工业化率在短短十年间由 8%提升至 31%，达到了工业化率翻倍的效果。同样地，马来西亚以纺织电子机械为中心实施了进口替代政策，也利用丰富资源的出口优势提高了自己的工业化水平。那么中国在历史上是如何形成工业化的呢？在新中国成立之初，中国既要面对不稳定的国际环境，还要解决国内社会主义建设的问题，为了迅速提升经济实力，只能采取进口替代政策。历史已经证明，这些政策为中国工业化的形成奠定了坚实的基础。钱纳里（Chenery）的研究说明了进口替代在工业化过程中究竟发挥了多大作用。利用投入产出表进行工业增长的数量分析，他发现在采取进口替代政策以后，相应国家的工业生产率几乎是采取进口替代政策之前的两倍。这一研究充分证明了进口替代在一个国家内部生产方面发挥了重要的促进作用。

一、进口替代的概念

进口替代可以归入保护贸易政策的范畴，指一个国家利用本国生产的产品来代替从其他国家进口的工业制成品，然后逐渐从消费品的生产领域转向资本品和中间品的生产领域并借此实现工业化，从而有利于本国经济的独立自主发展的政策。不难看出，大量的发展中国家之所以采取进口替代政策，是因为国际形势的压力。在经济全球化的过程中，根据比较优势原理，很多发展中国家与具有工业化优势的国家相比处于劣势地位，因此国际分工的大量好处被那些具有工业化优势的国家获取。在这种情况下，仍然依靠农产品出口来发展本国经济的国家只有通过进口替代才能在国际竞争中获得更多的利益，或者至少使遭受的损失不那么多。在这一过程中，存在几个主要的做法：首先是这些发展中国家所选取的产业目标，由简单的日用品转向复杂的重化工业制品。其次是这些国家的主要举措，在政府层面具体表现为在国际贸易中采用关税配额等措施来保护本国工业制成品；在企业层面则具体表现为采取各种优惠鼓励措施为企业的产业发展创造充分自由的环境，比如增加生产性设备的投资和减少企业税负，等等。政府采取这些措施，表面上是在国内用生产代替进口以减少对外国进口的依赖，实际上是对本国产业的间接保护，形成对本国有利的贸易条件，最终则是通过这种经济结构的逐渐调整来适应现代化的发展步伐，实现国际收支平衡的宏观经济目标。

二、进口替代的两个发展阶段

基于上面介绍的概念，进口替代可以分为两个阶段。

第一阶段是轻工业进口替代。所谓轻工业，是指一般的最终消费品行业，这些行业主要生产日用品，比如食品和服装等。在此阶段需要用到一些中间品和机械设备，机械设备往往是资本密集型的，制造工艺复杂。根据比较优势理论，发展中国家只能从国外进口这些资本品。既然涉及进口，货币升值对本国来说是非常有利的，所以政府会采取一些可使本国货币升值的政策措施，但是这些措施又会带来一些问题，比如外汇使用过度和国际收支困难等。同时，对于进口较为有利的措施通常又是不利于出口的，比如本币升值造成出口价格升高，进而导致出口减少等，因此国家在实行这些政策措施的时候，必须仔细考虑该措施潜在的影响。例如，加纳和被称为“象牙海岸”的邻国科特迪瓦，就曾经由于采取不同的政策措施而导致了不同的发展局面。两个国家拥有相似的经济条件，如自然资源等，但加纳采取的是较为彻底的保护政策，严格禁止进口并且对出口农作物可可征税，这不仅不利于农业的发展，也影响了其他行业的发展。相反，科特迪瓦积极鼓励农作物和制成品的出口，这不仅增加了出口量，同时加快了其他行业的发展，并且进一步解决了以前所遇到的问题。一般来说，在第一阶段初期，国内产业的生产增长率是很高的，至少高于消费增长率。这是因为国内的生产不仅要满足国内的消费需求，还要达到替代其他产品的目的。在这个过程结束之后，生产率就会下降，逐渐低于消费增长率。

当进口替代发展到一定程度后，就需要向第二阶段转化，这同时也是一个“升级换代”的过程。当第一阶段生产的最终消费品能够满足国内生活的需要时，就需要考虑进一步发展更高层次行业的问题，比如在第一阶段进口的中间品和其他的资本密集型产品等，从而达到增加内需的目的。但是这些行业的发展并不像第一阶段那么容易，因为它们是资本和技术密集型的，比如机械、钢铁、化工和石油精炼等。对于刚刚完成消费品生产的发展中国家来说，生产资本和技术密集型的产品并非易事，仍然需要进口设备以及技术，甚至还要加大人力资本的投资。这些生产要素的进口仍然需要国家拥有充足的外汇储备，同时国内的基础设施以及其他相关的运输和物流行业都需要快速发展来支撑。所以对于大多数发展中国家来说，要完成第二阶段的转化相当不容易。在这个过程中，规模经济是非常重要的。另外，一个国家能否成功地实现这两个阶段的转化，还在很大程度上取决于劳动生产率的高低。很多国家采取了一些不必要的保护措施，导致产品的生产成本增加，其效果反而不如直接进口。

由于历史上采取进口替代政策的国家大都是发展中国家，在进口替代过程中存在很多的发展障碍，因此一些国家开始采用出口替代政策。这些国家大致分为三类。第一类是比较成功的国家，如韩国和新加坡等，由于其自身的发展条件优势，如规模经济优势等，很快完成了进口替代的第一阶段并迅速向出口替代转型，达到了降低成本并加快“升级换代”的目的；第二类国家的效率低于第一类国家，如巴西和阿根廷等，它们是在进口替代的第二阶段转向出口替代的，这相当于浪费了一段时间去摸索前行，因此制成品的出口不足；第三类国家和前两类国家几乎没有可比性，因为它们的经济条件本来就不足，可能连进口替代的第一阶段都没有达到，所以本章不重点讨论。从这些国家中总结出可借鉴的经验以供参考，当然并不是指所有国家都应该采取同一套发展策略，毕竟还要兼顾国家的实际发展情况和现有的经济条件。选择一个合适的时间点进行进口替代的转化，尤其是充分利用进口替代已有的优势，是相当重要的。

三、发展中国家采取进口替代工业化战略的原因

下面从两个主要的方面来分析发展中国家采取进口替代政策的原因。一方面，发展中国家想要改变本国的发展模式。在采取进口替代战略之前，这些国家通常是进口制成品然后出口初级产品，初级产品主要是农产品。因此，这些国家处于一个不利于平衡的经济发展模式中。由于资本品的进口花费的外汇储备远远多于出口农产品所收回的外汇储备，所以在国际收支方面处于劣势。另一方面，其他发达国家的发展模式令发展中国家意识到国家政权在促进经济结构变化中的作用，而能使国家政权直接发挥作用的手段就是进行国家干预，这在进口替代政策中能获得很好的实践效果。因此，利用国家干预手段才能使民族工业化达到更好的效果。

其实，进口替代的关键措施就是贸易保护，比如实行最基本的关税措施以达到减少进口，从而更好地保护本国生产的目的。但是由于某些生产过程需要一些本国稀有的或者缺乏的原材料或设备，这就需要从国外进口，因此政府普遍采取的做法是和国外建立合作关系或采用合营的方式完成进口，同时给予这些企业优惠待遇，其中最常见的就是关税减免或优惠等。这样就避免了直接进口的影响，同时也满足了国内的生产需要。此外，进口国一般采取先进口一些国内无法生产的零部件，然后模仿制造，逐渐自己生产零部件的方式。对于这些实现零部件加工的行业，国家也要实行一些优惠措施，比如补贴和贷款方面的便利等。然而，在具体实行的时候，禁止性关税一般是极少采用的，因为很可能招致别国的报复性关税措施。因此，可经过零部件加工、制造、减少进口等步骤，逐渐实现工业化的目标。

四、进口替代战略在工业化过程中的作用

（一）进口替代战略对发展中国家的影响

发展中国家在历史上采取的进口替代战略有诸多益处，在很大程度上促进了经济的发展，但是同时也存在一些弊端，这些积极和消极的影响可以总结如下。

进口替代战略对发展中国家的积极影响表现为从国家层面促进了国民经济的迅速发展和经济实力的快速提升，同时也带动了制造业的迅速崛起。1950 年，亚洲、非洲和拉丁美洲的国家或地区的制造业年均增长率为 6.9%，十年后年均增长率为 8.1%。可见，进口替代对发展中国家工业的促进作用大大超过了预期。进口替代战略还促进了国家的经济独立，这主要体现在一国进出口比例的变化上。由于实行进口替代战略，一国对外汇的需求逐渐减少，国际收支得到改善。此外，由于该战略实施前的进口产品大多是制成品，所以制成品的进口比例明显降低，国家在很大程度上实现了自给自足，减少了对进口的依赖，进而减少了由于进口带来的国际风险。1949 年，巴西的制成品进口比例为 63.7%，由于进口替代战略的实施，1964 年该比例大幅降至 9.8%，其中耐用消费品进口占比由 64.5%大幅降至 1.6%，中间品进口占比由 25.9%大幅降为 6.6%。同时，由

于进口的大量减少，制造业也得到了快速的发展，尤其是一些拉美国家的汽车行业等更是取得了长足的进步，从进口零配件到自行生产出口产品仅仅用了十多年的时间。

从国内微观企业的角度来看，进口替代战略提高了整体的工业化水平，企业对农业生产发展的依赖程度逐渐减小，并逐步向工业化国家的发展轨迹靠拢。在这一时期，拉美、东南亚和南亚某些国家的钢铁、化学以及机械等重工业部门的增长尤其迅速。企业层面的另一个好处表现为吸引外资并促进中外合作的发展，引进更多的技术人才，学习更多的外国先进技术，最终快速积累人力资本。合作企业创立的同时，也能创造更多的就业岗位，在一定程度上解决了就业问题。

虽然进口替代战略对发展中国家有诸多好处，但是随着进口替代战略的进一步发展，对这些国家的经济增长也产生了很多消极影响。这些消极影响主要表现为三个方面，即国际收支失衡、经济结构失衡以及缺乏竞争优势。

首先，进口替代战略造成了外汇的变相短缺和国际收支的失衡。根据直觉，进口替代减少了对外汇的需求，因此应该有利于外汇的积累。但从实践来看，结果并不是这样。虽然进口替代的消费品生产确实在一定程度上减少了国家对外汇的依赖，但是由于在进口替代的第二阶段仍然需要进口一些原材料和机械设备，而这些产品的进口比消费品的进口更加需要外汇，因此国际收支情况不仅没有改善反而恶化。此外，进口替代期间国家实行的一些贸易政策不利于出口，进一步恶化了国际收支状况。这些负面影响在实际中应该加以考虑。

其次，进口替代战略造成了经济结构的不合理，并且恶化了经济的二元性。对经济结构的影响，主要表现为三个产业的不均衡。由于进口替代强调的是制造业的发展，因此忽视了第一产业，尤其是农业的发展，致使农产品价格过低，过低的农产品价格又反过来进一步影响农业的发展。另外，在发展制造业的同时也易忽视第三产业的同步跟进，导致第三产业的发展滞后甚至停滞。由于这种产业分布的不均衡，城乡收入差距问题也越来越突出。由制造业发展所带来的利润，大多集中在城市工业部门，而与此同时，农业产品价格较低，导致农业部门收入降低，利润减少，这就进一步拉大了城乡之间的收入差距。进一步地，由于发展中国家大多数人口都在农村，所以这种情况对于整个国民经济来说也是不利的。

最后，进口替代战略似乎并不能实现预期的经济效益，对于国内的就业率也存在很大的抑制作用。进口替代要求发展替代工业，但是相对于发达国家，发展中国家的这些工业远远缺乏竞争优势。因此为了维护生产，政府只能采取一些保护措施，如关税和配额限制等，这些措施不仅增加了成本，减少了消费者的福利，而且会纵容许可证交易的发生，这也不利于提高企业的生产率。此外，由于替代产业生产规模的不足，很难实现规模经济的益处；由于进口的机械设备减少了劳动力的使用，也会减少就业岗位，很难实现提高就业率的目标。总之，进口替代战略对经济的拉动作用可能达不到预期的效果。

由于上述问题的出现，自20世纪60年代中期以来，一些发展中国家开始考虑制成品的出口导向政策。总之，进口替代政策在很大程度上促进了发展中国家经济的发展。虽然可能要依赖于一定的政策干预，但是在各国经济条件不一致和发展程度不同的情况下，政府干预是不可缺少的。

（二）进口替代战略在整个工业化过程中的作用

进口替代战略通过产品的国内生产制造来代替进口，以此促进本国工业的发展，进一步缩小与发达国家的差距。但是，发达国家与发展中国家的差距不仅体现在人民的生活水平上，也体现在生产技术和生产力上。发达国家具有成熟的工业化体系、规模经济、先进的技术设备、高端的技术性人才以及丰富的资本等优势。发展中国家却面临资源匮乏、生产力不足和工业基础落后，尤其是产品的国际竞争力不足等问题。这些很明显的差距导致发展中国家在与发达国家竞争时处于劣势。因此，发展中国家更需要政府采取一定的措施来促进本国经济的发展，而政策干预就是手段之一。不应把政府的干预政策狭隘地理解为政府干预或保护贸易政策，因为它们在方式和目的上是有一定区别的。

政府采取的干预措施一般有两种：一种是关税措施，将国外那些相对于本国成本较低的产品阻挡在国外，从而间接地保护本国产品；另一种就是补贴政策，通过补贴政策达到与国外产品进行价格竞争的目的。很明显，后者实施起来需要一定的经济实力，但是对于发展中国家来说，这种经济实力尚不具备，或者说至少还不满足这个条件，所以最好采取第一种方式。一国选择第一种方式，采用的往往是进口替代战略，而且是横向中间品和纵向最终品相结合的替代措施。在企业层面上，具体表现为中间品或原材料的进口替代，最终实现产品的更低成本发展并增强产品的国际竞争力。在这个过程中，由于技术外溢以及规模经济的作用，企业再次跨出国门，逐渐达到与外国企业竞争的目标。正是这一过程，使得发展中国家具备了更强的实力走向工业化。

第 2 节　二元经济结构

一、二元经济结构的内涵

二元经济结构指的是农业部门的传统经营模式和工业部门的现代生产模式并存的经济结构。这个现象最早是荷兰经济学家伯克（Booke）在研究印度尼西亚的经济结构时发现的。伯克指出，在印度尼西亚，主要依靠劳动力生产的农村与以大机器为主要生产工具的城市之间形成了鲜明的对比。因为很多发展中国家在经济过渡期的情况与印度尼西亚类似，所以后期越来越多的人引用伯克的理论来阐述发展中国家的经济状况并提出大量解决方法，伯克提出的二元经济结构理论也成了发展经济学的基础性理论。

二元结构并不是只在发展中国家出现，而是经济发展过程中一个过渡期的表现。即使是发达国家，在其发展初期也会遇到类似的情况，只不过发达国家找到了合适的解决方法，快速地调整了经济结构并最终变二元结构为一元结构。关键是要找出与每个国家的国情相适应的发展方式和解决方法，虽然发达国家的经验不能完全照搬，但是可以取其精华，让发展中国家少走一些弯路。

二、二元经济结构的经典理论

（一）刘易斯与发展经济学

发展经济学研究大多数发展中国家所面临的经济规律，是一门综合性很强的学科，尤其在第二次世界大战之后，更被看作一门新兴的经济学学科。发展经济学的研究对象之所以主要是发展中国家，是因为发展中国家的经济发展似乎更具备发展经济学研究所需要的条件，而且发展中国家经济的发展过程似乎能更好地体现依据经济理论决策所做的实践研究。

一般而言，在对发达国家和发展中国家分类时，按照发展程度或发展阶段的不同分为五种类别，其中前两种是发达国家，后三种是发展中国家。前两种分别是高科技国家和工业化国家。不难理解，高科技国家是科技主导型的国家，在实践生产中以科技为主导，各个行业和领域都有科技的应用和体现，这是发达国家的显著特征之一。工业化国家则更好理解。发展中国家进行各种贸易政策和实践研究，其目的就是想尽快跻身工业化国家的行列，努力实现向工业化国家的转型，进而实现国家经济的快速发展，创造更多的国民财富。因此现实中的发展中国家一般指的是半工业化或初步工业化甚至非工业化的国家。这就小得多，通常低于工业化国家和高科技国家 20%～40%不等。毫无疑问，发展中国家的科技水平不高，工业基础落后并且相对薄弱，生产的大多是劳动密集型而非技术密集型产品，其国际竞争力水平无法与发达国家抗衡。此处提到的发展些发展中国家与工业化国家和高科技国家相比，其工业化生产对 GDP 的贡献中国家都有一些共性，其中最大的共性就是人口数量多，其他的问题都可看作是人口数量多这一基本问题的衍生问题，比如人均收入不高、劳动生产率低、科技水平低以及公共基础设施差等。具体来说，发展中国家由于人口出生率较高导致人口多，因此保证粮食供应以负担起如此多的人口就成为一大问题。

此外，人口数量多，资源就相对匮乏，各种资源的人均占有率不高，比如教育水平低、教育年限短等，一旦基础需求难以得到满足，那么根据马斯洛的需求层次说，要想追求更高层次的需求就相当困难，这使得发展中国家陷入“贫困陷阱”，导致恶性循环。但是需要注意，发展中国家的贫困并不是指整个国家都贫困。虽然大多数人是农村人口，但毕竟还有少数人是城市人口，财富集中在少数城市人口手中，因而二元经济下的贫富差距进一步拉大，不过整个国家的经济依然是贫困主导型的。

发展经济学的发展背景是第二次世界大战。第二次世界大战后，发达国家仍然视发展中国家为产品加工厂、垃圾堆积地以及本国产品销售地，并存有殖民主义思想，妄图使发展中国家也走上资本主义的道路，最终被全盘西化。但是发达国家在观察发展中国家的实际经济发展时发现了一些问题，即他们的经济理论在发展中国家的运用似乎并不成功。比如，凯恩斯主张的需求创造理论认为，一切问题都可以通过增加需求而得到解决。但是西方国家忽略了一个问题，那就是发展中国家和发达国家的区别。发展中国家并没有发达国家那么成熟的工业体系，并且资源匮乏，即生产原料和技术性人才相对不足。发展中国家的政府如果在这种情况下一味地增加需求，不但不能起到很好的推动作用，还会造成供给不足，导致物价飞涨。另外，由于发展中国家存在较大的城乡收入差距，因此扩大总需求只会引起农村人口大量流失，导致农村劳动力减少，农产品供应不足，不但没有达到促进工业产品发展的目的，还减少了农产品产量。农产品得不到充分供给，对于发展中国家尤其是非工业化国家来说，无疑是一场噩梦，可能陷入严重的经济困境，顾此失彼。后来，发达国家的经济学家渐渐注意到这个问题，各种理论应运而生，发展经济学便在这种背景下得到发展。此后，相应的理论逐渐增多，比如大推进理论、普雷维什-辛格假说、循环累积因果理论以及人口陷阱理论等。这其中，刘易斯（Lewis）以二元经济结构论获得了较高的地位。

刘易斯著作等身，为经济学贡献了诸多智慧成果。在成为曼彻斯特大学教授以后，刘易斯开始研究发展经济学。他的主要贡献在于创造性地研究了发展经济学，不仅提出了二元经济的结构特征，还指出了可能的解决方法。他还把资本积累理论作为核心问题进行研究，为经典的经济发展理论奠定了基础。

刘易斯在《劳动无限供给条件下的经济发展》中提出著名的二元经济结构论，他在获得诺贝尔经济学奖时得到瑞典皇家科学院这样的评价："刘易斯研究了经济发展中世界人口贫困的原因和对不满意的经济发展速度有重大意义的问题。"其实，刘易斯对于发展经济学的贡献远远不止这些，他提出的理论和模型为后来的经济学家指明了研究发展中国家经济的途径，广受好评。

（二）刘易斯-费-拉尼斯模型

刘易斯提出的二元经济模型，后来由耶鲁大学的费景汉（J. C. H. Fei）和拉尼斯（G. Ranis）等人加以发展，形成了刘易斯-费-拉尼斯模型。发展经济学家赫希曼曾高度赞扬刘易斯对发展经济学的贡献，并且这样评价："刘易斯简直奇迹般地从不发达国家的简单命题中引出了典型的不发达国家的全部规律，以及一整套内容丰富的对内和对外经济政策建议。"二元经济的结构形式其实就是两种经济的并存形式，强调的是一种"共生"的局面，当然，这里的共生，不是生物界那种寄生虫和宿主的共生，而是经济过渡期的一种并存，即旧的经济体制尚未完全消失，新的体制又在萌芽发展的时期。落后国家的早期经济一般会遇到这种情况，并不是哪个国家所特有的。其实历史上对这种新旧机制交叉并存情况的描述很多，只是描述词语不同，比如发达和不发达部门、落后和先进部门以及传统和现代部门等，其中用得最多的是传统农业部门和现代工业部门。

与传统刘易斯模型的不同之处在于，刘易斯-费-拉尼斯模型把二元结构又划分成三个阶段。其中，第一阶段在本质上与刘易斯模式并无差别，但是第二阶段和第三阶段存在不同。第一阶段指的是农业部门的发展，假设劳动力充足且可以无限供给。进入第二和第三阶段，劳动力慢慢地向工业部门转移，很好地解决了劳动力过多的问题，同时也为工业部门提供了人力资源。于是，后两个阶段在历史上被分别称为"二元结构的发展中经济"和"稳定增长的发达经济"。不得不说，刘易斯-费-拉尼斯模型在一定程度上具有研究意义。该模型也存在一定的缺陷，因为该模型仍然以西方发达国家为背景，相应的理论假设大多围绕发达国家的标准设定，未必适用于发展中国家。但是，该模型仍然得到了很多经济学家的青睐并被很多发展中国家接受，因为该模型揭示了发展中国家发展过程中的两个重要特征，尤其对城乡二元问题进行了较为透彻的分析。该模型指出了城乡之间在经济结构等方面存在巨大差距，最为关键的是，二者的结合能够有效地解决农村劳动力剩余问题，从而更好地促进劳动力转移。正是这一发现奠定了该理论的经济学价值。

（三）乔根森模式

美国经济学家戴尔·乔根森（DaleW. Jorgenson）在其论文《二元经济的发展》中提出了一个新的二元经济发展模式。乔根森认为他的理论与刘易斯-费-拉尼斯模型是不同的，不同点就在于乔根森模式属于古典经济学范畴，并且分析方法也有所不同。他沿用了两个部门的说法，即工业部门和传统农业部门。对于这两个部门的假设如下：第一，农业部门的产量是固定数量的土地和可变数量的劳动力的函数，其实在土地固定的情况下，产量就只是劳动力的函数。第二，工业部门就是宏观经济分析中常见的柯布-道格拉斯函数形式，即工业部门的产量是劳动力和资本两个要素的函数。第三，这两个部门的产量随时间递增。这些假设可以表示如下：

$$Y_{农业}=f(\overline{S},L)=f(L) \tag{8-1}$$

$$Y_{工业}=g(K,L)=A_tK^{\alpha}L^{\beta}\mu \tag{8-2}$$

式中，$Y_{农业}$表示农业部门的产量；$\overline{S}$表示固定数量的土地；L表示可变数量的劳动力；$Y_{工业}$表示工业部门的产量；$g(\cdot)$表示柯布-道格拉斯生产函数；K表示资本；A_t表示综合技术水平；α和β分别表示资本和劳动力产出的弹性系数；μ表示随机干扰项。

根据这些假设，乔根森不仅得出了粮食的供给决定人口数量的增长这一结论，并且根据这个前提性的假设条件又分别讨论了如下三个方面。一是在人口增长率没有达到最大的时候，由于产量的增加取决于人口的增长，所以此时人口和粮食同比例增长并都低于最大产量，国家的经济发展暂时处于较低的水平，由于人口都用来生产粮食，所以只能满足农业部门的发展需要，不存在向工业部门的劳动力转移。二是人口增长率达到最大的时候，粮食的产出明显比第一种情况多得多，甚至当生产增长率高于人口增长率时，出现剩余的产出。三是剩余使得工业部门的发展获得了有利的基础条件，促进了剩余的劳动力向工业部门的转移，并且剩余越多，转移就越多，工业部门逐渐得到了发展并走向规模化。

通过对比可以发现，乔根森模式与刘易斯-费-拉尼斯模型相比，有以下几个特点：首先，借鉴了马尔萨斯关于人口论的观点，认为人口增长取决于经济增长，虽然这一观点后来被证明是错误的。其次，该模型认为农业部门的生产率一直是比较高的，即不存在边际为零的情况，并且农业发展到第二阶段并出现剩余时才会导致劳动力向工业部门转移。最后，该模式不赞成工资固定的说法，并且主张工资由技术进步和资本积累决定，并且总是处于上升的态势。

（四）托达罗模式

针对20世纪六七十年代城市的大量失业现象，美国发展经济学家托达罗（Todaro）提出了二元经济结构模式，主要内容包括两个方面：第一个方面是农村不存在剩余劳动力，这与乔根森模式有很大的差别。既然不存在劳动力剩余，那么劳动力转移的决定因素是什么呢？托达罗认为，是城乡收入差距和城市就业率，并且收入差距越大，就业率越高，人口转移就越多。但是，既然失业率很高，为什么还会存在那么多的人口转移呢？其关键就在于收入差距，这正是托达罗强调的第一点。第二个方面是该模型的政策含义。随着越来越多的农村人口流入城市，固定的岗位对应的人口增加，就会存在很高的失业率，那么如何解决失业率升高的问题呢？该模型认为，要适当减少城市就业人员工资，缩小城乡收入差距，从而减缓人口流入的速度，进而解决失业率过高的问题。该模型对政府制定相关政策很有借鉴意义。政府单独改善农村的生活条件是不够的，因为这改变不了人们的生活观念，即城市总比农村好，所以政府还应该认识到城市的人口流入速度过高会导致高失业率，进而制定合适的政策措施。

三、中国二元经济结构的发展及其导致的问题

（一）中国二元经济结构的发展

二元经济问题鲜明地表现为两大类：一类是农村农业经济，另一类是城市工业经济。这些问题在发展中国家尤其常见，在中国也很突出。随着国家经济的发展，国家的经济实力发生变化，二元经济结构也在发生变化。国家在实行某些政策措施时，可能将重点集中在城市经济上，在发展城市经济的同时却忽略了农村经济与城市经济之间的平衡，因而这种城乡二元经济结构的差距越来越大。经济实力固然重要，缩小贫富差距也十分关键。在 21 世纪全面建成小康社会时，中国不仅要增强国家实力，同时也要保证这种二元经济结构带来的收入差距进一步缩小。中国在借鉴一些西方国家经验的同时又不能完全照搬它们的方法，解决二元经济问题重在平衡，尤其要在发展城市经济的同时兼顾“三农”问题。

（二）城乡二元经济结构中存在的问题

城乡二元经济结构的发展存在诸多问题，概括起来，主要表现在三个方面。

首先，农村人口偏多，这是由历史因素和经济条件共同决定的。相关数据显示，改革开放初期农业劳动者人数几乎是工业劳动者人数的 4 倍（见表 8－1）。

表 8－1　改革开放初期中国工农业劳动者人数

年份	农业劳动者人数（万人）	工业劳动者人数（万人）	二者之比
1981	29 836	8 033	3.71
1982	30 917	8 377	3.69
1983	31 209	8 711	3.58
1984	30 927	9 622	3.21
1985	31 187	10 418	2.99
1986	31 311	11 251	2.78
1987	31 720	11 762	2.70

资料来源：中国统计年鉴.

从上述数据可以看出，改革开放初期中国的人口大多集中在农村，导致农村劳动力比例过高，因此缩小城乡差距可以首先从转移劳动力开始。然而这带来了另一个难题。农村人口并不像商品或工厂的机械设备那样容易搬迁，在迁入城市的过程中往往存在不彻底的问题。不彻底指的是农村人口的搬迁，只是一种“黏性”迁入，也就是所谓的“城市农民工”。这有两层含义：其一，农民工只是在城市暂时从事一些简单的劳动密集型工作，不是常驻。他们在农村依然有自己的土地和房屋。究其原因，他们依然把农村作为自己的最终栖息地，而城市只是获取财富的地方，由此导致了所谓的“黏性”。其二，农村劳动力大多迁入城市，农村就会出现留守儿童和老人的现象。而且，劳动力一旦流向城市，农村的土地自然就被荒废。随着土地投资的性价比下降，农民工也会逐渐减少投资，国家如果同时给予粮食补贴，情况又会进一步恶化。

其次，有的学者认为劳动力流入城市后，土地被荒废，可能更有利于实现规模化的经济。表面上看的确如此，但是实施起来困难重重。第一，规模经济的形成仍然需要劳动力，而那些留在农村的劳动力几乎都是分散居住的，让他们脱离自己的土地而集中居住的管理模式有一定的难度，也不符合现实情况。第二，规模经济的形成需要很好的土地条件，至少要保证土地是连续的，这样才更有利于规模经济的实现。但是中国的土地，除了少数平原地区符合条件，大多数地区地势高低不平，不利于规模经济的实现。第三，相应的配套设施不完善。即使满足了前两个条件，运输、物流以及交通等相关行业仍然没有达到理想的实现规模经济的条件。因此，规模经济实施起来有很大的难度。

最后，农村经济面临的是一种不平衡的情况，主要表现在人均收入上。农产品价格相对较低，在城市务工的农民工的工资也较低。国家发展和改革委员会执行了粮食补贴政策，但城乡收入差距仍然较明显。

四、中国二元经济结构的特征及原因分析

中国二元经济结构的特点主要表现为，地域上东西部差距大，城乡上收入差距明显，尤其是农村发展水平整体不高，少数民族地区较落后，导致经济发展的不平衡现象较为明显。

传统的工业化道路和工业化战略对农业发展造成阻碍。新中国建立初期，中国借鉴苏联的发展模式，大力发展工业，因此把物力集中在重工业上。但是资金来源只能是农业产值，所以农业收入便转化为工业的资本来源，导致农业发展得不到提升，工业化经济迅速增长的现象。此外，由于农业发展本身的技术限制，其发展主要依靠劳动力，而工业发展依靠大型机械设备，差距由此产生并逐渐扩大。同时，这些差距又带来了一系列其他问题，譬如教育年限差距等。农村劳动力普遍存在教育水平不高和生产力不足等问题，这些都成了劳动力转移的障碍。后来乡镇企业的发展一定程度上缓解了这些问题。

农村经济发展和乡村振兴同城镇经济发展有着不可分割的联系，但由于农村经济同城镇经济特别是制造业和服务业发展在要素配置、生产率变化规律、收入水平与空间分

布上的差异，中国仍存在城乡二元经济结构的特征。

五、关于转换二元经济结构的障碍和建议

（一）转换二元经济结构存在的障碍

三次产业之间的劳动力转移存在若干问题。解决农村剩余劳动力最好的方法就是把剩余劳动力转向第二和第三产业。但是第三产业在中国发展尚不完善，阻碍了劳动力的转移。根据钱纳里和赛尔昆（Syrquin）的多国模型，第二产业的劳动力转移人数效果与第一产业相比收效甚微，这是劳动力转移面临的第一个关卡。第二个关卡就是中国的户籍制度，这个制度使得劳动力的分割更加明显。

另外，农村和农业经济也面临自身发展条件的制约，改革开放以来，我国扶贫事业取得巨大成就，农村基础设施建设快速发展，在一定程度上减少了我国二元经济转换面临的障碍。但由于改变农村落后面貌的长期性和艰巨性，农村人均收入水平提高缓慢，农村教育发展相对滞后，这些使得我国农业现代化进程乃至二元经济结构的根本性改变仍是一项长期任务。

（二）转换二元经济结构的建议

继续重视并尽力解决好“三农”问题，是转换二元经济结构的最主要途径。农业发展了，农村面貌改善了，农民生活富裕了，二元经济结构的转换才能顺利实现。这主要体现在对农村经济的各个层次的完善和扶持等方面，其中收入是主要问题。农民收入增加了，一切问题便有了有效的突破口。在提高农民收入的过程中，补贴仍然是一种有效的手段，但是又不能完全依靠补贴，农业经济转型同样也十分关键，由重量变为重质，进而增加农业效益。此外，还应进一步发掘农村的增长潜力。中国农村幅员辽阔，有很大的提升空间。国家的政策倾斜也会带来显著效果。这些措施首先应集中在基础设施的完善方面，因为在科技富农的进程中，科技是第一生产力。增加科技投入，对于农业产能的提高和农民收入的增加尤其重要。其次，农民文化素质的提高也应提上日程，知识文化水平的提高对于科技的运用有利，能让科技得到更好的理解、运用、吸收和再创造。

从城市发展的角度看，应借鉴国外的经验。第一，进一步完善城市的发展。中国农村经济之所以难以受到中心城市发展的辐射，是因为这些中心城市自身的发展就存在很多不足，须首先有效解决这些不足。第二，充分发挥城市带动农村经济发展的优势并坚持发展城镇化。城镇化的发展对于劳动力转移和缩小城乡差距也十分关键，在解决二元经济结构问题等方面也发挥着重要作用。此外，城镇化发展还能有效缓解劳动力转移的“黏性”问题，起到很好的过渡作用。第三，国家应该更加密切关注配套设施及其相关制度的改革，努力扫除这些体制障碍。

第3节　出口导向的工业化：东亚奇迹与中国实践

一、亚洲“四小龙”与出口导向战略

亚洲“四小龙”（韩国、中国台湾、中国香港、新加坡）主要是通过实施出口导向的经济发展战略来实现经济增长和对外开放。也就是说，如果没有出口导向发展战略，就没有亚洲“四小龙”的今天。对于发展中国家来说，还有很多其他的促进经济增长的措施，这里主要讨论出口导向战略。为便于说明，将出口导向和进口替代结合起来分析。首先，出口导向和进口替代两种战略完全有可能并存，它们实际上是一种相继的、替代的和互补的关系。也就是说，在实施出口导向战略的同时，也可以采取相关措施保护国内产业的发展。此外，发展出口产业所带来的大量的外汇储备也为进口更多的机械设备和科技产品提供了资金支持，有助于扩大国内市场规模、促进新产品市场的出现以及降低劳动成本，使得本国产品同进口产品相比具有较强的竞争力。其次，从亚洲“四小龙”的实践来看，出口导向和进口替代两种战略又是相辅相成、交叉使用的，它们之间的区分并不是那么明显。比如，在20世纪50年代实施进口替代时期，亚洲“四小龙”同时也采取了一些刺激出口的措施；在20世纪60年代实施出口导向发展战略之后，亚洲“四小龙”一方面促使劳动密集型工业出口，另一方面又对资本密集型工业实行了部分进口替代战略；20世纪70年代，亚洲“四小龙”更是将进口替代和出口导向两种战略结合得非常紧密，在加速劳动密集型产品和资本密集型产品出口的同时，对资本和技术密集型产业采取了进口替代的保护性措施。因此，进口替代和出口导向两种战略都对亚洲“四小龙”的经济增长作出了贡献，只是不同时期贡献程度不同，同一时期在不同国家的使用效果不尽相同。对此学术界出现过争议，例如从世界范围来看，根据一些西方学者的实证研究和比较分析，在1950—1973年，日本、韩国、以色列、南斯拉夫等国的出口导向对于经济增长的贡献要大于进口替代，而在哥伦比亚和土耳其等国，进口替代的作用超过了出口导向。以上可以看出，战略作用的发挥需要有一定的外在条件。

美国学者克莱因（Klein）通过一项研究得到一个有趣的结论。他认为亚洲“四小龙”运用出口导向政策的实践是一个奇迹。通过分析横向比较得出的理论值，他发现在其他发展中国家的出口水平不足理论值的一半的情况下，亚洲“四小龙”在1976年的实际出口水平却是正常情况下的理论值的44倍。如果其他发展中国家想要赶上亚洲“四小龙”的出口水平，则要使本国的出口水平增长10倍左右，即这些发展中国家向七个主要的发达国家出口的产品要在20世纪八九十年代初的数量基础上增加7.5倍。有关学者统计，这相当于从七个主要发达国家进口的制成品从16.7%上升到60%左右，其中仅美国的份额就要从27%上升到75%左右。很显然，这是一种非常不符合现实的情况。也正因此，亚洲“四小龙”作为东亚奇迹，一直被世界瞩目。世界银行在一份研究东南亚各国“经济奇迹”的报告中这样描述：“促进出口的政策……不仅是它们干预政策中最成功的选择，也是其他发展中国家适应今天的时代所需要的。发展中国家再也不奢望，在保护它们的幼稚工业不受进口商品破坏的同时，为出口提供补贴而又不会招致其他工业国家的报复。这意味着它们将不得不另寻他路来刺激出口。”

出口导向政策在促进以“四小龙”为中心的东南亚各国或地区的经济发展方面确实发挥了很大的作用，帮助这些国家或地区实现了经济的迅速繁荣。20 世纪 70 年代，韩国在出口导向战略的影响下，工业化率迅速提高，尤其是制造业，增长率超过 10%，远远高于发达国家同期 2.4%的平均水平。在 20 世纪 80 年代初期，亚洲“四小龙”的工业化率达到了 30%的高水平，其他一些发展中国家的工业化水平也接近 20%。这个数字是惊人的，尤其是“四小龙”的工业化水平远远超过了同期发达国家的水平。

有鉴于此，发展经济学界高度评价了出口导向战略的相关政策措施，并以此作为发展中国家及落后地区首要的工业化战略。世界银行因此将日本、亚洲“四小龙”及泰国、印度尼西亚和马来西亚八个国家或地区近 30 年的发展称为“东亚的奇迹”（见图 8－1），并认为其他发展中国家可以借鉴“四小龙”的发展经验来发展本国的经济。

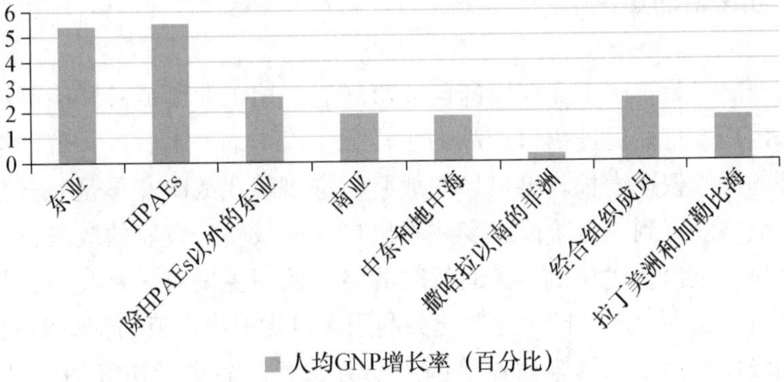

图 8－1　1965—1990 年人均 GNP 的增长

说明：HPAEs 指高绩效亚洲经济体，包括日本、韩国、中国台湾、中国香港、新加坡、印度尼西亚、马来西亚、泰国.

资料来源：世界银行．东亚的奇迹：经济增长与公共政策.

二、出口导向战略的发展背景

进口替代在历史上的确发挥过重要的作用，对于发展中国家的作用尤其明显，在促进发展中国家工业化的进程中扮演了重要的角色。但是，任何政策都具有两面性。随着进口替代战略被越来越多的发展中国家所采用，它的不足之处也逐渐凸显，其中最明显的就是当发展中国家的经济面临停滞时，该战略并未起到缓解作用，所以对于发展中国家来说，寻找另一种贸易战略就显得格外重要。20 世纪 60 年代，韩国率先采用的出口导向战略使得经济停滞的局面出现转机。此后，出口导向战略取得的成就使得越来越多的国家或地区开始效仿。在采取出口导向战略的实践中，亚洲最受瞩目，世界银行曾评价称“高速发展的亚洲经济”。中国通过实施出口导向战略，本国经济取得了飞速发展，可见出口导向战略在中国工业化进程中也发挥了重要作用。

根据比较优势理论，发展中国家向发达国家出口的主要是资源密集型产品、农产品以及低技术含量的产品。第一，发达国家主要生产技术密集型产品、高新技术产品。相比之下，发展中国家人口多且地域广阔，自然资源相对丰富，但是技术发展水平不高。基于比较优势，发展中国家应向发达国家出口本国丰富的资源，比如矿产资源等。而发达国家恰好缺少这些资源，所以该种产品的出口有较大的可能性。第二，发展中国家主要处于农业发展时期，或者处于农工业过渡时期，因此出口农产品也是一个很好的选择。由于发达国家的一些自然资源相对不足，因此该种产品的进口也存在很大可能性。第三，发达国家在资源有限的前提下，为了生产高技术密集型产品，自然会把低技术密集型产品让其他国家生产并供自己进口，这样既节约了资源又满足了国内消费的需要。因此，发达国家低技术密集型产品的进口同样存在较大的可能性。综上，根据绝对优势理论，发达国家和发展中国家似乎没有贸易的空间，但是根据比较优势理论，出口导向战略在促进发展中国家工业化尤其是经济增长方面的作用不容小觑。

三、出口导向战略的定义

出口导向战略是指本国工业在面向国际市场时，用工业制成品和半制成品的出口来代替初级产品出口，进而促进出口产品的多样化，以增加外汇收入，带动本国的工业化发展以及经济的持续快速增长。出口导向战略与进口替代战略并不是完全割裂的两种战略，进口替代战略发展到一定阶段就变成了出口导向战略，政府的政策也主要由限制进口变为鼓励出口。进口替代和出口导向战略的结合使用主要有三种类型。其一是完全采取出口导向战略，比如亚洲“四小龙”充分利用人口优势出口劳动密集型的装配加工品；其二是主打初级加工品，如马来西亚等国主要对初级产品进行初级加工以提高附加值；其三是同时使用进口替代和出口导向战略，如一些拉美国家。可见即使同样是出口导向战略，由于每个国家或地区经济发展程度不同，采取的具体措施也不同。

四、出口导向战略的条件及目标

20世纪70年代，很多国家采取了出口导向战略。可以发现这些国家有某些共性，而这些共性恰好就是采取出口导向战略所必须具备的一些条件。首先，在国际层面，自由的贸易环境必不可少，并且本国的市场比较开放；其次，在国内层面，必须有一定的工业基础，包括各种工业化资源的供给以及技术人员的配备等，同时国内金融行业较为发达，资金调度相对宽松。满足了这些条件，再采取出口导向战略就尤为便利。

发展中国家采取出口导向战略的目标一般包括拉动国家经济增长、提高就业率、促进工业化进程以及进一步改善本国的贸易条件。具体来说，发展中国家的劳动力丰富，通过出口农产品和矿产品，无疑增加了本国外汇收入，增加了国民财富；由于农产品或低技术含量产品等劳动密集型产品需要的劳动力较多，所以变相地增加了就业岗位，降低了失业率；即使是低技术含量产品，也能推动工业基础发展并促进本国走向工业化；出口导向和进口替代战略的结合使用，也会促进贸易条件的优化。

在出口导向战略的使用初期，国家主要出口轻工业制成品，也就是食品和服装等一般加工品。由于这些产品在国外的需求受价格的影响比较大，因此发展中国家很容易利用人工以及一些简单的技术手段将这些初级制成品出口到国外以促进本国经济增长。当一个国家的经济发展到一定程度，出口替代就发展到第二个阶段，这一阶段也类似于进口替代，因为发展中国家出口技术含量低的产品，同时从发达国家进口其他高新技术产品。当这些国家的工业化水平发展到一定阶段后，本国就有能力生产一些技术含量比较高的产品，从而代替进口，甚至是出口这些产品，比如一些机械设备和电子仪器等，所以这个阶段的出口导向战略也相当于进口替代战略。

五、出口导向战略的经济贡献与负面影响

出口导向战略在多大程度上促进了本国的经济发展，或者说与进口替代战略相比，出口导向战略发挥的作用如何，一直是一个颇具争议的话题。美国经济学家巴拉萨（Balasa）曾这样评价二者的作用："不论就总产出来看，还是单独以制造业为例，韩国在出口导向战略实施期间，出口导向战略的贡献都大大超过了进口替代战略的贡献。"出口导向战略的确在很大程度上促进了发展中国家经济工业化的发展，而且比进口替代战略更加易于推行。以下主要从三个方面介绍出口导向战略的积极作用：

（1）出口导向战略的实施，为亚洲新兴工业化国家或地区的经济迅速增长奠定了基础，并加快了这一重要的经济发展阶段的进程，使得新兴经济体国家或地区在国际市场上更具竞争优势，并且能与世界经济更好地融为一体。美国经济学家罗斯托（Rostovian）曾认为，发展中国家要实现经济的"起飞"，至少应具备三个条件，即提高生产性投资率，建立经济发展的主导部门，以及政治、社会、经济制度方面的保证。20 世纪 60 年代亚洲"四小龙"正是在出口导向战略的引导下，一步步满足了这些基本条件，实现了经济的迅速增长。

（2）出口导向战略的实施，进一步改善了产业结构。比如以转口贸易为主的中国香港和新加坡，由于实施了出口导向战略，逐渐发展了金融体系和进一步工业化的自由港经济体系；中国台湾和韩国则由农业经济时代跨越到工业经济时代，实现了现代经济体系的发展。亚洲"四小龙"均实现了经济高速发展。

（3）出口导向战略的实施，扩大了进口贸易规模。有关数据显示，新兴工业化国家或地区的出口额占世界出口总额的比重，由 1965 年的 1.6%上升到 1980 年的 6.5%，而美国却下降了 30%。可见，出口导向战略的实施反而增加了美国的进口。

从上述三个方面来看，出口导向战略的确发挥了重大作用，可是亚洲金融危机的爆发，让经济学家开始重新思考出口导向战略的局限性。出口导向战略通过降低进口限制和降低关税等手段鼓励出口，并以此促进本国轻工业的出口，但是关税的降低对于重化工业来说无疑是一种挑战。由于重化工业发展的不足，其竞争地位不足以与国外抗衡，因此中间品就会不断进口，这就带来了外汇收入的减少，同时轻工业出口优势逐渐被削弱，最终被重化工业所取代。综合来看，出口导向战略的弊端可以归纳为以下两个方面：

（1）对国际市场的依赖性增强并导致风险加剧。一个国家要想发展以出口导向为主要战略的经济，首先要有大量的出口产品，然而大量的出口产品必须依赖丰富的原材料

和先进的机械设备来生产，这些都需要进口。这一方面加大了国家的财政支出，增加了经济压力，另一方面将整个国民经济与企业运行绑在了一起，加大了风险，因为一国政府在鼓励本国出口的措施中也包括积极信贷措施。无论是1997年的亚洲金融危机，还是亚洲“四小龙”在20世纪80年代初期和后期发生的两次停滞和衰退，都充分说明了出口导向战略对增加国家的风险等不确定性因素具有重大影响，同时在国家经济波动方面也起到了重要的推动作用。

（2）出口导向战略使国内经济结构失衡。出口导向战略重在出口，忽略了内需并且使原有的一些产业如农业丧失了优势。在出口导向战略的指引下，资源流向出口产业部门，内需部门逐渐萎缩，同时人力资本积聚到出口产业部门也使得农业发展受到影响，最终造成经济结构的失衡。结合出口导向战略加剧风险的弊端，一旦经济发展受阻，不仅会影响工业化进程，还会波及原有的农业发展。

六、中国出口导向战略的实施与评价

（一）中国出口导向战略的实施进程

按照时间顺序，中国出口导向战略的实施可以大致分为进口替代战略转向出口导向战略、出口导向战略的成熟期以及拉动内需三个阶段。

1. 进口替代战略转向出口导向战略阶段

从进口替代战略转向出口导向战略并不是瞬间完成的，有一个交叉过渡期。在1978年之前的六年里，中国实行的是进口替代战略，从1978年以后开始转型，国家陆续出台了很多鼓励出口的措施，包括出口退税、增设对外贸易口岸以及下放外贸经营权等。同时，中国结束了单一汇率制度。在这些政策的影响下，到1986年，中国的出口额及出口依存度急剧上升。

1987—1993年，国家政策更是层出不穷，不仅包括出口退税和出口信贷，还包括汇率改革等措施。由于人民币逐渐贬值，中国取消了贸易外汇的内部结算价，进出口贸易统一按官方汇率结算。有关资料显示，在这一阶段人民币对美元的汇率由1986年的3.45一路下降到1993年底的5.76（见图8-2）。再加上1992年中国启用了“HS”进出口税则，在降低关税方面更是发挥了重要作用，中国出口量急剧攀升，出口依存度同比增加，中国经济实力也得到了很大提高。但在这段时间内，人民币出现高估情况，即使在贸易顺差最高的年份，也不能体现中国出口导向战略的成熟运用，应该站在经济周期角度，客观看待这段时间经济的贸易顺差情况。

2. 出口导向战略的成熟期

出口导向战略的成熟期主要是指1994—2004年间出口导向战略的发展运用期。1993年11月，党的十四届三中全会提出“深化对外经济体制改革，进一步扩大对外开放”，标志着中国出口导向型战略正式取代进口替代战略并且进入全面实施阶段。接下来政府实施的一系列措施更是将出口导向战略的作用发挥到了极致，其中采取的措施主要包括以下几个方面：

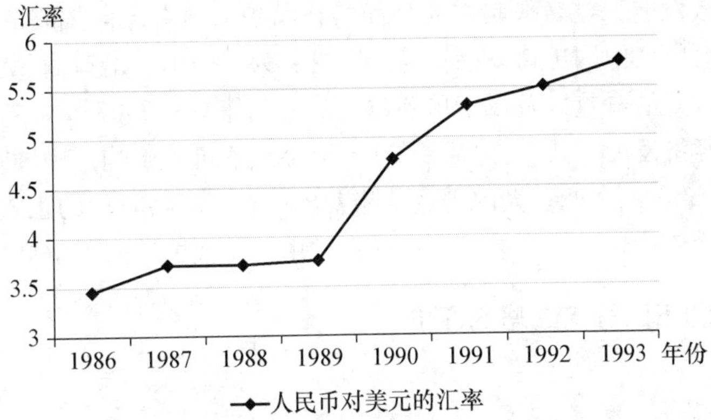

图 8-2　间接标价法下 1986—1993 年人民币对美元的汇率

资料来源：国家统计局.

首先，摒弃了高估人民币汇率的做法。1994 年中国分别取消了国内和国外企业的双重汇率制度，这在中国出口导向战略历史上是一个关键的转折点，即实现了汇率并轨和经常项目人民币有条件的可兑换。据统计，自从汇率并轨后，人民币对美元汇率贬值 51%。直到 1997 年亚洲金融危机爆发，该比例又出现上升的局面。此后，中国采取一系列干预措施抑制人民币贬值，即钉住美元汇率。该时期的人民币贬值也极大地促进了出口导向战略的实行。

其次，"零税率"出口退税政策。1994 年，中国进行大规模的税制改革，启用了出口退税"零税率"政策。其实从 1989 年开始，国务院就分 5%、13%、15%和 17%四个等级逐渐提高了出口退税率。1994 年全面的税制改革作出了一些调整，到 2003 年中国出口产品的综合出口退税率为 15%左右。尤其值得一提的是，纺织品和纺织机械最先恢复了 17%的出口退税率。所有这些措施提高了出口企业的积极性，并推动了出口行业的快速发展。

最后，出口鼓励措施的广泛应用。出口鼓励措施主要包括出口补贴和出口信贷等，同时国家也出台了一些政策文件对此加以支撑，比如 1994 年制定的根据出口业绩向企业提供获得贷款和外汇优先权的政策；汽车行业的出口补贴一直到 2004 年《汽车产业发展政策》颁布才逐渐取消。此外，中国进出口银行提供的出口信贷和出口信贷担保使得出口大幅增加。比如，中国进出口银行提供的出口信贷额从 1996 年的 184 亿元人民币逐步增加至 2004 年的 926.4 亿元人民币。1994－2004 年是中国出口导向战略的成熟运用时期，也是中国经济增长最为迅猛的时期，充分证明了出口导向战略在提高中国经济实力方面贡献了重要力量。

3. 拉动内需阶段

在经历了出口导向政策的急剧扩张之后，中国在制定"十一五"规划时推出了多项措施以扩大内需，此举意味着出口导向战略正式进入调整阶段。从 2004 年降低或取消国家限制性出口产品和部分资源性产品的出口退税率，到 2005 年中国人民币汇率改革引起人民币大幅升值，再到 2006 年为了限制"两高一资"产品的出口而取消了钢、煤炭等资源类产品的出口退税，并首次针对高污染性等产品出口进行调整，2007 年又强调加工贸易的作用，通过增设加工贸易限制类商品和禁止品种，出口导向战略的调整过程清晰可见。另外，广交会由“中国出口商品交易会”更名为“中国进出口商品交易会”，也体现了中国对于双向政策的看重以及对于单项政策的重新审视。2007年，党的十七大首次提出了“加快转变经济发展方式”，之后受2008年金融危机的影响，中国在2010年制定的“十二五”规划中又正式强调扩大内需，意味着出口导向战略时代的正式结束。在这一时期，中国出口总量依然处于上升态势，中国正式由贸易大国转向了贸易强国。

（二）对中国出口导向战略的评价

1. 积极效果

首先，出口导向战略创造了大量外汇。对于一个经济落后的国家，资本是非常重要的，无论是对引进技术还是引进人才，增加投资等促进经济增长的手段都必不可少，落后就要挨打的历史说明“出口创汇”是唯一目标，至少要实现国际收支平衡，国际收支平衡最基本的条件是要有充足的外汇储备。因此在实施出口导向战略以后，中国由1993年以前的贸易逆差大国转向了1994年以后的贸易顺差国，尤其在2004年达到了顶峰，中国的外汇储备快速增加，顺利实现增加外汇储备的目标。

其次，出口导向战略促进了经济迅速繁荣。根据宏观经济学原理，一个国家的经济总量取决于投资、消费、政府购买以及净出口。不考虑其他因素且假设后两项不变，投资增加了，消费势必就会减少，消费减少带来的内需不足可能会引起经济的萧条。虽然在21世纪初期，中国投资占比达到了50%，但是这一投资占比不仅使中国以投资促进经济增长的方式延续，还通过出口大量廉价的产品避免了吸收过度投资带来的产能过剩的影响。正是由于这种外溢效应，中国的经济增长并没有受内需不足所带来的负面干扰。

最后，出口导向战略吸纳了农村的剩余劳动力，间接解决了农村劳动力剩余问题。具体做法就是，中国从韩国和日本等国进口中间投入品，然后经过加工再出口到美国和欧盟等市场，这样便可以获得转手贸易增值，同时也为农村剩余劳动力的转移发挥了关键的作用。这就是所谓的“加工贸易”，顾名思义就是进口—加工—再出口。这个过程充分体现了中国在国际分工方面的参与度的提高，同时充分发挥了中国劳动力丰富的比较优势。

2. 消极影响

首先，出口导向战略可能导致粗放式增长模式的出现。出口导向战略的实施，使得中国很多企业一度出现以量取胜的竞争局面。这就会导致两个弊端：一是企业只关注量的增加而忽略了产品本身的创新，这一现象使得中国曾经沦为世界工厂，既不利于企业自身的发展，也不利于国家实体经济结构的升级；二是国际影响方面，由于中国的加工产品在价值链低端，因此可提升的价值空间不大，加工费和出口价格较低，这种“量大价低”就形成了倾销的部分前提条件，导致一些不必要的国际摩擦。正如吴敬琏教授所说，“我们消耗了大量的不可再生资源，承受着环境的污染，背负着‘倾销’的恶名，可是利润的大头却不在自己手里”。

其次，出口导向战略可能威胁国家的经济稳定。说到出口导向战略的益处，最先想到的就是增加了外汇储备并平衡了国际收支等，却忽略了一个重要的问题。如果一国政府对于外汇储备大量增加不采取干预措施，任由外汇市场决定汇率，那么在保持本国基础货币数量不变的前提下，本国货币会面临升值的压力，从而影响本国的出口。如果政府采取干预措施，即央行为了控制货币升值，大量印发基础货币，又会带来国内的通货膨胀和物价飞涨等问题。这些都不是一国经济健康发展的标志，因此政府就会面临进退两难的困境，无论出现哪种结果都可能会对国家造成经济长期衰退的威胁，很难做到两者兼顾。

最后，出口导向战略可能加重政府的财政负担。在出口导向战略的实施过程中，政府一般都会采取出口鼓励措施，而这些鼓励措施背后往往都是政府沉重的财政负担。以中国曾经的税制改革为例，1994 年中国全额退还出口货物 17%的增值税，这在很大程度上成了政府 1995 年欠退税现象的罪魁祸首。虽然政府后来采取让地方政府分担 3/4 的做法，但是这又加重了地方政府的财政负担，接下来又出现了如何理顺各级政府之间关系等新问题，所以无论由中央政府还是地方政府来负担出口退税等措施的财政支出，都会面临巨大的压力。更糟糕的是，政府由于一次次的财政压力，就会逐步调整退税比例，丧失公信度。政府频繁调整退税率，也干扰了企业的经营决策，直接对企业收益造成严重的影响。从另一个角度来说，政府的财政收入主要来源于纳税人的纳税，这无疑增加了纳税人负担，削减了国民福利。

此外，出口导向战略对于人们对经济发展模式的正确认识也有影响，重商主义思想有再次重现的势头。因为人们以为出口总是好的，越多越好，排斥进口，这可能对经济结构的调整进程或者转变方式产生间接的影响。对于中国这样一个大国，虽然进口替代战略和出口导向战略都曾在特定的历史时期发挥过关键的作用，但是应该用一种权衡的思想来对待这两种战略。即使在偏向某一种战略时，也应该注意配套政策的跟进，比如在采取出口导向战略时适当采取汇率改革等手段来应对货币升值等问题。更重要的一点，对于一国经济来说，拉动内需才是关键，国内消费和对外贸易一定要均衡发展，二者不可偏废。

总之，虽然出口导向战略是进口替代战略发展到一定阶段的产物，或者说出口导向战略有时是当时形势下必然采取的措施，但是仍然应该时刻关注国内外环境的变化，同时注意避免单项政策的弊端。尤其在维持中国经济持续健康发展的前提下，更要防微杜渐、未雨绸缪。同时也可以考虑通过其他的政策措施来增强经济实力，比如有效增加国内消费，使进口与出口均衡发展，适度引进外资，实现中国经济发展方式的转变等。

七、出口导向战略的案例分析

“南方 A 轮胎”建立于 1988 年，是中国首家引入专项技术生产子午线轮胎的企业。企业三个独立品牌之一的品牌 A 轮胎被商务部纳入“重点扶持和发展的名牌出口产品”，也是“市工业重点培育发展具有知识产权的名牌产品”，作为中国南方地区最大的子午线轮胎生产企业，该企业享有一系列盛誉，比如 2003 年被中国橡胶行业协会评为“中国轮胎十大民族品牌”，2004 年获得“2004 年度中国名牌产品”等称号。该企业不仅享有很高的品牌声誉，自身发展更是势如破竹。

该企业大致的发展历程如下：在1988年成立初期及其后十年间，企业各方面的投资经营未达到成熟的规模经济状态，企业成本太高、入不敷出，一直处于亏损状态。虽然在此期间企业引进了先进的美国费尔斯通技术来生产轮胎并出口，但并不乐观。因此企业开始调整经营战略并在短短几年里实现了扭亏为盈，企业通过引进先进的管理人才，加强企业的内部控制，在技术层面上消化吸收、引进再创造，多次获得出口产品认证，达到降低成本的目的，并在2000年首次摆脱亏损状态，实现盈利。为了让出口拉动经济更好地增长，在2001年，企业将“做中国最好的轮胎”以及“创中国的世界名牌”等作为生产口号，加之企业自身的研发力量增强，新产品得到开发，实现了产品档次和品牌形象的提升，逐步形成了出口导向型的企业文化和经营模式。尽管在这段时间内，国内的销售并不是很理想，但是截至2002年，企业的销售总额依然达到了7.3亿元，资本总额超过20亿元，利润总额达0.3亿元，企业步入正轨。2003年以来，企业逐步挖掘海外市场，并投入更多的研发成本来创造更高质量、满足海外需求的产品，其业绩呈现年年递增的趋势。企业利润在2003年破亿，在2005年又翻了一番，达到两个亿。与此同时，企业注重国内的消费需求，逐渐扩大生产规模，在满足海外需求的前提下也促进了国内消费。企业还模仿国外代理商的销售方式在国内扩展业务，使国内国外销售业务同时进入良性运行阶段。

从该企业的发展过程可以发现出口导向战略所带来的重要贡献。在创立初期，企业就把扩大出口和出口创汇作为主要任务，不仅引进高新技术，还不断加大研发力度，以期更好地满足海外市场需求。此外，企业的各种经营决策也是围绕如何降低企业成本从而实现更高的利润来制定的。1997—2005年，企业利润主要来自出口，出口收入占全部利润的比例在50%～75%之间。

在2005年以后，企业由于出口成本上升和国外竞争加剧等，尤其是在人民币升值的压力下，不再寻找新的销售市场，而是把眼光转向国内市场。虽然“南方A轮胎”曾经依靠廉价的原材料和劳动力等比较优势在国际市场上获得巨大的成功，即使产品性能具有竞争力，这些优势转移到国内也无法与已经在国内市场运营良好的跨国公司相竞争。换句话说，由于企业一直依赖出口导向战略来发展，所以企业的优势逐渐转向了国际市场，并与国际市场相适应。国内外市场环境的不同，限制了其国际市场的竞争优势在国内市场的运用。

本章小结

本章第1节介绍了大多数发展中国家进口替代的工业化进程，对进口替代的概念进行了界定，分析了进口替代的两个发展阶段的特点，进一步剖析了发展中国家采取进口替代战略的原因，揭示了进口替代战略在工业化进程中的作用。第2节定义了二元经济结构的概念，梳理总结了二元经济结构的经典理论，论述了中国二元经济结构的发展及其导致的问题，具体分析了中国二元经济结构的特征及原因，针对破除二元经济结构转换面临的障碍提出了政策建议。第3节进一步从亚洲“四小龙”的具体实践分析了出口导向工业化发展的背景，界定了出口导向战略的定义，阐明了出口导向战略的条件、目标及影响，进而深入探讨中国的出口导向战略，最后进行了相关的案例分析。

关键词

进口替代战略　二元经济结构　出口导向战略

复习与思考题

1. 进口替代战略具体指怎样的战略？政府会一般会采取哪些措施？
2. 进口替代战略对发展中国家有哪些积极的和消极的影响？
3. 中国城乡二元经济结构存在哪些问题？为什么？
4. 进口替代战略与出口导向战略有怎样的关系？
5. 出口导向战略对经济有哪些影响？

第 9 章
发达国家的战略性贸易政策

学习目标

● 了解战略性贸易政策的概念，掌握战略性贸易政策的相关理论以及发展。

● 从日本、美国及欧盟等国家或地区的战略性贸易政策实践中，总结相关政策的影响以及一般性规律。

● 结合实际情况，分析特定战略性贸易政策的经济效应。

第 1 节　战略性贸易政策的理论架构

一、战略性贸易政策的含义

战略性贸易政策相关研究的主要贡献者是美国的经济学家克鲁格曼，克鲁格曼规模经济贸易学说的主要观点是在不完全竞争的前提下，如果某些行业，尤其是那些包含高新技术的行业存在规模经济，便能获得更大的外部经济利益。如果行业对一国经济的发展尤其重要的话，该国政府会采取措施来帮助本国企业获得规模优势，以便使这些行业为该国的经济发展作出更大的贡献。这些措施就是一些常见的贸易政策，譬如贸易保护、税收优惠、信贷优惠及补贴等，这些措施在一定程度上能降低企业面临的风险。

二、国际贸易政策的相关理论

（一）重商主义

重商主义有深远的历史，具体可追溯到 16—18 世纪的西欧。那时欧洲国家普遍实行贸易保护政策，这也是它们为了实现国家富强而采取的一种手段。重商主义是经济学家研究国际贸易的最初想法，同时也是资本主义积累时期商人的资本主义思想的具体体现。在国际贸易理论的研究历史上，该理论为后来的各种贸易理论奠定了一定的思想基础，具有重要的历史意义，比如亚当·斯密著名的绝对优势理论的构想即来源于此。重商主义可以划分为如下几个阶段。

1. 重商主义的萌芽

14—15 世纪，虽然西欧的封建社会逐步没落，但这并不代表原始农业也同时消退，此时的农业是由原始的封建经济模式渐渐过渡到具有资本主义性质的农业，一些工厂手工业同时出现，因此出现了雇用劳动力的情况。在这个过程中，商人资本家在利用自己的资本的同时，通过垄断等手段控制了一些小工业生产者的生产，工业资本主义的原始形态逐步出现。随着后来出现的出口等贸易形式的发展，商人资本支配工业资本的条件逐渐出现并成熟。在这个过程中，商人资本家拥有绝对的支配地位。此外，地理大发现以及新航线的开辟更是为商人资本的发展注入了新的活力，此时世界贸易分工开始出现，商品交易的种类逐渐增加，范围逐渐扩大，商业市场发生了翻天覆地的变化。贸易的发展往往能够同时带动其他行业的发展，尤其是金融行业和物流行业的发展。经济的空前繁荣为重商主义的兴起开辟了一条道路。

2. 重商主义的成熟

随着经济的不断发展和财富的不断积累，商人阶层对政治统治的要求也有所提高。随着中央集权的呼声越来越高，商人阶层和政治力量结合发展的趋势越来越明显。因此西欧封建王朝的统治者为了满足商人阶层的利益需求，结束了市场的割裂状态，建立了统一的市场和国家。由于封建王朝的生活开支以及军队的开支都需要商人资本的支持，同时商人资本家也只有依靠国家力量才能保证安全的贸易环境，甚至进一步开辟和控制海外市场，二者相辅相成的局面便形成了。此外，由于海外市场的建立需要强大的海军力量来支持海外殖民地的扩张，同时达到富国强兵和巩固国家政权的目的，所以以建立强大军事实力为目的的殖民扩张行动便开始了。这种商人和政治力量结合的局面一直持续，同时这种结合又给予商人资本家一种崇高的政治地位，因此政治领导者的关注点便和商人趋同，并集中在贸易所得的问题上。在这种背景下，贸易理论的发展往往也是围绕着商人资本家进行的，这意味着一些提出重要经济思想的伟大人物就来自于这些商人资本家，而他们正是政治和经济力量结合的象征。

3. 重商主义的巩固

文艺复兴时期人道主义思想的出现和发展，使得社会公众意识开始发生巨大变化，尤其对那些生活在黑暗宗教势力控制下的人形成了强烈的冲击，推崇牧师和骑士，人们意识到，只有财富才能换来精神的自由。自此，思想的自由便与经济挂钩，形成了唯利是图的局面。社会公众一心追求财富，一切向商人看齐，以商人的标准作为看待一切事物的准则。进一步地，加之宗教的某些改革以及政治思想理论的不断发展，理性科学的观念深入人心，中国四大发明以及文化的传播又给他们创造了新文化交流的空间。从此，重商主义思想逐渐根深蒂固。

从上面重商主义发展的三个时期来看，重商主义的政治阶层和商人资本结合之后，也开始注重国家利益。因此所谓“重商主义以‘商’为主”中的商，即指货币和财富。

财富是根本，是一切，是一切活动的基础，更是一个国家实力的象征。而财富则依赖于贸易尤其是贸易顺差，所以多出口少进口一直被当作潜规则来执行，同时国家也积极干预经济，为鼓励出口和限制进口而不惜采取任何措施，以期能让更多货币流入并且阻止货币的流出。

重商主义也可划分为早期重商主义和晚期重商主义两个阶段。流行于15—16世纪中叶的早期重商主义又称“重金主义”，主要强调贵金属的流入和零流出，即由国家控制并严格管控贵金属的流入和流出活动。即使是在贸易过程得到的货币，也禁止用于进口，而是采取内购的方式来控制货币的流出。重金主义思想一般以英国人威廉·斯坦福（William Stafford）的观点为代表。他表示只有货币的流入才对一个国家有利，而任何货币的流出都会对国家发展造成一定的阻碍。因此，他建议一国政府应该积极鼓励出口，最好禁止进口。对外国的商品的购买采取用国内购买替代的方式，以便从其他国家获得越来越多的货币，这样货币就会在国内流通，财富就会增加。按照他的观点，这才是一个国家应该奉行的准则。

流行于16—17世纪的晚期重商主义又称“贸易差额论”。该理论与早期的重金主义有一定的区别。随着贸易的发展，金融业渐渐发展起来，人们意识到了货币的价值问题。由于货币会在流通中产生价值，因此如果仅仅将货币局限在国内，则财富的增长是有限的。由此，反对限制财富流出的观点渐渐出现，同时出现的，则是来自托马斯·孟（Thomas Mun）的著作《英国得自对外贸易的财富》中的著名的贸易差额论，“凡是本国加之于外人身上的，也会立即在他们国内制成法令而加之于我们身上……因此，首先我们将丧失我们现在享有的可以将现金带回本国的自由和便利，并且我们还要失掉我们输往各地的许多货物的销路，而我们的贸易与我们的现金将一块消失。”托马斯·孟的这一段经典语录使得贸易差额论有了足够的理论支撑。一个国家可以进口，这一点与早期的重商主义截然不同，但是该国必须保持进口额小于出口额，即保持顺差的状态。托马斯·孟还说：“对外贸易是增加我们的财富和现金的一般手段，在这一点上我们必须时时遵守这一原则：在价值上，每年卖给外国人的货物，必须比我们消费他们的要多。”这一点说明，早期的重商主义是把货币和商品独立开来看的，但是如果货币在国内积累，势必会引起物价上涨，从而消费者购买减少，影响出口，最终影响贸易顺差。而晚期的重商主义则是把货币和商品结合，以货币增值的方式将货币投入国外贸易以增加财富，货币可以在流通中增值，以货币换货币，从而得到更多的货币，这便是与早期重商主义显著不同的地方。

（二）比较优势理论

1. 比较优势理论的产生

19世纪初，西方国家生产方式的巨大变化引起了生产力的极大变革，而此时西方国家的经济也处于快速增长的状态。尤其是英国，经过产业革命之后，纺织和冶金等各个工业的发展如日中天，大机器的发展甚至将英国经济推向了巅峰时代，让英国一度拥有“世界工厂”的称号，但是随之而来的经济繁荣并不一定没有任何弊端。随着经济的增长，人口急剧增加，对生活必需品的需求增加，其中主要是粮食需求。然而此时的英国仍然奉行保护贸易政策，这就给保证国内粮食的充足供给造成了一定的阻碍，这是外部压力。另一方面，由于国内依旧存在着《谷物法》的遗留问题，工人资产阶级与商人贵族进行了激烈斗争，商人贵族为了维护自己的利益，依然坚持保护贸易政策中少进口的做法，然而工人资产阶级出于对成本利润等因素的考虑，极力主张进口国外廉价的谷物，甚至要求取消保护关税的贸易政策，认为自由贸易才是合理的选择，这是内部压力。在这种背景下，比较优势理论开始出现。

比较优势理论是英国经济学家大卫·李嘉图在《政治经济学及赋税原理》一书中提出的。该理论认为绝对优势决定国际贸易的基础观点是错误的，决定国际贸易的应该是比较优势。这就涉及比较优势和绝对优势的比较问题。亚当·斯密主张的绝对优势，即一个国家只有在任何条件（比如自然条件或成本）上拥有绝对优势，这个国家才能和其他国家进行贸易。但是李嘉图发展了这个观点，他认为，如果一个国家在任何产品上都没有绝对优势，但是在某种产品上拥有比较优势，那么这个国家仍然有与其他国家开展贸易的可能。因为按照理性人的假定，在作出选择时，会依据“权衡”的思想，一个国家总会选择一个相对有利的方案，这一点又像是博弈的思想观点。这一观点在国际贸易里面则指，如果一个国家在某种商品上没有绝对的成本优势，也不一定会是封闭经济，即该国仍然选择以一个相对成本比较低的商品进行生产并出口，而进口其他商品。根据贸易的交换效应，进出口国都能获得比不进行贸易情况下更多的利益，消费者能得到更多的消费者剩余，从而增加福利。

为了方便分析，经济学家在研究比较优势理论的时候，力图将一些不必要的因素排除在外，同时也为了简化模型便于分析，作出了一些相关的假设。这些假设主要是关于变量的控制和解释说明，以便能更好地分析结果并得到理想的结论。关于比较优势的基本假设如下：

第一，2×2 模型，即“两个国家，两种商品”。世界上有两个国家，每个国家只生产一种商品。

第二，每个国家国内的生产要素都能得到充分利用并能自由流动，但不能跨国流动。

第三，市场是完全竞争的，即存在自由贸易。

第四，没有技术进步，不考虑一切额外的费用和成本，比如运输保险等。此外，交易双方的生产成本不变，无规模经济。

第五，劳动决定商品价值，而且所有劳动都是同质的。

第六，收入分配即一国公民的相对收入水平不受自由贸易的影响。

2. 比较优势理论的经济概念

在经济学分析中，数学工具的运用有时会使得分析过程和结果更为简化、清楚。在分析比较优势时，机会成本和生产可能性曲线等概念借助数学图形往往更容易解释说明，并且使得比较优势均衡分析更加清晰。下面介绍一些常用的概念。

机会成本是经济学最基本的概念之一，其原本的含义是人们为了得到某种东西而愿意放弃的另一种东西的数量。机会成本的应用范围很广，其衡量的不一定是具体的实物，也可以是时间、金钱等，类似选择成本的含义。在国际贸易中引入的机会成本，指的是一个国家可以选择生产机会成本较低的商品进行出口，进口机会成本较高的商品。这样便可以具有比较优势从而换取更多的贸易优惠，从而达到双赢的局面。这个过程也体现了国际分工的思想。

生产可能性曲线表示在资源条件给定和资源得到充分利用的前提下，两种商品可能的生产数量组合曲线。该曲线凹向原点，其斜率表示边际转换率（MRT）。生产可能性曲线如图 9－1 所示，横纵坐标分别表示 X 和 Y 的生产数量组合，曲线内的点表示在资源未得到充分利用的情况下生产 X 和 Y 的数量组合点，即资源浪费；而曲线外的点则表示即使充分利用现有的生产条件，也不可能达到的生产组合点。由于不同商品资源利用率或要素的边际产量不同，所以生产可能性曲线的形状也不一样。

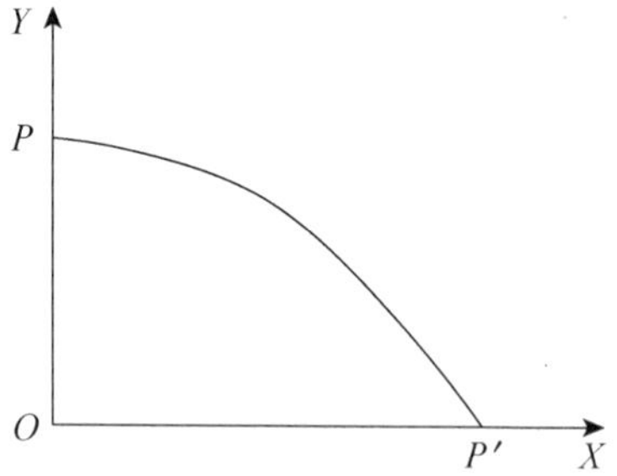

图 9－1 生产可能性曲线

无差异曲线是主要用于分析消费者消费均衡的模型，它表示在某个或者某类消费者的收入和偏好一定的情况下，使消费者能得到相同的消费满足感的所有商品的组合。因此，同一条无差异曲线代表的偏好是一样的。如图 9－2 所示，无差异曲线凸向原点，并且越远离原点代表的效用越高，图中三条无差异曲线所代表的效用，从高到低依次是 I_3、I_2 和 I_1。根据偏好一致性假设，无差异曲线不会相交。需要注意的是，图 9－2 所代表的仅是较为常见的情况，暂时不讨论特殊的情况。

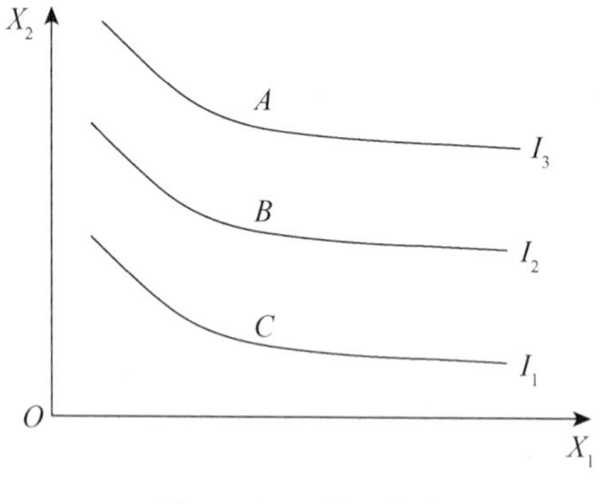

图 9－2 无差异曲线

（三）幼稚工业保护理论

德国著名经济学家李斯特在 1841 年出版的《政治经济学的国民体系》一书中提出并详细阐述了幼稚工业保护理论。

李斯特引入生产力理论作为幼稚工业保护理论的理论基础。比较优势理论强调基于比较优势的贸易的重要性，认为贸易尤其是自由贸易对一个国家是有益处的，能够获得更多的福利改善。与比较优势理论不同，李斯特认为，一个国家可以进口不具有比较优势的产品，因为这对该国来说在短期内可能有比较优势，可节省大量的机会成本，但是不利于行业长期发展。他指出："财富的生产力比财富本身，不晓得要重要多少。它不但可以使已有的和已经增加的财富获得保障，而且可以使已经消失的财富获得补偿。对个人来说如此，对国家来说更是如此。"他的主张类似"授人以鱼，不如授人以渔"的思想，一个国家如果只依靠进口解决目前的商品短缺问题，长远来看，如果有贸易关税的问题，只会引起价格的提高，从而引起消费者福利的减少。受其生活时代的影响，李斯特的分析从工业资产阶级的角度出发，在他看来，生产力远比财富本身重要。

经济发展阶段论是李斯特幼稚工业保护理论的理论依据。基于生产力理论，李斯特认为，任何行业无区别的自由贸易都是不可取的，即应该采取一定的保护政策。他认为每个国家的经济发展都会经历一定的阶段，具体可划分为原始、畜牧、农业、农工业以及农工商五个阶段，每个阶段所实行的具体贸易政策是不一样的。古典经济学似乎忽略了这个阶段性的发展，直接将世界各国经济都高度发展之后的局面作为一种状态加以分析，没有考虑每个国家经济所处的具体阶段，这样统一作出的经济决策肯定是有偏差的。因此，李斯特按照经济的五个阶段具体分析了可行的政策。处于农业阶段的国家，由于各国农产品基本具有相同的竞争力，因此应该实行自由的贸易政策，这样能够让农业得到充分的发展，使得农产品自由进出口；处于农工商阶段的国家，已经具有比较强的竞争力，无须实行保护贸易政策，应该实行自由贸易政策，以此促进工业的发展；处于农工业阶段的国家则与上述两个阶段显著不同，因为这是一个过渡期，即农业已经得到充分发展，但是工业刚起步，还不具有足够强的竞争力与其他处于农工商阶段的国家抗衡，所以这个阶段的国家应该对本国的该类产业实行保护，以免受到其他国家竞争力的冲击，从而促进该行业的进一步发展。

基于上述两个理论，李斯特的幼稚工业保护理论正式形成。李斯特认为，处于农业阶段的国家和处于工业阶段的国家，首先是经济实力不同，其次是各国的思想文化不同，对待经济贸易等问题的看法也就不一样。处于农业阶段的国家一般比较落后，思想文化相对比较保守，而工业国家比较发达，思想也比较前沿，更关注自由和福利改善。因此，李斯特的幼稚工业保护理论并不是绝对的，他只是主张工业发展比较落后的国家应该实行保护政策，因为该产业尚不成熟，尚不具备竞争的实力，从长远角度看，应该得到保护。但是，这种保护并不是不顾一切地保护，因为这样有可能使得国内刚发展起来的产业滋生懒惰情绪，反而没有了进步的空间。因此，受保护的产业，不应是农业，而应是刚发展起来的尚未成熟的工业，并且此行业应该满足具有强大的外国竞争者的条件。最重要的是，这种保护还应该有一定的期限，一般认为是 30 年。这意味着，如果 30 年内该产业依然没有发展到足以与外国竞争的地步，国家就应该取消保护该产业发展的政策。

（四）凯恩斯超保护贸易理论

凯恩斯超保护贸易理论与传统的保护贸易理论有很大的区别。李斯特幼稚工业保护理论保护的是国内的幼稚产业和不成熟的产业，然而凯恩斯超保护贸易理论恰恰相反，主张保护国内成熟的甚至是高度发展的产业。同时，为了保护这些产业所采取的措施，比简单的贸易保护更加严格，比如对进出口实行更严的许可证制度以及征收更高的关税等；为了鼓励出口，关税减免或者津贴的手段也被广泛使用。这样做的目的，不再是简单地保护本国工业，而是一种进攻防御式的保护，甚至可以用攫取外国市场来形容，最终达到经济扩张的目的。简言之，它的目的更多的是维护本国那些具有垄断利润的行业，以便获取国外的垄断利润。但是，这种超级保护政策既有好处也有坏处，具体分析如下。

（1）有利的方面：增加国内的财富，增加国内的国民收入，提高人们的生活水平，增强国家的经济实力，为经济的进一步发展做好物质准备。同时，基于凯恩斯贸易乘数效应，益处只会越来越大，从而更好地服务本国经济。

（2）不利的方面：实行超保护贸易理论的国家往往容易招致别国的贸易报复，尤其是实行高关税和出口补贴的国家，遭遇报复的可能性极大。凯恩斯贸易乘数效应在短期内分析均衡时并没有考虑时间因素，所以实践意义不是很大。因此，超保护贸易理论是否实施需要权衡利弊。

（五）战略性贸易政策理论

战略性贸易政策理论最早提出于 20 世纪 80 年代中期。该理论在国际贸易理论发展的历史中曾引起很大反响，对传统的保护贸易理论的主流地位产生了很大影响。尽管该理论也有许多不完善的地方，而且作为新理论招致了一些抨击，但是该理论的确在一些国家实施并取得一定的效果。众所周知，即使在一个国家内财富也会存在不平衡，更何况国家之间。然而在经济学家看来，正是这种贸易政策的实施，才使得国家之间的贫富差距越来越大，因此对这种政策发展的历史以及其他方面的深入研究就有助于更好地理解国家之间产生差距的原因。在西方发达国家和其他国家发展的历史过程中，出现如此巨大的经济差距的原因，首先是其他国家在计划经济和市场经济之间的转变，其次是其他国家自身存在的一些发展固有的问题。但是，仍然需要说明国家之间除了这些因素之外导致差距的原因。比如，1992 年之后美国经济进入了高速繁荣时期，这可能与美国实施的战略性贸易政策有一定的关系。战略性贸易政策旨在通过提供研发补贴等措施来维持本国高科技行业的发展，达到攫取市场和利润的双重目的。

1. 基本理论背景

战略性贸易政策的构想主要是由加拿大学者布兰德（J. A. Brander）及其美国合作者斯潘塞（B. J. Spencer）提出的。该理论在规模经济前提下，运用产业组织理论和博弈论的思想来分析政府的补贴政策对一国出口等贸易行为的影响。其基本内容是假设在一个不完全竞争的市场上，存在两个国家，每个国家都有一个工厂，生产同一行业的产品，产品全部出口。根据垄断市场理论，每个国家都会获得垄断利润，在这种情况下，如果一国政府采用征收关税等战略性贸易政策，就会使该国获得更多的垄断利润，能够从外国生产者那里得到更多的好处。在战略性贸易政策理论中体现出来的贸易环境，与传统国际贸易理论假设的贸易环境是完全不同的，传统国际贸易理论是建立在自由贸易的完全竞争环境的假设下，然而现实的经济环境与战略性贸易政策理论的表述更接近。同时，在自由市场经济条件下，需要发挥市场“看不见的手”的作用，政府无须干预或者较少干预，然而战略性贸易政策理论强调的是政府的作用，政府帮助企业攫取更多的垄断利润。政府在这个博弈的市场上所发挥的作用显而易见，博弈双方谁能在博弈过程中获得更多的利益，取决于各自的策略。谁能取得绝对的优势地位，谁就能占领更大的市场，就能在这场博弈中获胜。

战略性贸易政策理论还需要补充一些其他假设。由于战略性贸易政策是与产业政策紧密结合在一起实施的，因此除了不完全竞争和规模经济，还需要满足以下基本条件：政府采取的措施首先要有实际的效果，并且不会遭到其他国家的报复；该行业要一直存在垄断优势，即保证其他厂商不可能进入，并且该产品具有很大的需求市场；该保护政策的产业目标是能够保证在较长一段时间内一直拥有这种优势地位。因此，该贸易理论的前提条件可以总结如下：第一，该行业要有一个强大的竞争对手，这是区别于其他贸易政策条件的关键之处；第二，能够进行干预的政府必须拥有足够的实力，既拥有独立的权力又拥有完全信息能力。只有这样，政府在进行干预时才能保证对市场的一些不可控因素，比如风险机制问题等，进行有效控制。也只有这样，在面对现实经济情况时，才能发挥该政策中政府有效控制的作用。

2. 政策的利弊评价

战略性贸易政策理论作为贸易领域的一个新理论有积极的一面。首先，该理论的提出，作为贸易领域理论的新发展，本身就具有一定的影响，即现实就是理论的实践。其次，该理论的假设前提较之前的理论，更符合现实情况，政府干预似乎也有了合理的理由。最后，该理论运用了宏观经济学的理论，并用博弈论等思想分析国家之间的战略选择，更具有研究意义并体现了方法论上的创新。

该理论也有不完善的一面，概括起来，主要体现在以下三点。首先，该理论的假设与传统理论显著不同。传统理论强调完全竞争的自由市场，而战略性贸易政策理论则强调几乎相反的假设，因此很容易与超保护贸易理论混淆。其次，战略性贸易政策理论的前提条件有些复杂，对于政府来说，采取的措施首先要确保有效果，并且不会受到其他国家的报复。行业要一直存在垄断优势，即保持其他厂商不可能进入，并且产品具有大量市场需求。最后，在干预政策方面，战略性贸易政策理论没有给出一种比较通用的办法，每个国家在实施时应该结合自己的实际情况。彼得·林德特（Peter Lindert）指出："寡头垄断理论在这方面没有提供什么答案，因为它提供的答案太多了，等于没说。经济学家已经发现了一个可能的结果无限之多的菜单，他们的政策建议是由看来同样不现实的技术假设的种种变化而触发的。"所以对一个国家的政府来说，具体的政策如何实施显得尤为重要。克鲁格曼也指出："试图获得超额垄断利润的政策很难制定。因为适合的政策取决于不完全竞争的过程，既然对这一过程并不很清楚，也就很难判定何种设想最合理。"这说明，战略性贸易政策理论实施起来并没有理想中的那么容易且完美，这也正是这个理论在实际运用过程中的症结所在。

三、战略性贸易政策的理论体系

（一）利润转移理论

该理论主要阐述了在不完全竞争的市场上，一国政府通过采取某些措施将更多的垄断利润据为己有的过程。比如在进口过程中，由于市场的不完全竞争，根据垄断厂商的定价理论，存在垄断优势的生产商就会定高于平均成本的垄断价格并以此生产和销售产品。封闭的经济条件下，这会造成很多无谓损失，此处先不讨论整体社会净福利问题。在国际贸易中，这部分差额利润在不存在出口时，本来应由外国厂商获取，但是一旦存在出口，且进口国政府征收关税，本国就能把那部分高于平均成本定价的差额利润从生产者手中夺过来，转移到本国，达到改善本国消费者福利的目的，进而提高进口国的收入水平。该理论又可以具体划分为以下三种情况。

1. 出口补贴论

以出口补贴促进出口的模型最早由布兰德和斯潘塞提出。该理论认为，在垄断双寡头情形下，出口国政府对出口产品采取补贴政策，不仅能给出口商带来成本上的优势，还能帮助出口商占据更大的外部市场。在这个过程中，如果补贴政策能使出口厂商获得的利润超过政府的补贴投入，那么对整个社会来说就是增加福利的措施。波音和空客就是政府运用补贴政策的经典案例。

2. 战略进口政策

该理论最早由布兰德和斯潘塞提出，其主要观点是在进口过程中，虽然不完全竞争产生了垄断利润，但是垄断利润最终由谁获得、获得多少，则由一国的政策决定。外国出口商向本国出口产品，如果本国不采取任何措施，在不考虑其他因素影响的情况下，该部分垄断利润就是外国厂商从本国消费者手中取得的，本国消费者的福利损失就是外国生产者利润的来源。如果本国政府采取相应措施，对外国生产者就会造成一定的影响，譬如产量的减少或价格的下降。无论哪一种情况，实施该政策对本国的效果都优于不实施该政策。只不过在降低价格的情况下，外国厂商赚取的垄断利润更少而已。但是，出口量减少的影响是比较大的，这相当于间接支持本国工业的发展，从这个角度来说，二者的区别较为明显。

3. 以进口保护促进出口论

该模型主要由克鲁格曼提出。实际上这个理论可以看成是进口关税政策的延伸，唯一不同的是对两个国家的影响程度。尤其对于那些具有替代性质的产品而言，假设双方存在产品市场上的相互渗透，如果本国对外国厂商收取关税之后，本国市场销量增加、产量上升以及成本下降；而外国厂商由于销量减少、成本增加以及利润下降，处于劣势，那么在这个过程中，本国就会存在明显的优势，可以打造更好的出口环境，从而增加出口。

（二）外部经济理论

微观经济学所说的外部经济，主要指的是某个人或者某个行业的行为由于外溢性而能在不需要任何额外成本的情况下，给其他人带来额外效益的行为。最简单的例子就是一个人在他的花园里种了许多绿色植物，既给自己带来了观看景色的享受，也为邻居带来了愉悦感。微观经济学中的外部效应分为正的外部效应和负的外部效应，其中负的外部效应的著名案例就是二手烟和空气污染等。这里主要讨论正的外部效应。将外部效应理论用在国际贸易理论中，即一个国家尤其是高新技术的应用总会存在外溢效应或外部效应，其他国家能够无偿地享用该技术可能带来的收益而不需要付出任何成本。对于享有外部效应的国家来说，这当然好，因为它们能享有该技术的既得利益，这相当于技术发明国用自己的技术生产了产品并给这些国家免费使用。但是这对于技术发明国来说就是不公平的，因为它们并没有享有技术外溢产生的利益中的哪怕一小部分。更糟糕的是，这可能会打击技术发明国的积极性。在这种情况下一国政府的鼓励行为就显得十分重要，可以采取给予产业补贴等措施，使企业获得相当于外部效应的一部分既得利益，这对于企业来说是一种变相的激励，使它们能够继续开展技术创新，为企业和本国创造更多的财富。

四、战略性贸易政策的理论发展

（一）战略性贸易政策与战略联盟

战略性贸易政策和战略联盟之间的替代关系主要由莫拉斯（K. Morasch）提出，莫拉斯在分析对本国福利影响的基础上进一步分析了在两种政策间应如何选择。二者的共同之处在于，无论采取哪种政策，都比不采取任何政策好，至少在消费者福利方面是有显著影响的。具体来看，在本国出口份额占世界市场比重足够大的时候，采取战略联盟有优势，这时不需要考虑市场的竞争情况，因为相对效果与竞争情况并没有多大关系；然而如果进口国实行完全自由的贸易政策，或者该国生产的产品全部外销，那么战略性贸易政策就优于战略联盟。上述两点也是二者的主要区别。

（二）战略性贸易政策与信息不对称

战略性贸易政策的发展是一个动态的过程。最初，库珀（Cooper）和里兹曼（Riezman）在布兰德-斯潘塞模型中引入市场需求的不确定性因素，建立了 CR 模型。该模型的主要观点是市场需求的波动情况与政府采取补贴政策的可能性成正比。后来，恰拉扬（Caglayan）和奥斯曼（Usman）否定了 CR 模型。他们认为随着两个国家对彼此了解程度的加深，这种政策对贸易可能不利，会削弱福利，所以战略性贸易政策是否采用以及如何使用在一定程度上取决于国家掌握信息的程度。总结起来，决定战略性贸易政策采用与否的因素，可能并不在于市场的竞争情况或者政策本身，而在于与该政策相关的具体情况及潜在影响因素。进一步地，米勒（N. H. Miller）和帕斯盖尔（A. Pazgal）在战略性贸易政策中引入了博弈论的思想，其中主要涉及政府、企业以及经理人三者之间的博弈；同时引入与战略性贸易政策相关的一些政策权衡，即关于企业数量和政府动态的分析，认为企业数量和国家征税的可能性成正比，而政府应该在市场比较稳定的时候控制产量，也就是不采取补贴政策。

（三）战略性贸易政策与垂直整合

随着理论的进一步发展，中间品的问题也被引入国际贸易理论政策的分析中。石原（Ishikawa）和斯潘塞作为战略性贸易政策的研究者，发现由于利润会在国家成品间、国家中间品间以及成品与中间品间发生转移，因此，对一个国家来说，中间品来自国内还是国外，在一定程度上也会影响该国战略性贸易政策效应的强度。此外，在研究战略性贸易政策与国家福利之间的关系时，李（J. Lee）和翁（K. Wong）发现如果是 2×2 模型，即以世界上存在两个国家和自由竞争为前提，企业生产的垂直整合和国家获利之间的关系是很显著的。具体来说，在两个国家之间存在贸易关系的情况下，如果只有一国的企业是垂直整合的，那么该国采取的类似战略补贴之类的政策便能有效促进该国最终产品的最优化生产；如果双方都采取垂直整合形式，那么该效果将会更大，不仅影响最终产品的最优化生产，还会影响中间品的最优化生产，即对生产商获利有更大的影响。

（四）战略性补贴政策的独特之处

战略性补贴政策与一般的补贴政策在形式和内容上区别不是很大，但在目的上有很大区别。一般来说，补贴政策主要是一国政府为了鼓励该国企业创新，同时让企业能够在充分有利的条件下注重技术效率的提高，创造更多消费者满意的商品，进而提高企业综合效益，同时增加国家效益，而给予企业的一些直接或者间接的补贴。战略性补贴政策所补贴的对象则更有针对性和目的性，具体来说，战略性补贴政策的实施对象主要是一些具有长期竞争优势并且可能在创新领域有所突破的重点行业，提供补贴会对它们的原始创新、集成创新、引进再创新形成激励，从而更好地为它们的发展创造巨大的利益空间。

战略性补贴政策与一般补贴政策的区别还包括以下几点。首先，其前缀“战略性”的含义，具体可以从两个层次来理解。其一，它是一种基于国家角度的目的性政策，不再局限于国内市场和竞争，而是放眼国际市场，如何在国际市场上更好地发展是其重点考虑的因素；其二，作为一种国际政策，要有一种类似于序贯博弈的思想，即其他国家可能的应对措施和反应。其次，该政策所体现的背后的环境不同。战略性补贴政策主要基于一种不完全竞争的国际贸易环境，因此和“看不见的手”的市场自由竞争环境有所区别。同时，由于是在不完全竞争的环境中制定的干预政策，其目标就带有国际性质，比如开拓国际市场、增强国际竞争力以及提高国际地位等。最后，选择的补贴目标不同。战略性补贴政策选择的目标一般是重点高科技行业或者具有重大扶持意义的行业。政府给予的补贴会带动该行业的战略性发展，从而为该行业的产业结构优化升级做更好的铺垫。

（五）“小国”的战略性贸易政策

这里提到的“小国”，并不是指国际贸易中分析贸易政策时定义的那些价格接受者（price taker），而是传统意义上的小国，即具有国土面积小、人口规模不大以及资源稀缺等特征的国家。当然，这可能也默认包含了贸易政策分析时假定的小国，既然国家面积小，自然就是价格的接受者，在此不做过多的比较和甄别。此处的“小国”，还有一个既定的前提，即小国也能生产和大国一样的产品并进行出口贸易。此处的“一样”，并不是说生产的产品是同质的（当然也不可能），而是指大国和小国都生产同一个行业的产品。研究相关问题的文献似乎很少，多数文献集中于大国贸易或者某个垄断行业等问题。说到行业垄断，一般指那些行业巨头，比如波音和空客、戴尔电脑以及通用汽车等具有代表意义的企业。而且，多数文献分析的国家是一些具有较大规模的经济实体，比如美国、欧盟以及日本等。但是，研究小国也很有意义。因为小国也要生存，也需要贸易政策，而且有时候市场的现实情况在很大程度上并不和模型假设完全吻合，甚至相悖。此处分析小国的首选方法，是博弈论里的价格领导者模型。这个模型的主要内容是市场上存在一个价格决定者和一个价格跟随者。一般情况下，价格由领导者制定，此时小国就会把大国的价格视为已知，在此基础上根据利润最大化原则决定自己的最优产量，小国将大国的产量和整个市场的需求比较，求出剩余市场需求，并根据垄断厂商的边际收益等于边际成本的原则决定产量，进而决定价格。这是纯理论模型分析，实际的情况可能并不如此，但是该分析仍具有借鉴意义。在这种情况下，可以发现大国对待小国的态度是不同的，即大国允许小国存在，而不是传统垄断市场里假设的存在很大的进入障碍或者经典博弈里的大厂商驱逐竞争者的情形。显然，在纯理论的分析过程中，小国的产量和大国相比肯定微不足道，毕竟它是价格接受者（这又区别于完全竞争市场中价格既定的假定），所以小国要想在这个市场中赚取利润，前提就是要守规矩，此处即指默认产量是一定的，只有这样才能长期平衡。更何况，该模型最初的假设也和这个结果有一定关系，即小国是贫瘠的，所以资源等要素的束缚也是造成小国产量不多的原因之一。

以上是对背景情况的介绍，下面介绍小国的战略性贸易政策的具体实施情况。这个领域里的研究者艾哈迈德（Ahmad）发现，一次性的总额补贴很有必要，因为小国要守规矩（产量一定），否则大国肯定会采取报复措施。所以对小国来说，产出补贴不可取，因为可能会招致报复，毕竟小国处在一个未知的环境里，无论采取什么政策，前提都是要和大国保持战略合作关系，只有长期合作下去，才能谈福利等后续问题。

第 2 节　战略性贸易政策的实践

一、日本战略性贸易政策的实践

日本战略性贸易政策的应用，主要体现在不同发展阶段所采取的战略策略是不一样的，另外还体现在日本选取行业的角度上，历史证明日本在所选取的行业实施战略性贸易政策是成功的。第二次世界大战后为了赶超世界先进国家，日本选取了汽车和电子化工等行业，有针对性地采取战略性贸易政策。日本政府的政策起到了关键作用，相关产业得到政府的支持，为更好地扩展国际市场打下了基础，这也是日本能在短期内迅速赶超其他发达国家的关键所在。下面以日本半导体行业为例，具体说明政策的实施过程。日本政府在采取战略性贸易政策时，还考虑了产业政策等多种政策的协调运用。具体到半导体行业，在国际层面，利用关税措施达到保护本国市场的目的，将外国竞争者排除在外；在国家层面，通过长期优惠贷款来促进企业的发展；在企业层面，减轻税收和放松垄断等措施为半导体行业营造了一个充分发展的空间。这些措施使得日本半导体行业渐渐具有发展的动态优势，成为主导产业。

日本采取的战略性贸易政策可以分三个时期来讨论。

（一）战后初期经济复苏时的政策

第二次世界大战之后，日本经济极度混乱，这场战争使得日本在短时间内出现经济停滞状态。由于遭受战争重创，日本出现资本等资源匮乏以及失业率升高等问题，急需恢复经济。但日本并不是即刻发挥劳动力优势，依靠生产劳动密集型产品来挽救这个局面，相反，日本出于长远考虑，重点关注本国小微企业的发展，变劣势为优势，这是很关键的一步。这么做主要是因为日本有经济基础，与其他大多数发展中国家的情况不一样。具体政策的实施可以从两个方面探讨。

国内政策方面，实行各项优惠并放手让企业发展。首先，日本专门成立了一家银行为企业提供融资服务，主要提供贷款，解决企业发展资金的来源问题，这一政策主要集中在钢铁煤炭等重工业上。企业用贷款进行投资再生产，进一步扩大产业规模。银行也提供出口信贷方面的服务。其次，日本给予企业税收方面的优惠，主要体现在进口税收的减免上，以降低企业成本。

国际政策方面，成立了日本贸易振兴会。这个部门主要负责日本国际贸易方面的事务，比如公关关系建立、海外市场开发以及贸易联合等相关事务。日本还成立了专门的组织以更好地促进进口。日本鼓励企业创新发展，鼓励技术的吸收再创新，同时也采用税收等手段对国内行业，如化学、钢铁等加以保护。

（二）经济增长期的政策

战后初期，通过实施一系列政策措施日本经济明显好转，但是此时的日本又面临自由贸易的压力，要减轻自由贸易的压力，意味着之前实行的政策必须调整。虽然日本政府起草的《国民收入倍增计划》使日本被迫改变商品经济结构，但仍然以重化工业为主，借以增强经济实力。此时日本的贸易体制正悄然改变。这一时期的政策可以简单地划分为以下两类。

一类是部分自由化政策。所谓部分自由化，就是指既有自由措施又有一定的限制性措施。在自由措施方面，20 世纪 60 年代中期，日本正式加入了经济合作与发展组织。加入该组织之后，日本必须遵守相应的规则，正视贸易自由化发展的问题。在限制性措施方面，随着贸易政策的发展和自由贸易趋势的演进，日本逐渐用关税和非关税壁垒代替了原来的外汇配额制度。所谓非关税壁垒，就是不采取关税措施，但提高在技术、卫生标准和环境等方面的相关要求，间接达到限制进口的目的。其他非关税壁垒也逐渐被日本采用，这些政策看似是自由化的贸易政策，实则是间接的限制性贸易政策。这样既遵守了规则，又保护了本国经济的发展。

另一类是重点扶持的产业政策。日本在作出重点扶持重化工业的决定后，就坚持走技术强国之路，即引进国外先进技术来发展本国的相关行业。尤其在机械工业的发展上，日本更重视向欧美等发达国家学习，促进了工业现代化。

（三）石油危机后的政策

在第一次石油危机的影响下，日本的经济发展面临巨大的困难，经济危机频频爆发，如物价飞涨、经济下滑以及国际贸易摩擦加剧等。日本不得不采取相应的整改措施。

首先，加大贸易自由化的程度。既然日本面临的贸易摩擦较大，那么继续采取关税或非关税措施，势必会造成更大的贸易摩擦。因此日本被迫降低关税并减少非关税壁垒，即进一步扩大开放。同时，日本也采取了历史上著名的资源出口限制政策。其次，构建区域经济合作计划。随着国际上的区域合作形式的发展，日本也积极寻找合作道路以保护和发展本国经济。这主要体现在日本提出的环太平洋经济圈的构想上。日本希望寻找一个强有力的战略平台，并进一步与其他国家或地区，如美国和西欧等抗衡。最后，加大科技立国的实施力度。日本在经济发展过程中，着眼于科技潜力，努力提高科技实力，并向西方国家学习先进的科学技术。日本政府提出的科技立国战略使得日本在石油危机的大背景下依然实现了迅速发展，极大地增强了国家的经济实力，提高了国际地位。

二、美国战略性贸易政策的实践

第二次世界大战后，美国经济迅速发展，其实力居于世界前列。美国一直实行自由贸易政策，后来迫于欧盟和日本的压力，逐渐采取战略性贸易政策。美国的战略性贸易政策同样将注意力集中在高科技行业上，因为高科技行业既能提高高工资行业的就业率，又能享受外部经济带来的巨大收益。美国的战略性贸易行业主要是半导体和信息等具有很大发展潜力的行业。具体来说，在克林顿时期美国的政策主要是关于出口方面的。在国家层面主要是采取政府干预措施，旨在发展本国的多边贸易体制和国际关系，为更好地发展贸易做铺垫；在企业层面则是积极采取各项有利于企业出口的措施来促进出口，其中既有技术层面的监管，又有融资渠道的帮助，还有各种加大对国内战略产业扶持力度的措施。后期美国又相继出现小布什政府的竞争性自由化战略和奥巴马政府的国家出口振兴行动战略，这些战略有一个共同点，即政府通过干预手段，力图保护国内市场尤其是高科技行业的发展，甚至以此作为增强国际市场竞争力的撒手锏。同时，政府也扮演着非常重要的角色，也就是说，美国的战略性贸易政策实际上是美国霸权主义的完美体现，具体表现在贸易规则的制定和修改权、美国政府单边的贸易限制和制裁、同时期美国积极发展外交以增强外援力量以及全方位实施自己的战略性贸易政策保障机制等方面。美国的措施可以简要归为以下几个方面。

（一）出口管制的放松

冷战结束之后，社会主义国家渐渐进入美国的视野，美国扩大了实施出口管制措施的对象国范围。在整体上，美国的出口限制松绑，不断扩大出口市场和商品种类；对于已经出口的商品，政府也力争减少企业负担，增强企业的国际竞争力；在出口审批程序上，做到过程尽量简化以节省人力成本和时间成本；美国历来看重知识产权保护，其实只想让出口国甚至全世界都了解美国的技术标准（特别是计算机和电信等行业的技术标准），美国希望其他国家尤其是发展中国家都能按照美国的技术标准来生产产品。支持这个观点的一个历史事实是 1997 年 10 月在明尼阿波利斯召开的国际通信联盟会议上，时任副总统戈尔承诺美国政府将以信息和通信技术为媒介来帮助发展中国家提高其教育水平，并由政府负责实施“互联网经济发展措施”计划。这很好地说明了美国的意图。技术管制看似放松了，实际上提高了技术标准的普及度。

（二）政府对企业出口的大力支持

美国政府对出口企业的支持走在了世界前沿。在美国企业抱怨政府对出口信贷的支持力度不足时，美国政府出台了一系列出口融资和信贷等方面的措施，包括专项援助基金、专项金融以及咨询服务和组织等。同时，美国政府的相关职能机构负责定期更新贸易计划信息，美国驻外大使馆也定期发布《国家商务指南》。所有这些措施为美国出口企业提供了巨大的发展空间。

（三）产业政策与贸易政策的结合

美国历史上似乎没有采用过产业政策和贸易政策相结合的方式，因为美国有这样的信仰，即“按照传统的美国价值观，过多的产业规划及对具体经济行为的过度行政干预，往往会扭曲市场机制，并且使贸易保护主义的苗头再现，从而既不利于市场竞争，又会影响美国产品在海外市场的销售”。所以美国即使采用产业政策，也只局限于环境上的改变，比如反垄断等，并没有在本质上干预市场，但克林顿政府是一个例外。面对美国国际竞争力不足的情况，战略性贸易政策在违背“华盛顿共识”的情况下依然被采用；总统首席经济顾问劳拉·泰森（Laura Tyson）作为“伯克利圆桌会议”的代表人物，极力拥护战略性贸易政策。她认为政府应该干预市场，因为只有这样才能发挥“看得见的手”的作用，弥补市场机制的不足，鼓励企业创新发展。

美国在克林顿时代的战略性贸易政策，实质是补贴和税收降低等优惠措施，独特之处在于所选择行业的不同。鉴于美国的发展是优于其他国家的，政府给予优惠的行业也是一些高科技、高成本的研发项目；同时，在其他标准上，以提高环保行业技术出口作为突破点，以加强信息行业信息共享度和基础设施建设为中心，以加强国际规则建立和网络标准化为目标等原则全面同步实施，如信息行业的“NII”规划和网络行业的“GII”计划等都进一步显示出美国向更高端国际化出发的步伐。

（四）拓展新市场

进一步扩大本国市场，势必进军新兴市场，因为新兴市场幅员辽阔，市场潜力巨大，同时也可对美国经济的发展起到巨大的推动作用。1994 年美国商务部确定了将墨西哥、阿根廷、巴西、中国、印度、印度尼西亚、韩国、波兰、南非和土耳其十个国家作为新兴市场。有关数据显示，早在 2010 年，美国向新兴市场的出口约占美国出口总量的 1/4，2018 年在美国的三大贸易伙伴（中国、加拿大和墨西哥）中，有两个来自新兴市场。但是，在大力发展新兴市场的同时，美国政府也面临一个问题。出口市场变大，政府的作用就要再扩大，尤其是对作为美国经济生命线的高科技行业更是要加强政策干预，才能在这个更大的市场中应付复杂多变的情况。在这一过程中，美国的具体措施，包括“因国而异”的外交政策、高层之间的互访和商业往来以及专门成立的服务中心等，美国在进入发展中国家市场时，既发展了本国的经济，又制约了其他发达国家的市场力量。

（五）推动多边化区域经济发展

为了实现老布什提出的“以北美为基点向各主要经济区域渗透”的目标，克林顿政府扩大了战略范围。但是在区域经济逐渐发展和全球化程度进一步加深的背景下，美国想扩大贸易自由化这一想法的实际效果一直不尽如人意。所以美国在顺应时代潮流的前提下采取了以下措施：第一，1993 年美国签订了《北美自由贸易协定》，美国、加拿大和墨西哥在环境和劳动力工资等方面有了一致的标准，同时该举措也达到了帮助美国区域经济实现快速发展以抗衡欧盟和日本的目的。另外，当时美国与欧盟在农产品补贴和民航补贴等方面存在分歧，美国想借此让欧盟作出让步。第二，克林顿于 1993 年在西雅图第五届 APEC 部长级会议上宣传的《贸易与投资框架宣言》以及在 1994 年举行的第二届非正式首脑级会议上发表的致力于消除贸易投资壁垒的《茂物宣言》等，都表明了美国对世界市场的意图。第三，在历史上著名的乌拉圭回合谈判等多边贸易谈判中，涉及信息和基础设施等多个重点行业领域，在之后的诸多文件中逐步涉及有关传统金融行业的银行证券等领域的开放问题。后来的《知识产权协定》等对相关技术标准等的控制，进一步扩大了美国的市场影响力。

除了以上几个方面的措施，美国政府还充分利用对外直接投资的贸易创造效应。随着外国直接投资和跨国公司的发展，尤其是母子公司或者分公司相互之间的利益传输和商业往来，传统国际贸易的特征逐渐削弱，因此克林顿政府鼓励美国的跨国公司积极向新兴市场进军，为本国的跨国公司创造了良好的发展环境，促进了金融市场的发展。

三、欧盟战略性贸易政策的实践

作为欧盟的前身，欧共体所采取的策略和欧盟是有区别的。欧共体时期，由于经济整体不发达，欧共体主要致力于农业的发展，这体现在使成员内部价格一体化同时对外征收统一关税等方面，共同基金的建立也大大促进了农业的统一发展，欧共体的整体竞争力得到提高，在农产品供应市场上迅速占据了有利地位。欧盟则转向了科技的发展。欧盟深知自身与美国的差距，这种差距尤其体现在技术层面。为了缩小差距并增强竞争力，欧盟选择了一条经过历史证明很有效的道路，或者说选择了一个正确的行业，为促进世界分工格局的演变作出了贡献，这个行业就是飞机制造业。空客的发展，无疑加速了欧盟的发展。飞机制造行业和其他行业不同，主要体现在该行业的不完全竞争和规模经济等方面，还可能具有伴随规模经济而产生的技术外溢等优势。更关键的是，政府在这个过程中发挥关键的作用。规模经济的形成，与技术的发展和政府的大力支持有很大关系。政府补贴空客的研发费用并促进科技发展，通过金融信贷支持等政策提供便利化的服务等，这一系列政府支持措施使得空客与美国波音成为双寡头垄断市场的重要组成部分。

纵观欧盟整个发展历程，不难发现欧盟实行战略性贸易政策的原因：首先是为了解决经济发展的问题。21 世纪初期，欧盟的经济由于老龄化比较严重和失业率高等发展缓慢，且与美国和日本的差距很大。即使美国遭遇了次贷危机，依然比欧盟的发展要迅速。

为了快速弥补这个差距，也为了减少进口对欧盟整体经济的进一步冲击，欧盟转向实施战略性贸易政策。其次，由于同期日本和美国都采取了战略性贸易政策，欧盟不得不采取同样的战略来保护自身的发展，并减少流向日本和美国的利润。从上述分析中可以看到，欧盟着力进行科技实践，其实也是寻求与美国和日本之间实现平衡的重要举措。

欧盟战略性贸易政策的关键内容可总结为以下两点：一是高科技行业的补贴。欧盟能从美国和日本的发展中总结很多经验和值得借鉴之处，高科技行业是进行战略性贸易政策的理想行业，具有不完全竞争和规模经济的天然优势，欧盟抓住了这一发展特点，使得高科技行业在与美国的竞争中取得了有利的竞争地位。空客就是一个很好的战略性贸易政策的实践对象，欧盟政府的补贴使空客成为波音强有力的竞争对手。二是对农产品价格的干预。对于进口农产品设置门槛价格就相当于变相征收进口关税，对于内部成员市场设置干预价格就相当于间接补贴。从两个方面进行价格控制，达到保护本国市场并且阻碍其他国家农产品进入的目的。

第 3 节　战略性贸易政策的案例研究

一、波音和空客的战略性贸易政策

在说明战略性贸易政策实施的效果时，通常选取以美国波音和欧洲空客作为主体的案例来说明战略补贴政策。之所以选取这两家厂商，主要是因为两家厂商所在行业的特征适合战略性贸易政策的研究。假设该行业最终只能允许一家厂商进入并生产，同时假设无论哪一家厂商进入，进入的厂商最终将获得 100 万美元的奖励，而没有进入的厂商没有损失也没有利得。如果两家厂商都进入，则每家厂商都将亏损 5 万美元，如果都不进入，则收益都为 0。根据以上描述，假设最初没有采取战略性补贴，则得到的策略集如图 9－3 所示。

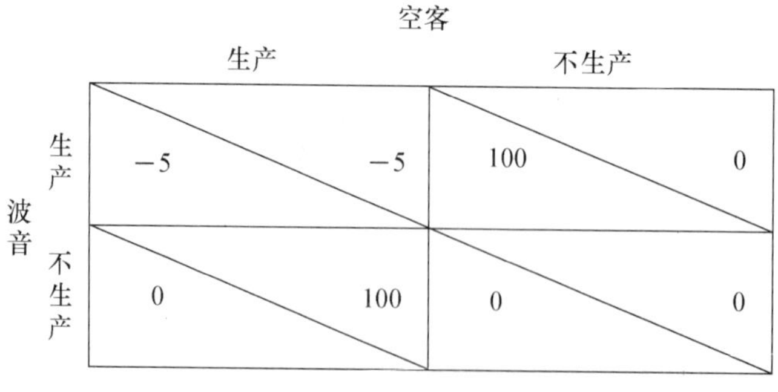

图 9－3　欧洲政府没有采取补贴的情况（万美元）

根据图 9－3，结合博弈论的纯策略纳什均衡解，利用划线法很容易找出该策略集存在波音生产、空客不生产，波音不生产、空客生产这两个均衡解。然而，如果考虑欧洲政府采取战略性补贴政策，设补贴数额为 25 万美元，则可以把图 9－3 经过调整变成图 9－4。

		空客	
		生产	不生产
波音	生产	−5　20	100　0
	不生产	0　125	0　0

图 9－4　欧洲政府采取补贴的情况（万美元）

同样，采取上述博弈均衡分析法来寻找均衡解，通过划线法也能得到一个纳什均衡解，注意此时只有一个均衡解，与没有采取补贴时的两个均衡解是不同的，这个均衡解就是波音不生产、空客生产。在这种情况下，空客获得 125 万美元，此时考虑欧盟整体利得，在扣除政府补贴成本后，还有 100 万美元的利润，同时还占据了市场，这个结果也正是欧盟所希望看到的。

虽然实际情况可能并不如此，即前提假设在很多情况下是不成立的，但是这样一个简化的分析思路对于理解战略性贸易政策对整个国家福利的获得很有帮助，战略性贸易政策无论是在市场份额的获取上还是在国民福利的改善上，都能发挥很重要的作用。

二、日本对汽车产业实施的战略性贸易政策

众所周知，日本的汽车产业从无到有，发展壮大，打造了众多世界级品牌，日本已成为当今世界汽车产业大国。日本汽车产业的发展可以分为六个时期：第一，初期阶段（1945 年之前）。当时日本国内只有丰田和日产等几个汽车厂家，产量很低不足以出口，所以日本主要采取进口汽车，再限制进口整车，再到自己组装汽车配件的做法，并一直发展下去，逐渐有了自己成型的汽车。第二，学习时期（1945—1952 年）。日本号召国内发展汽车产业以恢复国内经济，通产省紧急召开会议并制定了一系列政策措施来限制汽车进口，支持国内汽车产业发展。第三，进口替代时期（1952—1960 年）。日本推行“振兴出口—推行产业合理化—获取资本”的路线，继续与美国开展经济合作，同时注重加工贸易的发展，采取很多措施，诸如税收优惠、限制进口等，来支持以国内生产代替进口的倡议，并且鼓励国内消费者购买国产车。慢慢地在政策的保护下，汽车产业进入了多种类和小批量规模生产阶段。第四，出口导向时期（1960—1970 年）。这是日本汽车产业迅速打入国际市场的时期，通过进口的减少和出口的增加，日本在汽车出口量上成为仅次于美国和德国的第三大国，汽车产业进一步扩大了生产规模。第五，全球竞争时期（20 世纪八九十年代）。日本在保持汽车生产出口量增长的前提下，着力挖掘国外市场，加强技术研发以及产品升级换代，成功超过德国和美国两个竞争对手，成为世界第一汽车大国。第六，持续发展时期（21 世纪至今）。在重视科技信息化和可持续发展的今天，日本积极寻求新的汽车动力原料来解决环保问题，并不断尝试创新。

日本在汽车产业发展的不同阶段所采取的政策不尽相同，这些政策可以简单地归纳

如下。

（一）产业发展初期的战略性政策

日本汽车产业在发展初期，基本是依靠政府的扶持政策，政府主要提供税收减免和贷款支持等优惠政策。在初期，日本生产任务的焦点主要在扩大生产规模、保护和扶持国内企业等方面。虽然日本的汽车厂商很多，政府的扶持政策也有利于国内垄断市场的形成，但是日本没有形成规模经济，也未达到能与国外市场相抗衡的地步。日本政府在20世纪50年代制定了一系列措施，包括贷款优惠、降低或者减免税收等，企业得以积累资金并迅速扩大生产规模；鼓励企业积极引进技术人才，促进企业设备的现代化。

（二）产业发展中期的战略性政策

在经过初期发展和积累阶段后，日本的汽车产业迅速发展壮大，同时政府的战略性政策也持续跟进。在政策层面，日本政府考虑产业政策和贸易政策的结合，同时施加宏观调控手段，使保护政策扩展到与汽车前向关联的若干产业，以增强其经济实力和国际竞争力。在金融层面，除了实行外币分配制度，还在税收和外汇等方面给予汽车企业一定的保护和优惠。例如，对汽车产业的投资市场采取分阶段逐渐开放的方式，同时在其他第三产业中也积极采取相应措施，与汽车产业发展相配套。在政策支持层面，出台出口优惠金制度、出口振兴税收制度和出口保险制度，帮助企业积极扩展海外市场。经过这一阶段战略性贸易政策的实施，日本的轿车出口量增加了30多倍，在20世纪60年代中期的短短几年内，其汽车成功出口到欧美地区。

（三）产业发展后期的战略性政策

在汽车产业发展前期日本政府出台了一些硬性措施，在后期主要采取重研发和学习的“以进口保护促进出口”政策。20世纪70年代后期，国内外环境的变化和汽车产业竞争的加剧使得日本重新思考并寻找新的汽车产业发展政策。日本政府对企业的适当补贴促使企业进行产业结构升级，同时注重高尖端技术的开发，在贸易政策上也开始强调贸易和投资自由化。日本汽车产业的发展战略不仅在宏观政策上有所调整，还注重对相关行业，例如降低尾气污染等的资金投入。有关数据显示，1975年日本治理尾气污染的研发费用达到了7年前的14.6倍，约合700亿日元，同时研发相关人员达到了7年前的8.4倍，约有7 000人。总之，日本政府在这一阶段对各项政策措施的综合利用，使得汽车产业进入良性循环阶段，这不仅有利于技术创新，还增强了日本汽车产业的国际竞争力。

本章小结

本章第1节介绍了战略性贸易政策的含义，梳理了国际贸易政策相关理论的发展脉络，进而介绍了以利润转移理论和外部经济理论为基础构建的战略性贸易政策理论体系，最后对战略性贸易政策的理论发展进行了回顾。第2节深入分析了日本、美国以及欧盟等国家或地区的战略性贸易政策实践。在此基础上，第 3 节分别以波音和空客，以及日本对汽车产业的战略性贸易政策为例，进行了案例讨论。

关键词

战略性贸易政策　幼稚工业保护理论　利润转移理论　外部经济理论

复习与思考题

1. 国际贸易政策的相关理论有哪些？各理论的主要观点是什么？
2. 战略性贸易政策的主要内容是什么？政策的利弊有哪些？
3. 战略性补贴政策与一般的补贴政策有什么区别？

第10章

国民收入核算与国际收支

学习目标

- 理解什么是国际收支，理解国际收支核算与国民收入核算的关系。
- 掌握国际收支平衡表的构成、编制方法，能够从国际收支项目构成、变动和差额角度进行分析。
- 理解什么是国际收支平衡，掌握国际收支不平衡的原因和影响。
- 理解国际收支调节的基本理论。

第1节　国民收入核算

一、国民收入核算：生产、收入与支出

国际经济活动是开放经济条件下国民经济不可或缺的经济活动，构成经济增长的动力源泉。国际经济活动的产品贸易、商用服务以及资本流动广泛地影响国民账户及其变化，是国民收入核算的基本问题之一。国民收入是指物质生产部门劳动者在一定时期内所创造的价值，是从社会总产值中扣除物质消耗后的剩余部分。

从一个循环经济的整体来看，一定时期内经济体内的生产、收入与支出的价值应当相等。在生产过程中，生产者为其产品或服务新增加或赋予的价值与支付给所使用的生产要素的价格相等，生产要素拥有者应当获得与价值增加量相等的收入；在交换过程中，消费者所获得的一部分收入又将转换为支出，消费者购买的商品或服务的价值则与该商品或服务生产过程中所付出的所有生产要素的价值相等。

因而，国民收入这一概念也可以从生产的角度进行考察。

（一）测量指标：国内生产总值与国民生产总值

基于国土或国民准则的国民收入的测量指标分别是国内生产总值（gross domestic

product，GDP）及国民生产总值（gross national product，GNP）。

国内生产总值是指按市场价格计算的一个国家（或地区）所有常住单位在一定时期内生产活动的最终成果。国内生产总值有三种表现形态，即价值形态、收入形态和产品形态。从价值形态看，它是所有常住单位在一定时期内生产的全部货物和服务价值与同期投入的全部非固定资产货物和服务价值的差额，即所有常住单位的增加值之和；从收入形态看，它是所有常住单位在一定时期内创造并分配给常住单位和非常住单位的初次收入之和；从产品形态看，它是所有常住单位在一定时期内最终使用的货物和服务价值与货物和服务净出口价值之和。在实际核算中，国内生产总值有三种计算方法，即生产法、收入法和支出法。三种方法分别从不同的视角反映国内生产总值及其构成。

国民生产总值是指一个国家（或地区）所有常住单位在一定时期内收入初次分配的最终结果。一国常住单位从事生产活动所创造的增加值在初次分配中主要分配给该国的常住单位，但也有一部分以生产税及进口税（扣除生产和进口补贴）、劳动者报酬和财产收入等形式分配给非常住单位；同时，国外生产所创造的增加值也有一部分以生产税及进口税（扣除生产和进口补贴）、劳动者报酬和财产收入等形式分配给该国的常住单位。

从统计原则来看，国内生产总值与国民生产总值遵循的原则不同，前者计算一段特定时期内本地进行的生产，后者则计算本地居民的总体收入。国内生产总值强调“领土”概念，在国土原则下，在本国领土上创造的收入，无论是否由本国国民创造，都被计入本国的国内生产总值；国民生产总值则强调“生产要素”概念，在国民原则下，凡是本国国民（包括本国公民以及常住外国但未加入外国国籍的居民）所创造的收入，无论生产要素是否在国内，都被计入本国的国民收入。具体而言，GDP 包括外国人在本国赚到的收入，不包括本国公民在国外赚到的收入；GNP 则与之相反，包括本国公民在国外赚到的收入，不包括外国人在本国赚到的收入。

国际上通行的方法是以 GDP 为基础计算 GNP，用公式可以表示为：

GNP ＝GDP＋对外要素收入净额
　　＝GDP＋来自国外的要素收入－支付给国外的要素收入

（二）核算方法：生产法、收入法、支出法

分别从生产、收入、支出的视角观察经济运行构成了国民收入核算的三种方法：生产法、收入法、支出法。

1. 生产法

生产法是从生产的角度衡量常住单位在核算期内的最终成果，通过汇总该国的工业和生产性企业在每一生产阶段内的增加值得出按要素成本计算的国内生产总值。从全社会来看，国民经济各行业生产法增加值之和即为生产法计算的 GDP 总量。生产法消除了生产各环节的重复计算。比如，生产企业以价格 P_1 购得原材料，并将该原材料所生产的最终产品以价格 P_2 卖给消费者，这一过程中产生的 GDP 为 P_2，而并非 P_1+P_2，原因是中间物品的价值已经作为最终产品的一部分在 P_2 中得到体现，无须再次计算。

图 10－1 显示了 2013—2017 年三次产业增加值占国内生产总值的比重。

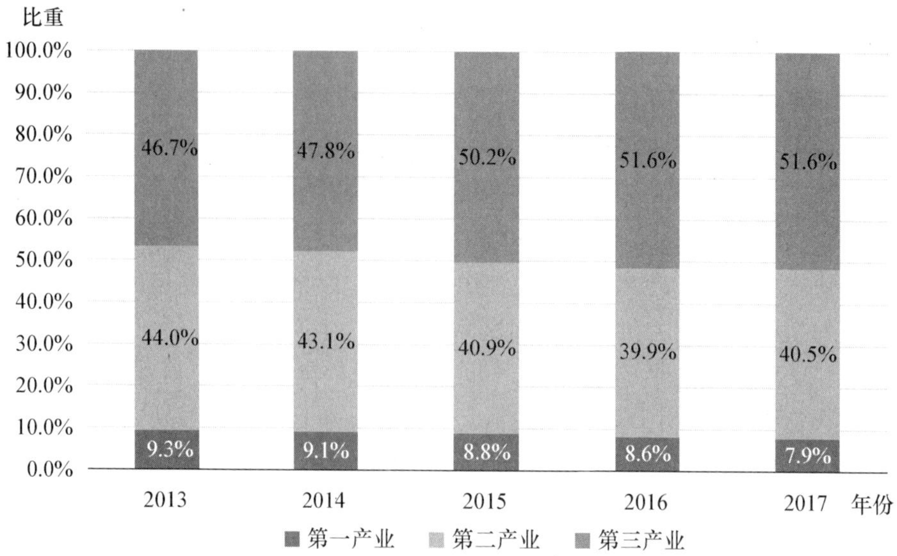

图 10-1　2013—2017 年三次产业增加值占国内生产总值的比重

资料来源：国家统计局．2017 年统计公报．

2. 收入法

收入法是从生产过程形成收入的角度，根据生产要素应得收入份额反映生产过程中最终成果的计算方法。其中，个人所得为劳动者报酬，企业所得为固定资产折旧和营业盈余，国家所得为生产税净额（扣除支付给企业的各类补贴）。各行业收入法增加值之和就是收入法计算的 GDP 总量。计算公式为：

收入法国内生产总值＝劳动者报酬＋固定资产折旧＋营业盈余＋生产税净额

3. 支出法

支出法是从最终使用的角度反映一个国家（或地区）一定时期内生产活动最终成果的一种方法，包括最终消费支出、资本形成总额及货物和服务净出口三部分。资本形成总额指常住单位在一定时期内获得减去处置的固定资产和存货的净额，包括固定资本形成总额和存货变动两部分。在经济分析中，资本形成总额通常称作投资，包括固定资本、存货和贵重物品，这里的投资主体包括家庭、企业与政府；而在国民账户核算时使用资本形成一词表示非金融资产投资，以便与金融资产投资进行明确区分。

支出法计算中只加总最终购买价值，而把所有对中间货物的支出排除在外。计算公式为：

支出法国内生产总值＝最终消费支出＋资本形成总额＋货物和服务净出口

消费需求、投资需求和外部需求并称为拉动经济增长的“三架马车”，分别对应 GDP 支出核算中的最终消费支出、资本形成总额及货物和服务净出口三个指标。

通过区分最终消费支出与资本形成总额中的不同主体，即家庭、企业与政府，支出法计算的国内生产总值同样可以分为消费（C）、投资（I）、政府购买（G）与净出口（NX）四项。消费包括家庭购买的物品与劳务；投资包括为了未来使用或盈利而购买的物品，投资主体可以是企业或家庭，投资项目包括固定资本与存货资本；政府购买则包括政府购买的物品与劳务。计算公式为：

支出法国内生产总值＝消费(C)＋投资(I)＋政府购买(G)＋净出口(NX)

国民收入核算恒等式显示，出口减去进口即净出口构成了开放经济条件下国内生产总值增长的重要源泉。

（三）国民收入核算的其他指标

国民生产净值，又称国民净收入，是指一个国家在一定时期内，国民经济各部门生产的最终产品和劳务价值的净值，一般以市场价格计算。计算公式为：

国民生产净值 ＝国民生产总值 － 固定资产折旧

与国民生产净值相关的一个概念是国内生产净值（net domestic product，NDP)，两者之间的关系与国民生产总值和国内生产总值的关系相似。国内生产净值是指一个国家（或地区）所有常住单位在一定时期（通常为一年）内运用生产要素净生产的全部最终产品（包括物品和劳务）的市场价值。计算公式为：

国内生产净值 ＝ 国内生产总值－固定资产消耗

国内生产净值与国民生产净值的关系可表示为：

国内生产净值 ＝ 国民生产净值－来自国外的原始收入＋付给国外的原始收入

二、开放经济中的收入核算：国际收支

（一）国际收支的概念

国际收支综合反映了一个经济体的国际经济关系，包括国际经济表现、汇率政策、储备管理和对外脆弱性等。从时间上看，一国的国际收支是一个流量，反映了一定时期内一个国家对外交易的情况，也是构成国民生产总值的一个部分；从范围上看，国际收支的概念可以从狭义和广义两个角度理解。

狭义的国际收支是一国以现金支付为基础的对外外汇资金收支。只有以现金支付的国际经济交易才能计入国际收支，而如债权、债务、无偿援助、实物形式的投资等无货币支付的经济往来则不在考量范围内。这是较早时候人们对国际收支概念的理解。

随着国际经济交往不断发展，不涉及货币支付的对外贸易占国际交易的比重不断扩大，以跨国公司为载体的国际资本流动日益频繁，国际收支的概念也得以扩充，国际货币基金组织（IMF）提出的广义国际收支概念逐渐为各国接受。

广义的国际收支是一国与世界其他国家（或地区）之间由各种经济往来而发生的收入和支付，既包括涉及外汇收支的国际经济往来，也包括不涉及外汇收支的国际经济往来；既包括国家间的交换行为，也包括单方面转移及其他诸如黄金货币化、特别提款权分配与取消、债权债务再分类等行为，它们统称为对外交易。

为了给世界各经济体的国际收支统计提供标准化的框架，IMF于1948年首次颁布了《国际收支平衡表手册》（*Balance of Payments Manual*）作为国际通用的指导原则。经过多次修改，当前采用的是2008年发布的第六版，手册名称也更改为《国际收支和国际投资头寸手册》（*Balance of Payments and International Investment Position Manual*）。

国际收支平衡表是一段时间内居民与非居民之间的交易汇总统计表，是国际收支核算的重要工具。根据《国际收支和国际投资头寸手册》，按照对国际经济活动的分类，国际收支平衡表包括经常账户、资本账户和金融账户。其中经常账户由货物和服务账户、初次收入账户和二次收入账户构成。此外，国际收支平衡表中还设有净误差与遗漏项目以包含统计残差项。

（二）国际收支账户

1. 经常账户

经常账户显示的是居民与非居民之间货物、服务、初次收入和二次收入的流量，是国际收支中重要的账户类别。

小资料

对“经常”的理解

从英文“current account”的角度出发或许更有利于理解经常账户的含义。从“经常”的角度来说，货物与服务贸易、初次收入、二次收入这些项目是国际贸易中最基本、最普遍发生的经济交易，将其分至一个统一的账户名下；从“流动”的角度来说，相对于资本账户中各种类型的投资、储备资产而言，经常账户中所产生的资金往往流动性更强，因而经常账户有时也被称为现金账户。

（1）货物和服务账户。货物和服务账户记录居民与非居民之间货物和服务的交换，属于生产活动成果的交易项目。

货物为有形的生产性项目，对其可建立所有者权益，且其经济所有权可以通过交易由一机构单位转移至另一机构单位。它们可以用来满足住户或社会的需求，或者用来生产其他货物或服务。

货物和服务流量的对应分录可在金融账户、经常账户或资本账户中。如果项目的款项是在货物或服务提供时支付，对应分录在金融账户下，例如货币和存款。如果款项不是在所有权变更时支付，则产生贸易信贷或其他形式的金融工具，例如汇票。如果款项是在所有权变更前支付，则为进口方向出口方的预付款。有些情况下，货物和服务交换获得的不是金融资产，例如易货贸易，则对应分录为货物和服务。援助或赠予时，对应分录是经常转移或资本转移。

服务是改变消费单位条件或促进产品或金融资产交换的生产活动成果。服务一般不是可以单独建立所有者权益的项目，通常无法与其生产分离开来。服务一般包括加工服务、维护和维修服务、运输、旅行、建设、保险和养老金服务、金融服务、知识产权使用费、计算机和信息服务、文化和娱乐服务、其他商业服务等。

（2）初次收入账户。初次收入账户显示的是居民与非居民机构单位之间的初次收入流量，反映了机构单位因其对生产过程所做的贡献或向其他机构单位提供金融资产、出租自然资源等所获得的回报。初次收入可细分为两类情形：

1）与生产过程相关的收入。雇员报酬是向生产过程投入劳务的收入。对产品和生产的税收和补贴也是有关生产的收入。

2）与金融资产和其他非生产资产所有权相关的收入。财产收入是提供金融资产和出租自然资源所获得的回报。投资收益是提供金融资产所得的回报，包括股息和准公司收益提取、再投资收益和利息。但是，对金融衍生品和雇员认股权的所有权不产生投资收益。

（3）二次收入账户。二次收入账户表示居民与非居民之间的经常转移。各种不同类型的经常转移计入本账户，表明其在经济体间收入分配过程中的作用。转移可以为现金转移或实物转移。资本转移列示于资本账户中。

初次收入与二次收入的区别在于，初次收入是提供劳务、金融资产和出租自然资源而获得的回报，二次收入则是通过政府或慈善组织等的经常转移对收入的重新分配。初次收入影响国民收入；二次收入与初次收入共同影响国民可支配总收入。资本转移不影响可支配收入，因此计入资本账户。

小资料

交换与转移

每笔交易都是一次交换或转移。交换是指提供具有经济价值的某物换得相应经济价值的物品。转移是一个机构单位向另一个机构单位提供货物、服务、金融资产或其他非生产资产而无相应经济价值物品回报的分录。如果为换取某一物品而提供的价值在经济上不重要或远远低于其价值，也视为发生转移。转移可分为资本性的或者经常性的，经常转移计入二次收入账户，资本转移则计入资本账户。

国际账户的会计体系要求交易各方记录两个分录。提供具有经济价值的某物（如货物、服务或金融资产）而无相应经济价值物品回报时，对应的分录须记为转移。转移可分为现金转移和实物转移。现金转移是指一个机构单位向另一个机构单位支付货币或可转让存款而无任何回报。实物转移是指非现金类货物或资产所有权的转移，或提供服务而未获得具有相应经济价值物品的回报。

经常账户各项交易差额的总和称为经常账户差额（current account balance，CAB），显示了出口和应收收入之和与进口和应付收入之和之间的差额（出口和进口指货物和服务，收入指初次收入和二次收入）。它反映了一个经济体的储蓄和投资行为，是分析对外不平衡的重要经济总量指标。

根据经常账户的分类，经常账户差额可分为贸易收支差额（balance of trade，BOT）、初次收入差额（balance of primary income，BPI）和二次收入差额（balance of secondary income，BSI）。贸易收支差额是指包括货物和服务在内的出口与进口贸易之间的差值，在国民收入核算中也被称为净出口或贸易余额。

当出口总值大于进口总值时，出现贸易盈余，贸易收支差额为正，称为贸易顺差；当进口总值大于出口总值时，出现贸易赤字，贸易收支差额为负，称为贸易逆差；当出口总值与进口总值相等时，贸易收支差额为零，称为贸易平衡。根据其划分，经常账户差额可用公式表示为：

$$\begin{aligned} CAB &= BOT + BPI + BSI \\ &= NX + BPI + BSI \end{aligned}$$

由国民收入恒等式，有

$$GDP = C + I + G + NX$$

国民可支配总收入（gross national disposable income，GNDI）指国内生产总值加上来自国外的收入和经常转移净额，即加上经常账户中的初次收入和二次收入净额，因此有

$$\begin{aligned} GNDI &= GDP + BPI + BSI \\ &= C + I + G + NX + BPI + BSI \end{aligned}$$

根据上式，经常账户差额也可以视为可支配收入与支出之间的差额，即有

$$CAB = GNDI - C - I - G$$

如国民账户体系的收入使用账户对总储蓄（S）的定义：

$$S = GNDI - C - G$$

将上式代入经常账户差额表达式，则有

$$CAB = S - I$$

即经常账户差额等于储蓄和投资的差额。分析经济体的经常账户差额变化时，较为重要的是了解这些变化如何反映储蓄和投资的变动。

当 $S<I$ 即本国储蓄不足以支持本国投资时，可以通过产生 $CA<0$ 即经常账户赤字来以产品的净进口满足投资需要，形成国内资产，并产生对外债务，实际上就是利用国外资本弥补本国的储蓄缺口；当 $S>I$ 即本国储蓄超过国内投资需要时，则可以通过净出口带来的资本流出而形成海外资产。我国的国际收支结构 $CA>0$ 也反映了这一点。

因此，一国出现了经常账户盈余，意味着资本从经常账户盈余国家流入赤字国家，为后者国内资本存量的增加提供融资。从这个角度看，决定经常账户状况的主要因素是各国储蓄、投资状况之间的差异，各国商品与服务的进出口情况则是对这一差异的反映。当私营部门的投资储蓄行为比较稳定时，经常账户反映了政府财政收支行为，即反映了经常账户与财政政策之间的密切关系。

2. 资本和金融账户

资本和金融账户反映国际资本移动，可分为资本账户①与金融账户。

资本账户显示的是，居民与非居民之间应收和应付资本转移，以及非生产非金融资产的取得和处置。资本转移指的是，一方提供用于资本目的的资源，但该方没有得到任

① 经济学文献中，“资本账户”一词通常用来表示《国际收支和国际投资头寸手册》和《国民账户体系》中所称的金融账户。《国际收支和国际投资头寸手册》第五版之前的版本也一直采用“资本账户”这一术语，表述方法的更改主要是为了与国民账户体系保持一致，以区别资本交易和金融交易。

何直接经济价值回报。常见的资本转移包括债务减免、投资捐赠等。非生产非金融资产主要包括自然资源，契约、租约和许可，营销资产（和商誉）。例如，向使馆出售的土地，租约和许可的出售。与经常转移相比，资本转移使交易一方或双方的资产存量相应变化，而不影响任何一方的储蓄，通常价值较大且频率较低；而经常转移直接影响可支配收入的水平和对货物或服务的消费能力。

金融账户显示的是，金融资产和负债的获得和处置净额。金融账户主要包括直接投资、证券投资、金融衍生产品（储备除外）和雇员认股权、其他投资、储备资产。

金融账户的总差额称为净贷款或者净借款。净贷款表示，就净值而言，考虑了金融资产的取得和处置以及负债的发生和偿还后，一个经济体向世界其他经济体提供的资金；净借款的含义则与净贷款相反。

3. 净误差与遗漏

净误差与遗漏的本质是统计残差项，是为了使国际收支平衡表的借贷双方平衡而设立的。国际收支平衡表的编制采取复式记账法，遵循"有借必有贷，借贷必相等"的会计原则，但在实际统计过程中，由于数据来源于海关、商务部、统计部等诸多部门，数据的统计时点、统计口径存在一定差异，甚至存在一些数据需要估计的情况，净误差与遗漏不可避免。同时，热钱流入、资本外逃等违法行为也会导致净误差与遗漏的产生。

三、国际收支平衡表

（一）国际收支平衡表的编制

1. 国际收支平衡表编制的原则

（1）记录对象：居民原则。国际收支中记录的交易是居民与非居民机构单位之间的交易行为。按照国际账户的性质，将不记录单位内的交易。为确定一项涉及对外金融资产的交易是否为居民与非居民之间的交易，编制人员必须了解双方的身份。

（2）记录期限：会计分期原则。流量反映经济价值的创造、转换、交换、转移或灭失，包括一个机构单位资产和负债的数量、组成或价值的变化。将流量和头寸结合在一起，能让所记录的流量全面解释两个时点头寸之间的所有变化。金融资产和负债的头寸和流量按照金融资产和负债的职能和工具类别加以分类。非金融交易一般按其性质和特点进行分类。对外金融资产和负债的头寸显示在国际投资头寸（international investment position，IIP）中。

小资料

国际投资头寸与国际收支平衡表

国际投资头寸是显示某一时点上价值的报表，包括：一经济体居民对非居民的债权或作为储备资产持有的金块等金融资产，以及一经济体居民对非居民的负债。资产和负债之间的差额为净国际投资头寸，是对世界其他地方的净债权或净负债。国际投资头寸是国家资产负债表中资产和负债的子集。除了国际投资头寸外，国家资产负债表还包括非金融资产，以及居民之间的金融资产和负债头寸。

根据国际货币基金组织《国际收支和国际投资头寸手册》，国际收支平衡表与国际投资头寸表的关联如图10－2所示：

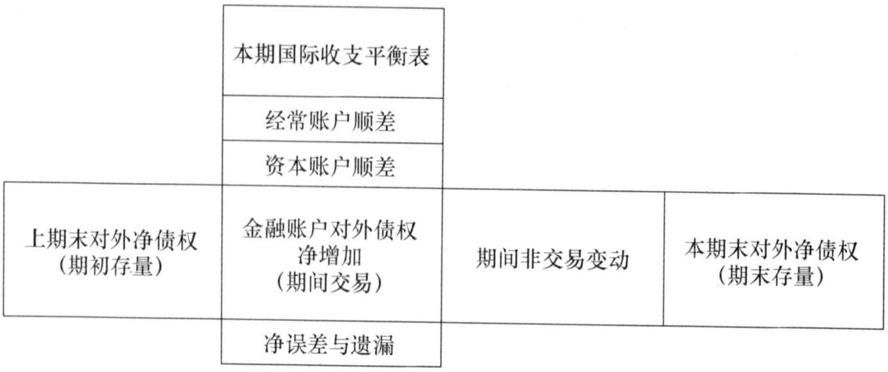

图10－2　国际收支平衡表与国际投资头寸表之间的关联

（3）记录时间：权责发生制原则。权责发生制在经济价值创造、转换、交换、转移或消失时记录流量。这意味着，反映经济所有权变更的流量是在所有权转移时记录，服务则是在提供时记录。换言之，经济事件是在其发生期间记录，而无论是否已经收到或支付了现金，还是将会收到或支付现金。如果一个经济事件需要在稍后的某个日期结算（例如通过贸易信贷进口货物），那么时滞将通过分开记录每个事件加以衔接，进口时的对应分录为应付贸易信贷。

“经济所有权”一词反映了经济账户所要衡量的实际情况。经济所有权考虑的是，所有权的风险和收益位于哪一方。从经济角度说，所有权变更意味着与所有权有关的所有风险、收益以及权利和义务实际上都转移了。

小资料

到期支付制、承诺制、收付实现制与权责发生制

除了权责发生制外，关于账目的记录时间还有到期支付制、承诺制、收付实现制这三种常见的记录方式。

到期支付制在付款到期时，记录产生现金支付的流量。如果一笔款项在到期前支付，那么将在支付现金时记录流量。

承诺制在一个单位承诺进行一笔交易时记录流量。通常情况下，这一制度可能仅适用于金融资产的获得或负债的产生，以及货物、服务和劳动力投入的购买。记录时间一般为作出承诺或发出购买订单时。

收付实现制在收到或拨付现金时记录流量。严格的收付实现制只包括那些将现金作为交换媒介的流量。

在权责发生制下，记录时间与发生实际资源流量的事件时间相符。而在收付实现制下，记录时间可能大大偏离现金流量所涉及的经济活动和交易的时间。在大多数情况下，虽然到期支付制能减少收付实现制所带来的长时间延误，但在该制度下，交易通常是在资源流量发生后记录。在承诺制下，记录时间将先于实际资源流动的时间。

（4）计值方式：市场价格原则。市场价格指现行交换价值，即货物和其他资产、服务和劳动被交换的价值，或者被兑换为现金的价值。在国际账户中，市场价格是计值的基础。交易的市场价格指在双方自愿的前提下，买方为获取某物而向卖方支付的货币数额；交换是在相互独立的当事人之间进行的，而且只以商业考虑为基础。根据这种严格的定义，市场价格仅指规定条件下的具体交换价格。相同单位的第二次交换，即使在几乎完全一样的情况下进行，也会形成不同的市场价格。

以这种方式定义的市场价格显然有别于市场报价、世界市场价格、时价、公允市场价格或一系列被推测为类似的交换类型的一般性价格，市场价格是具体交换的实际价格。此外，市场价格不必是自由市场价格，即市场交易不应理解为只在完全竞争市场情况下发生。实际上，一项市场交易可以在卖方垄断、买方垄断或其他市场结构中进行。市场可能很狭窄，以致此类市场只由独立当事人之间的唯一交易组成。

在无法观测交易的市场价格时，按等价物的市场价格计算，可以得到近似的市场价格。在这种情况下，如果有相同或类似项目的市场价格，则能为市场价格原则的运用提供良好基础。

国际账户可以按本币编制，也可按另一种货币编制。需要按本币编制数据是因为除了外币被作为法定货币的情况外，其他一些宏观经济数据和微观数据都是按本币编制的。经济分析通常采用若干宏观统计数据。

另外，可能需要按国际计账单位（外币）编制数据，以便进行国际流动性管理，解决高通货膨胀、汇率大幅波动和多重汇率等特殊问题。此外，为进行全球或地区范围的汇总和方便国际比较，也有必要使用标准计账单位或国际计账单位。

从国际角度看，全球性报表和分析需要采用标准计账单位。从原则上说，每笔交易都应采用该交易发生时的实际汇率进行折算。对每日交易采用日平均汇率通常能作出很好的估计。如果无法采用日汇率，则应采用最短期间的平均汇率。有些交易是在一段时间内连续发生的，例如，一段时间内的应计利息。因此，对于这类流量，应采用流量发生期间的平均汇率进行货币折算。

（5）编制方法：复式记账法。在作为国际收支基础的复式记账会计制度下，每笔交易的记录由贷方和借方两个分录组成，贷方分录合计金额与借方分录合计金额相等，反映了每笔交易的流入和流出。注意，在编制国际收支平衡表时，采用先贷记后借记的记账方式。表 10－1 总结了常见的分录编制方法。

表 10－1　国际收支平衡表常见的分录编制方法

	借记（Dr）	贷记（Cr）
经常账户		
货物和服务	进口	出口
一次收入	应付收入	应收收入
二次收入	国内向国外的转移	国外向国内的转移
资本和金融账户		
资产	资产增加	资产减少
负债	负债减少	负债增加

2. 实践运用

下面以A国和B国的经济往来为例，编制A国的国际收支平衡表会计分录（单位：万美元）。

（1）A国企业向B国企业出口价值300万美元的商品，B国企业以其在A国的存款支付。

贷：经常账户——货物——出口　300

　　借：资本和金融账户——金融账户——其他投资　300

（2）A国旅客在B国旅行时购买了价值25万美元的服务，款项直接打入对方在A国的账户。

贷：资本和金融账户——金融账户——其他投资　25

　　借：经常账户——服务——进口　25

（3）B国居民在A国取得35万美元工资收入，并将其中20万美元汇回本国，剩余15万美元用于购买A国债券。

贷：资本和金融账户——金融账户——其他投资　20

　　资本和金融账户——金融账户——证券投资　15

　　借：经常账户——初次收入——雇员报酬　35

（4）A国政府用其外汇储备向B国政府提供价值50万美元的无偿援助。

贷：资本和金融账户——金融账户——储备资产　50

　　借：经常账户——二次收入——其他二次收入　50

由于每笔业务都有两个分录，因此，从概念上说，一国国际收支中的贷方分录合计额与借方分录合计额之差为零，即整个账户是平衡的。但在实际操作中，由于原始数据和编制过程的不理想，会带来不平衡问题。这种不平衡是国际收支数据的一个常见特点，被称为净误差与遗漏，在公布的数据中单独列出。

净误差与遗漏可以通过残差项进行推算：将金融账户的净贷款/净借款余额，减去从经常账户和资本账户中推算的净贷款/净借款余额来推算，但方向相反。当贷方总计大于借方总计时，该差额显示在净误差与遗漏账户的借方；当借方总计大于贷方总计时，该差额显示在净误差与遗漏账户的贷方。

例如，如果根据经常账户和资本账户推算的净贷款/净借款额为29万美元，而从金融账户推算的净贷款/净借款额为31万美元，那么净误差与遗漏为+2万美元。因此，净误差与遗漏为正值时，可能显示以下总体趋势中的一种或几种：

1）经常账户和资本账户中的贷项值过低 。

2）经常账户和资本账户中的借项值过高 。

3）金融账户中的资产净增加值过高 。

4）金融账户中的负债净增加值过低。

净误差与遗漏为负值时，这些趋势相反。

（二）国际收支平衡表的分析

对国际收支平衡表的分析可以从国际收支项目构成、国际收支项目变动、国际收支差额三个方面进行。表 10 - 2 展示了 2017—2018 年中国国际收支平衡表，下面将以此为例对中国国际收支进行分析。

表 10 - 2　2017—2018 年中国国际收支平衡表　　单位：亿美元

项目	行次	2017 年	2018 年
1. 经常账户	1	1 951	491
贷方	2	27 450	29 136
借方	3	−25 499	−28 645
1. A 货物和服务	4	2 107	1 029
贷方	5	24 293	26 510
借方	6	−22 123	−25 481
1. A. a 货物	7	4 759	3 952
贷方	8	22 162	24 174
借方	9	−17 403	−20 223
1. A. b 服务	10	−2 589	−2 922
贷方	11	2 131	2 336
借方	12	−4 720	−5 258
1. A. b. 1 加工服务	13	179	172
贷方	14	181	174
借方	15	−2	−3
1. A. b. 2 维护和维修服务	16	37	46
贷方	17	60	72
借方	18	−23	−25
1. A. b. 3 运输	19	−560	−669
贷方	20	373	423
借方	21	−933	−1 092
1. A. b. 4 旅行	22	−2 193	−2 370
贷方	23	386	404
借方	24	−2 579	−2 773
1. A. b. 5 建设	25	36	49
贷方	26	123	136
借方	27	−86	−86
1. A. b. 6 保险和养老金服务	28	−74	−66
贷方	29	41	49
借方	30	−115	−116
1. A. b. 7 金融服务	31	18	12
贷方	32	34	33
借方	33	−16	−21
1. A. b. 8 知识产权使用费	34	−239	−302
贷方	35	48	56
借方	36	−287	−358
1. A. b. 9 电信、计算机和信息服务	37	75	65
贷方	38	269	300

续表

项目	行次	2017年	2018年
借方	39	−194	−235
1. A. b. 10 其他商业服务	40	169	191
贷方	41	593	662
借方	42	−424	−470
1. A. b. 11 个人、文化和娱乐服务	43	−20	−24
贷方	44	8	10
借方	45	−27	−34
1. A. b. 12 别处未提及的政府服务	46	−18	−27
贷方	47	17	18
借方	48	−35	−45
1. B 初次收入	49	−100	−514
贷方	50	2 876	2 348
借方	51	−2 976	−2 862
1. B. 1 雇员报酬	52	149	82
贷方	53	217	181
借方	54	−68	−99
1. B. 2 投资收益	55	−254	−614
贷方	56	2 652	2 146
借方	57	−2 906	−2 760
1. B. 3 其他初次收入	58	4	18
贷方	59	7	21
借方	60	−3	−3
1. C 二次收入	61	−119	−24
贷方	62	282	278
借方	63	−400	−302
1. C. 1 个人转移	64	−25	−4
贷方	65	70	62
借方	66	−95	−66
1. C. 2 其他二次收入	67	−93	−20
贷方	68	212	216
借方	69	−305	−236
2. 资本和金融账户	70	179	1 111
2. 1 资本账户	71	−1	−6
贷方	72	2	3
借方	73	−3	−9
2. 2 金融账户	74	180	1 117
资产	75	−4 239	−3 721
负债	76	4 419	4 838
2. 2. 1 非储备性质的金融账户	77	1 095	1 306
资产	78	−3 324	−3 532
负债	79	4 419	4 838

续表

项目	行次	2017 年	2018 年
2.2.1.1 直接投资	80	278	1 070
2.2.1.1.1 直接投资资产	81	−1 383	−965
2.2.1.1.1.1 股权	82	−1 363	−790
2.2.1.1.1.2 关联企业债务	83	−20	−175
2.2.1.1.1.a 金融部门	84	−178	−208
2.2.1.1.1.1.a 股权	85	−176	−200
2.2.1.1.1.2.a 关联企业债务	86	−2	−8
2.2.1.1.1.b 非金融部门	87	−1 205	−757
2.2.1.1.1.1.b 股权	88	−1 186	−590
2.2.1.1.1.2.b 关联企业债务	89	−18	−167
2.2.1.1.2 直接投资负债	90	1 661	2 305
2.2.1.1.2.1 股权	91	1 406	1 544
2.2.1.1.2.2 关联企业债务	92	255	491
2.2.1.1.2.a 金融部门	93	121	176
2.2.1.1.2.1.a 股权	94	90	149
2.2.1.1.2.2.a 关联企业债务	95	32	26
2.2.1.1.2.b 非金融部门	96	1 539	1 859
2.2.1.1.2.1.b 股权	97	1 316	1 395
2.2.1.1.2.2.b 债券	98	223	465
2.2.1.2 证券投资	99	295	1 067
2.2.1.2.1 资产	100	−948	−535
2.2.1.2.1.1 股权	101	−328	−177
2.2.1.2.1.2 债券	102	−620	−358
2.2.1.2.2 负债	103	1 243	1 602
2.2.1.2.2.1 股权	104	362	607
2.2.1.2.2.2 关联企业债务	105	881	995
2.2.1.3 金融衍生工具	106	4	−62
2.2.1.3.1 资产	107	15	−48
2.2.1.3.2 负债	108	−12	−13
2.2.1.4 其他投资	109	519	−770
2.2.1.4.1 资产	110	−1 008	−1 984
2.2.1.4.1.1 其他股权	111	0	0
2.2.1.4.1.2 货币和存款	112	−571	−731
2.2.1.4.1.3 贷款	113	−435	−818
2.2.1.4.1.4 保险和养老金	114	0	−6
2.2.1.4.1.5 贸易信贷	115	−194	−653
2.2.1.4.1.6 其他	116	191	224
2.2.1.4.2 负债	117	1 527	1 214
2.2.1.4.2.1 其他股权	118	0	0
2.2.1.4.2.2 货币和存款	119	1 079	514
2.2.1.4.2.3 贷款	120	501	321

续表

项目	行次	2017 年	2018 年
2.2.1.4.2.4 保险和养老金	121	7	2
2.2.1.4.2.5 贸易信贷	122	−12	408
2.2.1.4.2.6 其他	123	−47	−31
2.2.1.4.2.7 特别提款权	124	0	0
2.2.2 储备资产	125	−915	−189
2.2.2.1 货币黄金	126	0	0
2.2.2.2 特别提款权	127	−7	0
2.2.2.3 在国际货币基金组织的储备头寸	128	22	−7
2.2.2.4 外汇储备	129	−930	−182
2.2.2.5 其他储备资产	130	0	0
3. 净误差与遗漏	131	−2 130	−1 602

资料来源：2018 年中国国际收支报告.

首先，从国际收支项目构成来看，2018 年我国经常账户顺差 491 亿美元，资本和金融账户顺差 1 111 亿美元。我国货物和服务贸易合计顺差 1 029 亿美元，是经常账户顺差的主要来源；初次收入①呈现 514 亿美元逆差，项下收入为 2 348 亿美元，主要来源于投资收益（2 146 亿美元）；二次收入呈现 24 亿美元逆差。资本账户逆差 6 亿美元；金融账户中主要的非储备性质的金融账户顺差 1 306 亿美元，从主要项目看，直接投资、证券投资和其他投资表现为顺差，分别为 1 070 亿美元、1 067 亿美元，其他投资逆差 770 亿美元，储备资产存在 189 亿美元逆差。净误差与遗漏为−1 602 亿美元。

其次，从国际收支项目变动来看，2018 年我国经常账户保持基本平衡；非储备性质的金融账户延续上年呈现顺差（见表 10－3）。经常账户中，顺差的主要来源货物和服务贸易差额与 GDP 之比为 0.8%，是 1994 年以来的最低值，表明我国贸易收支更加平衡；初次收入呈现逆差，二次收入逆差收窄。

表 10－3　2011—2018 年我国国际收支差额主要构成

项目	2011 年	2012 年	2013 年	2014 年	2015 年	2016 年	2017 年	2018 年
经常账户差额（亿美元）	1 361	2 154	1 482	2 360	3 042	2 022	1 951	491
与 GDP 之比	1.8%	2.5%	1.5%	2.3%	2.7%	1.8%	1.6%	0.4%
非储备性质的金融账户差额（亿美元）	2 600	−360	3 430	−514	−4 345	−4 161	1 095	1 306
与 GDP 之比	3.4%	−0.4%	3.6%	−0.5%	−3.9%	−3.7%	0.9%	1.0%

资料来源：2017 年、2018 年中国国际收支报告.

从投资方向看，非储备性质的金融账户变动反映了中国跨境资本的流动结构，对外和来华双向投资平稳增长。2018 年，外国来华直接投资、证券投资和其他投资等外来投资（即非储备性质的金融账户负债方）累计净增加 4 838 亿美元，实现连续第三年回升，

① 国际货币基金组织《国际收支和国际投资头寸手册》将经常项下的“收益”改为“初次收入”，将“经常转移”改为“二次收入”。

反映了我国对外国资金的吸引力；2018 年，我国对外直接投资、证券投资和其他投资等对外投资（即非储备性质的金融账户资产方）累计净增加 3 532 亿美元，较 2017 年增加 6%，对外投资合理增长（见图 10－3）。

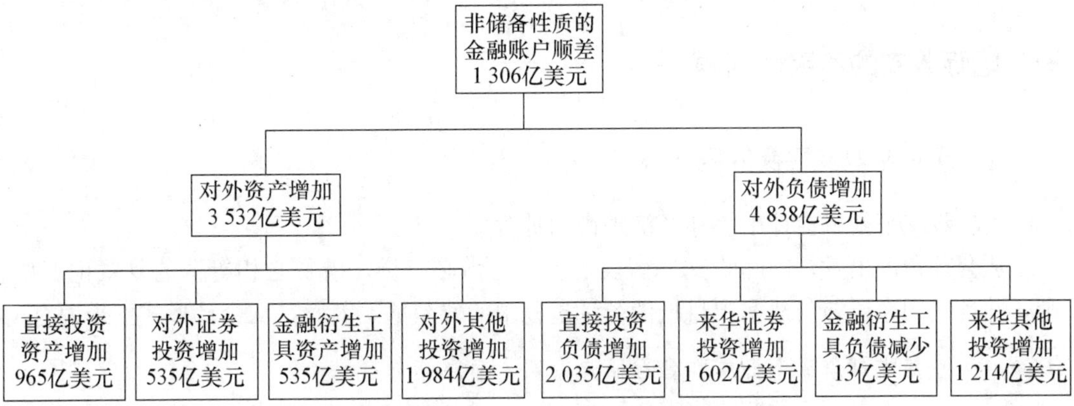

图 10－3　2018 年中国跨境资本流动的结构分析

资料来源：2018 年中国国际收支报告.

再次，从国际收支差额的角度来看，中国国际收支中的两大组成账户，即经常账户、非储备性质的金融账户，表现出“双顺差”的格局。2018 年经常账户顺差 491 亿美元，与 GDP 之比为 0.4%，经常账户更趋于平衡主要体现了国内制造业转型、消费需求增加和升级的结果，对全球经济再平衡也有重要贡献。非储备性质的金融账户保持顺差，在一些新兴经济体出现本币大幅贬值和资本外流的背景下，2018 年我国非储备性质的金融账户顺差 1 306 亿美元，连续两年呈现净流入。总体看，虽然外部环境复杂严峻，但人民币汇率双向浮动弹性增强，国际收支自主平衡的能力进一步提升，我国的外汇储备资产保持基本稳定。

1994—2007 年，经常账户顺差与 GDP 之比由 1%左右提升至 9.9%，外向型经济特征凸显，也带动了国内经济的快速增长；与此同时，我国非储备性质的金融账户也出现了长达 20 年左右的顺差，“双顺差”一度成为我国国际收支的标志性特征。在此情况下，外汇储备余额持续攀升，最高接近 4 万亿美元。但 2008 年国际金融危机进一步表明，我国经济应降低对外需的依赖，更多转向内需拉动。2014 年以来，在内外部环境的共同影响下，非储备性质的金融账户持续了近三年的逆差，外汇储备由升转降，直至 2017 年外汇储备再度回升。近年来，内需尤其是消费需求在经济增长中的作用更加突出，这也是内部经济结构优化与外部经济平衡的互相印证。

我国国际收支长期保持较大顺差的原因主要有三：首先，从国内环境角度看，我国的储蓄率较高，储蓄持续高于投资是导致经常账户呈现顺差的根本原因；其次，从贸易条件角度看，改革开放推动中国经济全面融入世界经济体系，顺应了国际生产网络迅速发展的潮流，我国巨大的劳动力比较优势、庞大的市场需求吸引了大批外资；最后，从贸易政策角度看，中国长期推行吸引外商直接投资的优惠政策，特别是加工贸易型外商直接投资优惠政策，进一步强化了我国贸易“双顺差”的格局。

第 2 节　国际收支平衡

一、国际收支的不平衡问题

（一）国际收支平衡的概念

国际收支平衡有会计平衡和经济平衡两种含义。

从会计角度出发，国际收支平衡表遵循“有借必有贷，借贷必相等”的复式记账原则，并且使用净误差与遗漏项目抵消统计过程中的残差项。因而，从会计形式上来说有

经常账户余额＋资本和金融账户余额＋净误差与遗漏＝0

也即国际收支平衡表的借贷双方相等。

根据国际收支平衡表的编制规则，这一等式是绝对成立的。而这种会计账户形式上的相等并不意味着各个账户的借贷双方相等：正如我们在表 10－2 中见到的，由于货物、服务进出口，资本输入输出不完全相等，各个会计账户往往存在余额，即借贷双方并不相等，这就涉及经济意义上的国际收支平衡的概念。

从经济角度出发，国际收支平衡指的是国际收支各账户的平衡。具体项目上出现的差额为局部差额。各项局部差额的总和（除表示残差项的净误差与遗漏额之外）为国际收支总差额，差额为正时称为国际收支顺差，差额为负时称为国际收支逆差，亦称国际收支盈余或赤字，统称为国际收支不平衡。因而，经济意义上的国际收支不平衡是绝对的、经常的，平衡是相对的、偶然的。一般以一国 GDP 为参考值，认为经常账户占 GDP 之比或者资本和金融账户占 GDP 之比在 0～2%之内是平衡的，反之是失衡的。

国际收支差额反映了在特定的时间段内一国对其他所有国家的交易支付。如果货币的流入大于流出，国际收支是正值；反之则为负值。从理论上来说，国际收支差额来源于经常账户、资本和金融账户的差额。表 10－4 反映了具体账户的不同余额对国际收支差额的影响。

表 10－4　经常账户、资本和金融账户差额组合与国际收支差额的关系

差额组合	经常账户（CA）	资本和金融账户（KA）	两者比较（绝对值）	国际收支差额
顺逆组合	顺差（＋）	逆差（－）	$\|CA\|>\|KA\|$	盈余
			$\|CA\|<\|KA\|$	赤字
			$\|CA\|=\|KA\|$	平衡
逆顺组合	逆差（－）	顺差（＋）	$\|CA\|>\|KA\|$	赤字
			$\|CA\|<\|KA\|$	盈余
			$\|CA\|=\|KA\|$	平衡
双顺差	顺差（＋）	顺差（＋）		盈余
逆顺组合	逆差（－）	逆差（－）		赤字

国际收支的平衡问题可以从三个方面来理解。

第一，从绝对的平衡角度理解，国际收支绝对平衡在实践中既不太可能也没必要，亦无益于一国经济的持续快速发展。一个简单的例子是封闭经济，显然封闭经济的经常账户和资本账户的余额为零，国际收支是绝对平衡的；我国闭关锁国时期既无内债也无外债，而这一政策对我国国民经济带来了严重的消极影响。

第二，从相对的平衡角度理解，国际收支平衡是一个长期的、动态的概念。短期内，有许多可以影响一国国际收支的暂时、随机的扰动因素，而长期内该国国际收支可能重归平衡。

第三，从总体的平衡角度理解，国际收支平衡不仅是一国与外部国家经济平衡的问题，还与该国国内经济平衡紧密相关。从内外部的关系来说，一国经济的内外部平衡是相互作用、互相影响的；一国经济的外部不平衡一定程度上是内部经济结构失衡的结果，而国际收支不平衡也影响着国民收入、国内就业等内部经济平衡。

（二）国际收支不平衡的原因

1. 周期性不平衡

各国所处的经济周期阶段不同会造成国际收支的周期性不平衡。经济周期一般是指经济活动沿着经济发展的总体趋势所经历的有规律的扩张和收缩，是国民总产出、总收入和总就业的周期性的波动变化。经济周期一般包括繁荣、衰退、萧条和复苏四个阶段。当一国处于繁荣阶段，而贸易伙伴处于衰退阶段时，本国国内投资与消费需求较大，易导致本国的贸易收支赤字；反之，当一国处于衰退阶段，而贸易伙伴处于繁荣阶段时，本国社会总需求下降，相应地对进口的需求下降，易导致本国的国际收支盈余。由于各国经济都会经历繁荣和衰退的周期性交替，两国的国际收支也会相应地交替出现顺差和逆差。

2. 结构性不平衡

本国经济贸易结构不能适应国际市场变化时，会引起本国国际收支的结构性不平衡。国内经济和产业结构变动的滞后性，以及本身结构的单一性均会引起本国产品的供需结构不能满足国际市场产品的供需结构，进而引起国际收支的结构性失衡。而国际经济结构变动也可能引起世界性的国际收支不平衡，例如 20 世纪 90 年代以来全球制造业向中国转移，不仅引起中国国际收支长期出现顺差，也使得贸易国的国际收支发生变化。结构性不平衡具有长期的性质，扭转结构性不平衡相当困难。

3. 货币性不平衡

本国或贸易国的价格水平、汇率、利率等货币性因素变化会造成国际收支的货币性不平衡。从经常账户的角度看，如果贸易国货币发行不当，或其他因素引起物价上涨，生产成本上升，将导致本国产品竞争力下降，本国净出口相对提高，易使国际收支出现逆差；反之，如果国内生产成本与一般物价水平下降，将导致本国产品竞争力提高，易使国际收支出现顺差。从资本账户的角度看，如果本国利率下降，将导致资本外流增加，内流减少，易使本国国际收支出现逆差；反之，如果本国利率上升，将导致资本内流增加，外流减少，易使本国国际收支出现顺差。

4. 收入性不平衡

当本国国民收入水平变动导致进口与出口变动率不同时，会造成本国国际收支的收入性不平衡。一国的经济增长率相对较高时，国民收入较高，进口需求增加，引起国际收支逆差；反之，一国的经济增长率相对较低时，国民收入较低，进口需求减少，引起国际收支顺差。当本国与贸易国处于经济周期的不同阶段时，同样会造成不同的经济增长率和收入水平，进而影响进出口需求和国际收支。

5. 季节性和偶然性不平衡

季节变化或突发事件，如气候变化、自然灾害、政局变动等，会引起本国国际收支的季节性和偶然性不平衡。这种国际收支不平衡往往是短期的，可以恢复，因而也称为临时性不平衡。例如，由于自然灾害造成一国农产品减产，出口减少，进口增加，可能引起临时的国际收支逆差；长期来看，自然灾害对国际收支造成的影响会消失。

（三）国际收支不平衡的影响

国际收支综合反映了一国对外经济、政治、文化等各方面的往来活动，也是一国在世界经济中所处的地位及地位升降的反映。因而，一国持续的、严重的国际收支不平衡可以对本国经济乃至世界经济产生负面影响。

1. 国际收支顺差的影响

一国国际收支顺差通常会引起本国汇率上升，增加外汇储备，有促进本国经济增长的作用；与此同时也产生一些不利影响。本国为了防止本币升值而采取的干预政策可能会造成通货膨胀。

（1）本国汇率面临升值压力。国际收支的持续顺差使得国内外汇市场上的外币供给大于外币需求，引起外币贬值和本国货币升值的预期，吸引国际短期资本大量流入，冲击本国金融市场。当顺差严重时，本国汇率的持续上升会降低本国产品的出口竞争力，抑制经济增长。

（2）本国面临通货膨胀压力。在利率市场化条件下，国际收支顺差使得外汇供给和对本国货币的需求增加，迫使本国中央银行扩大货币投放，产生通货膨胀压力。本国货币供给增加，当货币市场供给大于需求时，金融市场的利率下降，进而缩小本国利率与国际市场利率的利差，一定程度减缓国际资本的流入，有利于减少国际收支顺差。然而，利率下降会导致本国货币贬值，进一步产生通胀压力。

（3）本国资源利用效率降低。国际收支顺差增加了外汇储备，降低了本国社会资源利用效率。在结售汇制度下，国际收支顺差越大，外汇储备越多，持有的外国债券越多，资金流出也越多；国际收支顺差越大，需要到国际金融市场上运营的外汇越多，国家外汇储备的成本越高。这一部分外汇储备如果没有形成有效投资，会导致本国生产资料的闲置，影响本国经济发展并增加失业。

（4）不利于本国对外经济关系的发展。一方面，如果经常账户顺差过大，本国出口对国际市场依赖性强，本国市场和经济发展受制于国际市场的变动；如果资本账户顺差过大，外国资本对本国的投资增加，经济发展受制于外国资本，导致本国经济发展缺乏自主性。另一方面，本国的国际收支顺差意味着外国的国际收支逆差。本国出现大量顺差意味着他国出现大量逆差，不利于他国经济发展，因而可能产生两国之间的分歧与摩擦，甚至引发大范围的国际关系紧张、贸易争端，甚至贸易战。

2. 国际收支逆差的影响

一国国际收支逆差通常会引起本国货币贬值，减少其外汇储备；逆差严重时，还会导致本国汇率急剧下跌。本国为了防止本币贬值而采取的干预政策可能会造成通货紧缩和经济下滑。

（1）本国货币面临贬值压力。国际收支逆差会导致本国外汇市场上对外汇的供给减少，而本国对外币的需求上升使得外币的汇率上涨，本币的汇率下跌。

（2）本国外汇储备减少。本国长期对外逆差会引起外汇储备的大量消耗，而如果本国政府采取防止本币贬值干预措施，即抛售外汇、买进本币，将进一步导致外汇储备的减少甚至枯竭。

（3）本国经济发展受阻。从引起国际收支逆差的原因来看，如果经常账户存在大量逆差，那么必然导致与出口有关的部门就业机会减少，经济下滑；如果资本账户存在大量逆差，意味着大量资本外流，国内资金供应紧张，推动利率水平上升，导致失业增加，本国经济发展受阻。

从调节国际收支逆差的政策来看，如果本国政府采取紧缩性的财政政策和货币政策来维持本币汇率、压缩社会总需求，将引起国内经济的衰退。从贸易角度看，社会总需求的下降压缩了本国的进口，会引起本国经济下滑和失业增加；从货币角度看，本国政府抛售外汇、买进本币的行为将直接引起本国货币供应量的减少，而货币供应量的减少又将引起本国利率水平的上升，进而导致国内经济萎缩。

（4）不利于本国对外经济关系的发展。本国长期、大量对外逆差会增加对外汇的需求，同时产生外币升值和本币贬值的预期，可能引起本国与外国的贸易摩擦和争端，不利于本国对外经济关系的发展。

随着国家之间贸易往来和经济合作的不断加深，全球性的国际收支失衡对各国的国际收支产生日益深刻的影响。一般来说，一国国际收支越失衡，其负面影响也越大，需要进行相应调节。在面临全球性国际收支失衡时，一些国家将本国利益和偏好放在首位，甚至不惜损害其他国家的利益，采用保护主义政策，将损害转嫁至国外的同时也急剧提升了全球的经济风险。

即时案例

全球性国际收支不平衡问题

经济全球化使得国际交易流量大幅增加，无论是以贸易为主的国际经济交易，还是以资本为核心的国际经济交易，或是以知识、信息为载体的国际经济交易，都在国际收支统计中有记录。

理论上，世界各国的国际收支应该是平衡的：一国的贸易顺差必定是其他国家的贸易逆差，资本的流出和流入也是相对应的。一部分国家是国际收支顺差，另一部分国家是国际收支逆差。而当下的表现是，新兴经济体有较高盈余，发达经济体有较大赤字。

美国是全球第一大经济体，GDP 总量约占世界的 1/4，同时也是最大的贸易逆差国。美国的经常账户赤字自 2004 年起占其 GDP 的比例一直在国际公认的 5%的警戒线之上，2004 年美国经常账户赤字达到 6 402 亿美元，占 GDP 的 5.5%，2006 年经常账户赤字更是达到创纪录的 8 115 亿美元，占 GDP 的 6.2%。

以中日为代表的东亚国家和中东石油出口国近些年来经常账户出现连续的巨额顺差。中国自 1987 年出现国际收支的第一个双顺差，到 2015 年出现双顺差已有 23 年；且 1999—2011 年持续了 13 年的双顺差。中国国际收支另一个不同于世界主要经济体的显著特点是，除了经常账户，资本和金融账户也出现了长期的持续顺差，即双顺差的国际收支结构。资本和金融账户顺差由 2007 年的 942 亿美元跃升为 2011 年的 2 655 亿美元。

全球经济失衡有着诸多的经济危害。在效率方面，美国通过资本账户借入资金来平衡经常账户逆差，导致资本从相对稀缺的发展中国家汇集到了资本相对充足的美国。从全球资源配置的角度来看，这种安排是低效率的。在公平性方面，美国通过持续扩大债务规模为经常账户逆差进行融资的做法，客观上侵害了其债权国的利益，这种安排同样被视为有失公允。除此之外，美国经常账户自身逆差的可持续性，也对全球经济和金融稳定构成了潜在威胁。如果该问题最终以国际收支危机甚至货币危机的形式爆发，那么国际货币体系难免再次陷入剧烈动荡。

全球经济失衡的危害并不局限在经济层面，还会引发不同国家间的意见分歧和政治摩擦。美国将其经常账户的恶化归结为发展中国家对本币的刻意低估；而发展中国家则责怪美国过度消费，产生了巨大的投资-储蓄缺口。双方针锋相对互不相让，大有剑拔弩张之势，以至于一些国际金融机构的领导人都要公开呼吁各国应避免在全球经济失衡问题上相互指责。

资料来源：丁剑平，曾芳琴，许滋芳．中国与全球国际收支：近期现状和展望．世界经济，2005（3）：81-84；刘凯．美元本位、全球经济失衡与人民币国际化．人文杂志，2017（5）：54-64；王芳，李霄阳．全球经济失衡：来自国际货币失衡的解释．中国软科学，2016（5）：143-153；岳柳汐．中国国际收支失衡及其主导因素研究．北京：中央财经大学，2016.

二、国际收支调节

（一）国际收支调节的古典理论

国际收支调节的古典理论是在金本位制下研究国际收支自动调节机制的理论，1752 年由英国经济学家大卫·休谟（David Hume）在《论贸易平衡》中提出，称为价格-铸币流动机制，又称休谟机制。

金本位制是以黄金为本位币的货币制度。在金本位制下，每单位的货币价值等同于若干重量的黄金（即货币含金量）；当不同国家使用金本位时，国家之间的汇率由它们各自货币的含金量之比来决定，这一比值也称为金平价。

在金本位制度下，一国国际收支出现逆差，则货币市场上外币供不应求，当外汇汇率上升超过金平价时，本国商人将向外国直接支付黄金而不再用本币兑换外币，这意味着本国黄金的净输出；由于黄金外流，国内黄金存量下降，流通中的货币供给减少，从而引起国内物价水平下跌；物价水平下跌后，本国商品的生产成本降低，在国外市场上的竞争力相对提高，于是出口增加，进口减少，国际收支逆差减少或消除。同理，当一国国际收支出现顺差时，其调节路径相反：黄金的净流入将扩大国内的货币供给，造成物价水平上涨，本国进口相对增加，国际收支趋于平衡。

休谟认为，在黄金可以自由流动的情况下，一国国际收支不平衡完全可以通过自动调节恢复，不需要任何政策手段干预。

（二）国际收支调节的弹性理论

随着金本位制度的瓦解，价格-铸币流动机制下的自动调节方式失效，各国开始实行浮动汇率制，并通过本国货币贬值的方式来促进出口，进而改善国际收支状况，促进经济发展。在此背景下，英国经济学家阿尔弗雷德·马歇尔和美国经济学家阿巴·勒纳（Abba P. Lerner）提出了国际收支的弹性理论，以研究一国汇率对该国贸易收支及其变化的影响。国际收支弹性理论认为，本国货币贬值影响进口和出口弹性值之和大于单位值，可改善一国贸易收支，进而改变该国的国际收支平衡；否则，汇率贬值不易达到改善该国国际收支的目的。

国际收支的弹性理论仅考察汇率变动是否能改善国际收支，其基本假设如下：

（1）假设其他条件（如国民收入、偏好等）保持不变，仅考虑汇率变动对进出口商品价格和数量的影响。

（2）假设国家之间不存在资本流动，即贸易收支等同于国际收支。

（3）假设所有进出口商品的供给弹性无穷大，即当出口商品的需求上升的时候，其国内货币价格不发生变化；当进口商品的需求上升的时候，其国外货币价格不发生变化。

（4）假设贸易收支开始处于平衡状态，即贸易收支余额为 0。

在弹性理论的假设下，汇率变化对贸易收支的影响主要取决于出口和进口商品的供给弹性和需求弹性，而由于假设供给弹性无穷大，汇率变动对商品进出口的影响主要取决于需求弹性，即进口商品的需求弹性和出口商品的需求弹性。只有这两种需求弹性的绝对值之和大于 1 时，本币贬值才能减少贸易收支余额，改善本国的贸易收支——这被称为马歇尔-勒纳条件（Marshall-Lerner condition）。下面详细介绍模型的推导。

用 EX 代表本国出口总量，P_x 代表以本币表示的出口商品的价格，IM 表示本国进口总量，P_m 代表以外币表示的出口商品的价格，s 代表直接标价法的本币汇率，BOT 代表用本币表示的贸易收支差额（也即经常账户余额），则有

$$BOT=P_x\times EX-s\times P_m\times IM$$

由假设（3），进出口商品具有完全供给弹性，则本国进出口商品的价格 P_m、P_x 保持不变，为了简化运算，不妨假设 $P_m=P_x=1$，则

$$BOT=EX-s\times IM$$

对汇率 s 求导，得

$$\frac{\mathrm{d}BOT}{\mathrm{d}s}=\frac{\mathrm{d}EX}{\mathrm{d}s}-s\times\frac{\mathrm{d}IM}{\mathrm{d}s}-IM$$

用 D_x 代表出口商品的需求价格弹性，D_m 代表进口商品的需求价格弹性。由于此时

国内外价格水平不变，因而进出口商品需求价格弹性与进出口需求汇率弹性一致，分别用弹性公式求得：

$$D_x=\frac{\frac{\mathrm{d}EX}{EX}}{\frac{\mathrm{d}s}{s}}$$

$$D_m=\frac{\frac{\mathrm{d}IM}{IM}}{\frac{\mathrm{d}s}{s}}$$

整理可得：

$$\begin{aligned}\frac{\mathrm{d}BOT}{\mathrm{d}s}&=D_x\times\frac{EX}{s}-D_m\times IM-IM\\&=IM\times\left(D_x\times\frac{EX}{s\times IM}-D_m-1\right)\end{aligned}$$

由假设（4），贸易收支开始处于平衡状态，则用本国货币表示的出口额和进口额应相等，即

$$EX=s\times IM$$

整理可得：

$$\frac{\mathrm{d}BOT}{\mathrm{d}s}=IM\times(D_x-D_m-1)$$

贸易收支相对于汇率的变动由进口和出口商品的需求价格弹性共同决定，具体表现为：

当 $D_x-D_m>1$ 时，$\frac{\mathrm{d}BOT}{\mathrm{d}s}<0$，本币贬值时，本国贸易收支下降；

当 $D_x-D_m=1$ 时，$\frac{\mathrm{d}BOT}{\mathrm{d}s}=0$，本币贬值时，本国贸易收支不变；

当 $D_x-D_m<1$ 时，$\frac{\mathrm{d}BOT}{\mathrm{d}s}>0$，本币贬值时，本国贸易收支上升。

当本国货币贬值时，直接标价法的本币汇率数值上升，即表现为 $\mathrm{d}s>0$。一般来说，此时出口商品在外国市场上的竞争力提升，外国对本国商品的需求增加，则 $\mathrm{d}EX>0$，$D_x>0$；相应地，进口商品在本国市场上的竞争力下降，本国对进口商品的需求下降，则 $\mathrm{d}IM<0$，$D_x<0$。因而，马歇尔-勒纳条件也可表示为 $|D_x|+|D_m|>1$，即一国货币贬值降低贸易收支的条件是，进出口商品的需求价格弹性绝对值之和大于 1。

（三）国际收支调节的吸收理论

国际收支调节的弹性理论是在一国国民收入不变的假设下，分析该国货币汇率对国

际收支的影响。而国际收支吸收理论的前提条件与此相反，它是在假定一国价格总水平保持不变的情况下，分析一国国民收入的变化对该国国际收支的影响。

吸收理论的主要理论依据来源于凯恩斯的国民收入方程式，认为国际收支余额由国民生产总值（即国民收入）和国民支出共同决定。吸收理论中的吸收代表国民收入中被国内吸收的部分，即国内支出总额。用公式可表示为：

$$\begin{aligned} BOT &= Y-(C+I+G) \\ &= Y-A \end{aligned}$$

式中，Y、C、I、G、A 分别代表国民收入、消费、投资、政府支出和国民支出。

因而，贸易收支等于总收入减去总吸收，表明一国国际收支的失衡是国民收入和国民支出不匹配导致的。当一国总收入大于总吸收时，表明该国国民所创造的财富没有完全供给国内支出，有一部分流向国外，因而贸易收支表现为顺差；反之，国内支出超出国民收入，即有外国创造的财富被本国吸收，则贸易收支表现为逆差。因此，调节一国的贸易收支可以通过改变收入或吸收来实现。

（四）国际收支调节的货币理论

国际收支调节的弹性理论和吸收理论均从贸易收支的角度考察国际收支，没有考虑资本流动对国际收支的影响。20 世纪 70 年代以来，随着国际金融市场的快速发展和国家间资本的大规模流动，同时考察贸易收支和资本流动的货币理论兴起。

货币理论的基本假设如下：

（1）假设本国经济处于充分就业状态，实际货币需求是收入、利率、价格等变量的函数。

（2）假设货币的长期需求是稳定的。

（3）假设货币供给的变动不影响实际产量，即表现为货币中性。

（4）假设货币市场在长期内平衡，货币供给等于货币需求。

（5）假设贸易商品的价格由世界市场决定，从长期来看，一国的价格水平和利率水平与世界市场水平相同，即表现为购买力平价。

在这些假设下，货币理论认为，国际收支失衡是一种货币现象，可以通过调节货币市场来平衡国际收支。具体推导过程如下。

由假设（1）和假设（2），名义货币的需求量 M_d 可表示为：

$$M_d = P \times f(Y, i)$$

式中，P 为本国价格水平；f 表示函数关系；Y 为国民收入；i 为利率（持有货币的机会成本）。$f(Y,\ i)$ 可理解为对实际货币存量（余额）的需求，$P \times f(Y,\ i)$ 表示对名义货币的需求。

名义货币的供应量 M_s 可表示为：

$$M_s = m \times (D+F)$$

式中，D 为国内的货币基数，包括公众所持有的通货及商业银行和其他存款机构的存款准备金；F 是来自国外的货币基数，来源于国际收支盈余，代表国际储备；m 为货币乘数，指银行体系通过数次存款、贷款等活动使货币供给扩张的倍数。

由假设（3），m 长期较为稳定，可以设为 1，则

$$M_s = D + F$$

由假设（4），货币市场长期内平衡，可得

$$M_s = M_d$$

则有

$$F = M_d - D$$

对上式进行差分，可得

$$\Delta F = \Delta M_d - \Delta D$$

这是国际收支调节的货币理论中最基本的公式，它说明了国际收支不平衡是货币供求存量不均衡的结果，即国际收支本质上是一种货币现象。

当一国国内的名义货币供应量（D）超过名义货币需求量（M_d）时，$F<0$，国际收支逆差。由于货币供应不影响实际产量，在价格不变的情况下，多余的货币用于购买国外商品和金融资产，表现为货币外流和国际收支赤字；反之，当一国国内的名义货币供应量小于名义货币需求量时，$F>0$，国际收支顺差。同样在价格不变的情况下，货币供应的缺口需要从国外补充，表现为货币内流和国际收支盈余。

在货币理论的框架下，调节国际收支本质上是本国货币市场供求的调整过程。当国内名义货币供应量与实际经济变量（国民收入、产量等）所决定的实际货币余额需求相一致时，国际收支便处于平衡状态。当国际收支出现顺差时，可以通过增加国内信贷的方式，增加国内货币供应量以平衡国际收支；反之，当国际收支出现逆差时，可以采取紧缩的国内信贷政策，改善国际收支。

货币理论认为，国际收支在长期内会自动趋于平衡。当一国国际收支出现盈余时，外国资金流入，该国的货币供应量随之增加，直到与名义货币需求量相等，国际收支恢复平衡；反之，当国际收支出现赤字时，随着本国货币外流，货币存量会减少至与货币需求量相等的水平，国际收支再次平衡。

（五）国际收支调节的资产组合平衡理论

在国际收支调节的货币理论基础上，国际收支调节的资产组合平衡理论将分析范围从单一的货币市场扩大到所有金融资产。该理论综合了传统的汇率理论和货币主义的分析方法，把汇率水平看成是由货币供求和经济实体等因素诱发的资产调节与资产评价过程共同决定的。

该理论认为，国际金融市场的一体化和各国资产之间的高度替代性，使一国居民既可持有本国货币和各种证券作为资产，又可持有外国的各种资产。人们一般最愿意选择的是本国货币、本国债券、外国债券三种资产。一旦利率、货币供应量以及居民愿意持有的资产种类等发生变化，居民原有的资产组合就会失衡，进而引起各国资产之间的替

换，促使资本在国家间流动。国家间的资产替换和资本流动，又势必会影响外汇供求，导致汇率的变动。

根据资产组合平衡理论，只有当每一种金融资产的供给正好等于需求时，各种形式的金融市场才会趋于均衡。然而，这只是实现了静态意义上的均衡。从动态角度来分析，任何内生经济变量或外生政策变量的变动都会改变不同资产之间的相对预期收益率。

即时案例

中美贸易争端与中国国际收支

中国和美国近些年来的国际收支表现为截然相反的两种典型状态：中国持续出现经常账户的巨额顺差，美国持续出现经常账户的巨额逆差。国际收支的吸收分析方法对此可提供较有说服力的解释：问题的关键在于中国国内居民消费持续低迷、内需不振，致使国内吸收相对于国民创造的收入严重不足；美国居民消费超前，购买力旺盛，政府又开支无度，导致国内吸收远大于国民创造的收入。

自 20 世纪 70 年代中期以来，美国对外贸易持续出现逆差，这是低储蓄（财政赤字）、产业空心化、美元本位等结构性原因所致（中美贸易失衡还涉及美国对华高新技术产品的出口管制）。此后，美国经常与主要贸易伙伴发生摩擦。20 世纪八九十年代，美日之间的贸易战如火如荼。最终日本以资产泡沫破灭、经济长期停滞收场，而美国的贸易失衡则是从对日本为主转为对中国、日本、墨西哥等国为主，贸易逆差与 GDP 之比更是由 20 世纪 90 年代初期的 1%～2%升至目前的 4%左右。

自 20 世纪 90 年代中期扩大对外开放、迎接世界制造业转移、替代日本成为美国贸易赤字的主要来源后，中国就逐渐成为美国贸易摩擦的主要对象。据世界贸易组织统计，全球金融危机以来的 2009—2017 年，美国针对中国采取的贸易救济措施年均 14.9 件，占其发起救济措施总数的 52.3%。但美国商务部的统计数据显示，2008—2017 年，美国对华出口和进口年均仍分别增长 7.6%和 4.6%，且比其出口和进口总额的年均增速分别高出 4.7 和 2.9 个百分点；只是由于基数原因，同期美中贸易逆差年均增长 3.8%，占美国贸易逆差的近一半。另外，虽然中美双边贸易失衡问题依然存在，但中国多边贸易失衡问题逐步改善，经常项目顺差与 GDP 之比回落到国际认可的合理范围以内。

迄今为止，中美贸易摩擦大都只是常规战、舆论战、心理战，对中国国际收支基本没有产生实质性冲击。2017 年第四季度，中国延续了经常项目顺差、资本项目逆差的国际收支平衡格局，剔除估值影响后的外汇储备资产增加 326 亿美元，环比增长 9%。境内外汇市场供求基本平衡，2018 年的前两个月，银行即远期结售汇逆差同比减少 32%，其中即期结售汇逆差减少 69%。人民币汇率进一步走强，人民币对美元汇率中间价和境内交易价在 2017 年上涨 6%，2018 年第一季度又上涨约 4%，而美元指数则下跌近 10%，后又下跌 2%以上。

2018 年 3 月，美国违反世界贸易组织规则，单方面以国家安全名义和“301 调查”结果发起贸易争端，进一步打击市场信心，美股和美元下跌。相反，中国境内人民币汇率走势平稳，全月人民币中间价上升 0.7%，3 月 26 日以后，交易价和中间价还突破了 6.30 的水平。

中美贸易争端对中国国际收支的短期影响渠道有三：一是信心渠道，即中美经贸关系紧张有可能降低市场风险偏好，促使资本逃离风险资产，加剧中国资本外流；二是贸易渠道，两国贸易争端将会影响中国的对外贸易活动；三是金融渠道，两国贸易纷争包括投资保护主义措施，将影响中国的对外投融资活动。后两个渠道都会通过影响中国实体经济，进一步对市场预期产生影响。

上述三个渠道的影响大小，取决于中美贸易争端的演进状况。第一种情形是贸易摩擦仅限于经济考量，鉴于全球供应链背景下的贸易战是双输的结果，双方会通过谈判协商解决问题，结果是有贸易争端但避免了贸易战；第二种情形是贸易摩擦既有经济的考虑又有政治的考虑，贸易战的经济损失不可避免，双方贸易摩擦不断，经贸关系时好时坏；第三种情形是贸易摩擦主要限于政治考量，贸易战的经济损失可以忽略，贸易冲突会不断升级，直到美方的政治目的达成。

短期看，第一种是好的情形，对中国国际收支的影响是短暂的；第二种是基准情形，造成中国国际收支的波动；第三种是坏的情形，造成中国国际收支持续的剧烈波动。

从中长期看，中国的国际收支状况并不取决于中美贸易摩擦，其中，经常项目收支主要受国内的投资储蓄关系、人口结构变化等因素影响，跨境资本流动主要受国内市场前景、营商环境、产权保护等因素影响。另外，中国是一个大型开放经济体，具有较大的市场和政策回旋余地，较强的抗风险能力。应对中美贸易摩擦，防范国际收支风险，关键是做好自己的事，推动经济转型升级，深化改革，扩大开放。

资料来源：管涛. 中美贸易争端对中国国际收支的影响. 中国外汇，2018（7）：11-13.

本章小结

开放经济中的国际收支差额是国民收入核算的组成部分，也是国际经济关系的重要体现。国际收支平衡表是国际收支核算的统计工具，包括经常账户、资本和金融账户、净误差与遗漏。国际收支平衡表也是了解国际经济交往的政策工具，我们通过分析国际收支差额情况，衡量经济意义上的国际收支不平衡问题，进而分析导致国际收支不平衡的原因：周期性不平衡、结构性不平衡、货币性不平衡、收入性不平衡、季节性和偶然性不平衡。持续的、严重的国际收支顺差或逆差会对本国乃至世界经济产生负面影响。在国际收支调节的古典理论失效后，弹性理论、吸收理论、货币理论、资产组合平衡理论从不同角度对调节国际收支失衡提出了政策建议。

关键词

国际收支　国际收支账户　国际收支调节

复习与思考题

1. 国民收入核算有几种方法？具体怎样核算？

2. 国际收支账户主要包括哪几个部分？每个部分具体指什么？
3. 导致国际收支不平衡的原因有哪些？
4. 国际收支不平衡会对本国经济产生哪些影响？
5. 关于调节国际收支失衡的理论有哪些？分别给出了怎样的政策建议？

第 11 章

汇率、外汇市场及汇率的长期决定理论

学习目标

- 理解外汇市场的基础知识。
- 理解名义汇率和实际汇率的区别。
- 了解包括一价定律、购买力平价理论和巴拉萨-萨缪尔森模型在内的汇率的长期决定理论。

第 1 节　外汇、汇率、外汇市场的基础知识

现代经济中几乎所有交易都需要货币参与。在产品市场上，人们用货币购买商品和服务；在劳动力市场上，企业用货币工资支付雇员提供的劳务；在金融市场上，个人、企业、金融机构用货币购买各类金融资产。货币是这些交易的计价单位和交易媒介。随着技术不断进步，大量交易不再需要现金——纸币和硬币，取而代之的是各种电子支付结算方式。从看得见摸得着的钱变成计算机系统中虚拟的符号，货币变换了形式，但并没有消失。

一、外汇

跨国交易，如货物和服务贸易、跨国直接投资、证券投资和信贷，也普遍需要货币参与。但有别于一国之内的交易，跨国交易往往需要外汇，也就是外国发行的货币来参与。中国东南沿海的一家企业向美国出口了一批玩具，赚回的是美元——美国发行的货币。1999 年以前，欧洲国家各自发行不同的货币。一位中国游客去英国、法国、德国、意大利、西班牙五个国家旅游，需要英镑、法国法郎、德国马克、意大利里拉、西班牙比塞塔五种外汇。1999 年后，法国、德国、意大利、西班牙等 19 个欧洲国家先后加入了欧元区，使用共同的货币——欧元。中国游客去上述五个国家旅游，只需要英镑和欧元两种外汇。2002 年底，中国推出了合格境外机构投资者（Qualified Foreign Institutional Investors，QFII）项目，资本市场对外开放迈出了重要一步。QFII 投资中国 A 股市场时，需要先将外汇兑换为

人民币。对中国人来说，人民币是本币；对外国投资者来说，人民币是外汇。外汇作为计价单位和交易媒介的功能在以上各种跨国交易中得到了清晰的体现。

外汇作为货币，还有价值贮藏的功能。截至 2018 年底，中国官方外汇储备超过 3 万亿美元（见图 11－1），自 2006 年以来一直是世界上外汇储备最多的国家。外汇储备对于国际收支、外汇市场具有重要的“稳定器”作用，同时也是一笔巨大的可以用于投资的财富。随着经济持续发展，中国居民持有的外汇也逐渐增加。2018 年末，中国境内金融机构的外汇存款余额约为 7 000 亿美元，“藏汇于民”逐渐成为现实。

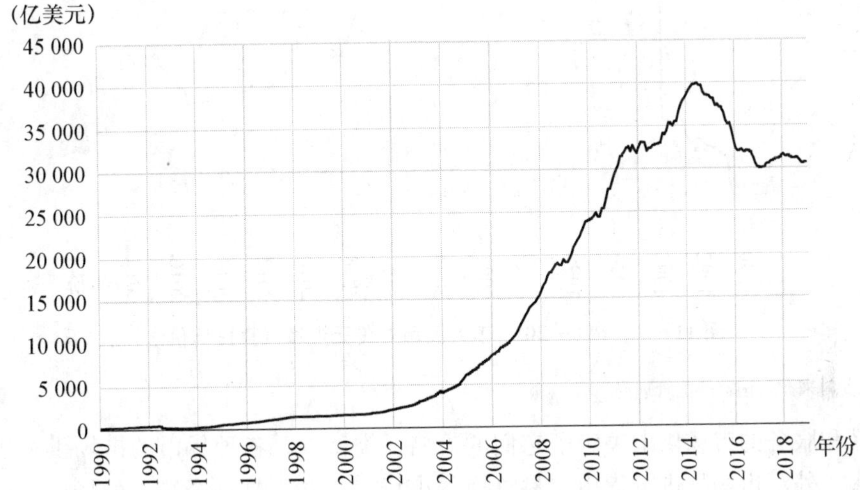

图 11－1　1990—2018 年中国的外汇储备

资料来源：国家外汇管理局.

二、汇率

比较以不同货币计价的商品、服务和资产的价格，就需要考虑汇率——一种货币相对于另一种货币的价格。由于每种货币都可以作为计价单位，汇率有两种标价方式。直接标价法表示 1 单位外国货币可兑换本国货币的数额。2018 年 12 月 31 日，1 美元能兑换 6.88 元人民币。因此，以直接标价法表示的美元对人民币的汇率是 6.88（见图 11－2）。间接标价法表示 1 单位本国货币可兑换的外国货币的数额。2018 年 12 月 31 日，1 元人民币能兑换 1/6.88≈0.145 3 美元。因此，以间接标价法表示的美元对人民币的汇率是 0.145 3。

直接标价法和间接标价法表示的两种汇率互为倒数，二者是等价的。现实中，本币单位价值低于美元的国家往往以直接标价法表示本币与美元的汇率，如 1 美元兑 6.88 元人民币、1 美元兑 110.33 日元等。大多数国家都采用直接标价法。欧元、英镑等货币单位价值高于美元，一般用间接标价法，如 1 欧元兑 1.14 美元、1 英镑兑 1.27 美元等。

我们用符号 $E_{A/B}$ 表示 A 货币兑换 1 单位 B 货币的汇率。2018 年 12 月 31 日，美元对人民币的汇率是 $E_{¥/\$}=6.88$（间接标价法），$E_{\$/¥}=0.145\ 3$（直接标价法）。当 1 单位本币能兑换的外币变多时，称为本币相对外币“走强”或“升值”。反之，当 1 单位本币能兑换的外币变少时，称为本币相对外币“走弱”或“贬值”。2019 年 2 月 28 日，1 美元兑换

6.69 元人民币，$E_{¥/\$}=6.69$，$E_{\$/¥}=1/6.69=0.1495$。相比两个月前的 2018 年 12 月 31 日，人民币相对美元升值了 $(0.1495-0.1453)/0.1453=2.89\%$，美元相对人民币贬值了 $(6.69-6.88)/6.88=-2.76\%$，二者略有差异。但当汇率变化较小时，A 货币相对 B 货币升（贬）值的幅度与 B 货币相对 A 货币贬（升）值的幅度近似相等。

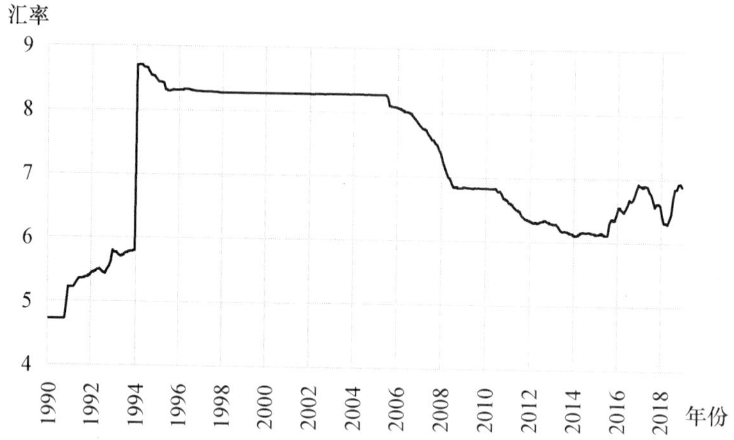

图 11－2　1990—2018 年人民币对美元汇率（直接标价法）

资料来源：国家外汇管理局.

商品和服务的市场供求决定了它们的价格。类似地，各种货币的市场供求决定了它们的汇率。外汇市场是进行货币交易兑换的市场，它并不是一个统一的场所，而是全球各地的外汇交易市场的统称。外汇交易主要以场外交易（over-the-counter，OTC）的方式进行，买卖双方直接一对一协商交易的币种、汇率、金额等，也有部分交易以交易所集中撮合竞价的方式进行。

三、外汇市场

外汇市场的参与者多种多样，主要包括四大类机构。一是商业银行。商业银行是外汇市场的主要参与者。绝大多数大宗外汇交易都是商业银行之间的交易。一方面，商业银行为客户（主要是非金融企业）买卖外汇，满足其跨境贸易、投资的需求；另一方面，商业银行也用自有资金买卖外汇，以从汇率波动中谋求利润。二是非金融企业。跨国经营的企业经常会收付各种外汇。除了委托商业银行代为其交易外汇，企业有时也会自行交易。三是非银行金融机构。各类机构投资者，如养老基金、共同基金、保险公司等，往往在全球金融市场分散化配置其投资组合，这就需要进行外汇交易，兑换目标金融市场的货币。一些对冲基金更是专门在外汇市场进行高频投机交易以谋取利润。四是中央银行。与私人机构不同，中央银行的最大特点是它至少在理论上拥有无限的本币供给能力，许多国家的中央银行同时还能动用规模庞大的外汇储备。因此，中央银行对外汇市场拥有巨大的影响力。中央银行参与外汇交易大致有两种目的。一是稳定汇率。一些国家和地区采取固定汇率制，本币汇率钉住（peg）某种外币（如香港采用联系汇率制，1 美元兑 7.8 港元）。为了让汇率稳定在钉住的目标附近，中央银行需要在外汇市场上进行交易，在本币升值过多时卖出本币买入外币，在本币贬值过多时买入本币卖出外币。即使是采取浮动汇率的国家，中央银行有时也会在外汇市场进行干预，以避免汇率大幅波动可能造成的金融风险。二是把汇率当作重要的政策工具，比如通过汇率贬值刺激出口和经济增长。除机构外，个人也可以参与外汇市场交易，但占比很小。

外汇市场的交易品种繁多。最简单的外汇交易是即期交易，买卖双方立即进行交易，交易的汇率是即期汇率。除了即期交易外，外汇市场还有许多衍生品交易。在远期交易中，买卖双方约定在未来的某个时点按照当前约定的汇率进行外汇交易，约定的汇率称为远期汇率。常见的期限如 30 天、90 天、180 天、1 年等。远期汇率和即期汇率不同，但二者紧密相关。如图 11－3 所示，即期汇率和 1 个月、3 个月以及 6 个月的远期汇率在大多数时候都高度接近，尤其是和 1 个月的远期汇率，二者几乎无差异。远期交易有助于交易双方提前锁定未来进行外汇交易的汇率，从而对冲掉汇率波动的风险。掉期交易（swap）是即期交易和远期交易的组合。买卖双方立即进行一笔外汇交易，并约定未来某个时点将即期交易的外汇换回。一笔掉期交易的成本（经纪佣金等）比分开进行即期和远期交易的成本更低。外汇期货交易和远期交易类似，买卖双方约定在未来的某个时点按照约定的汇率进行外汇交易。但与远期交易不同，期货合约是标准化的，有特定的期限，可以在期货交易所买卖，而不必像远期交易那样必须持有到期并执行。外汇期权的买方有权利（但没有义务）在期权到期日（expiration date）之前按照合约规定的行权价（strike price）买入外汇（看涨期权）或卖出外汇（看跌期权）。一旦买方决定行权，期权的卖方必须按期权合约执行买方的交易。

图 11－3　欧元对美元的即期汇率和远期汇率

资料来源：Bloomberg.

外汇市场是全世界成交量最大的金融市场。根据国际清算银行（BIS）2016 年的估算，全球外汇市场每天的成交量高达 6.5 万亿美元。伦敦是世界最大的外汇市场，每日成交量超过 2.4 万亿美元。全球主要外汇市场还包括纽约、新加坡、香港和东京等，全球外汇市场成交量的 3/4 都是在以上五大市场完成的。外汇市场分布在全球不同的时区，全球外汇交易每天 24 小时连续进行。1994 年中国建立了统一的银行间外汇市场，成立了中国外汇交易中心，同时提供场外和集中撮合两种交易。随着对外开放程度不断提高，中国外汇市场交易量迅速扩大。1994—2018 年，中国外汇市场日均成交量从 1.5 亿美元增长至超过 1 100 亿美元。

众多的参与者、丰富的交易品种和高度的流动性，使外汇市场高度有效，几乎不存在无风险套利的机会。第一，给定两种货币，无套利意味着二者的即期汇率在各个金融市场都相同。假如东京的日元汇率是 1 美元兑 110 日元，而同一时间纽约的日元汇率是 1 美元兑 111 日元，就存在无风险套利机会：投资者可以在纽约卖出 1 美元，买进 111 日元，然后立即在东京买进 1 美元，卖出 110 日元，结果是投资者以零成本无风险地获利 1 日元。但投资者的行为会使纽约的日元汇率升值，而东京的日元汇率贬值，很快会使两地的汇率趋同，消除套利机会。第二，给定三种货币 A、B、C，无套利意味着用货币 A 直接兑换货币 B 和先用货币 A 兑换货币 C，再用货币 C 兑换货币 B 的结果相同。假如 1 美元兑 110 日元，1 欧元兑 1.1 美元，1 欧元兑 120 日元，就存在无风险套利机会：投资者可以用 1 欧元兑 1.1 美元，再兑为 1.1×110=121 日元，然后用其中 120 日元直接兑 1 欧元，结果以零成本无风险地获利 1 日元。投资者的逐利行为会消除这种套利机会。三种货币的无套利可以写成公式：

$$E_{¥/\$}=E_{¥/€}\,E_{€/\$}=\frac{E_{¥/€}}{E_{\$/€}}$$

两个汇率的比值 $E_{¥/€}/E_{\$/€}$ 称为交叉汇率（cross rate）。无套利要求直接兑换的汇率与交叉汇率相同。对于 N 种货币来说，尽管两两兑换存在 $N(N-1)$ 种汇率，但实际上只有 $N-1$ 个相互独立的汇率，其余汇率都可以根据交叉汇率公式推算出来。数学上，选取 $N-1$ 个相互独立的汇率的办法有很多，但现实中公布的外汇牌价往往是各种货币对美元的汇率，两种非美元货币的汇率则根据交叉汇率公式推算。

这种以美元为中心的记录汇率的方式不仅方便直观，还有助于节约外汇交易成本。对绝大多数国家来说，直接进行的外汇交易只涉及少数货币，如美元、欧元、日元等主要国际货币，以及周边国家的货币。这是因为多数国家对外贸易和投融资主要涉及的也是这些货币，所以在外汇市场上比较容易找到愿意进行这些兑换的交易对手，汇兑成本也比较低。不常见的货币之间的兑换，寻找交易对手更加困难，汇兑成本比较高。比如，市场上很少有人需要将马来西亚林吉特直接兑换为匈牙利福林，因为两国之间贸易和投资往来很少。如果要进行这种兑换，一般不是直接汇兑，而是先兑换成美元，再兑换为其他货币。如果把各国货币看作商品，货币之间的直接兑换在一定程度上类似于物物交换，需要交易双方都恰好愿意进行这种交换，而美元实际上扮演了“货币的货币”的角色，各种货币都兑换为美元再进行交换，交易就更加容易。美元扮演的这种外汇交易媒介的功能也被称为载体货币（vehicle currency）。根据 BIS 的统计，87.6%的外汇交易中的一方是美元。

无套利是理论上的理想情况。现实中，交易成本、市场分隔、资本管制等摩擦会使无风险套利机会看似存在，但实际上无法实现。一个重要的例子是在岸与离岸人民币市场。早年，中国严格限制人民币跨境流动，人民币只能在境内交易。为了推动人民币国际化，2009 年起允许境外主体持有人民币。境外的人民币数量和交易、汇兑需求逐渐增长，便形成了离岸人民币市场。由于资本账户尚未完全开放，离岸和在岸市场存在分隔，因此，离岸人民币（CNH）汇率与中国银行间外汇市场的在岸人民币（CNY）汇率并不相同，有时二者的差异非常大。例如，如图 11-4 所示，2015 年“8·11”汇改后，人民币在三个交易日内大幅贬值 3%，引发了资本外流的担忧，此后几个月，人民币持续贬值，离岸人民币汇率跌幅比在岸更大。2016 年末人民币对美元汇率一度接近 7∶1 大关。直到 2017 年 1 月，中国经济企稳反弹，资本外流压力和人民币贬值预期逐渐消退，在岸和离岸人民币汇率的差异也逐步减小，甚至出现离岸人民币相比在岸更快升值的情况。未来，随着中国推动资本账户进一步开放，加快人民币国际化的步伐，离岸和在岸人民币汇率有望逐渐趋同——这将是人民币成为真正的国际货币的一个重要的里程碑。

图 11-4　2011—2018 年离岸人民币（CNH）和在岸人民币（CNY）汇率对比

资料来源：国家外汇管理局、金融时报.

第 2 节　基于国际贸易的汇率理论与汇率的长期决定理论

第 1 节提到，跨国交易产生了对外汇的需求。最传统、最基本的跨国交易是国际贸易，因此，可以从贸易的角度来分析汇率的决定理论。相对外汇市场上每分每秒高频率的买卖，国际贸易的速度要慢很多，一笔货物从中国运到美国，可能需要几天、几周，甚至几个月的时间。因此，从国际贸易的角度分析汇率理论的主要目标是解释汇率在较长时期内的变动。

一、一价定律

基于国际贸易的汇率理论的出发点是一价定律（law of one price）。假设同样的商品在两国销售，两国的市场都是自由竞争的，且跨国贸易没有运输成本和贸易壁垒。那么，根据一价定律，两国的物价在经过汇率折算后应当相同，否则就会存在无风险套利机会。假如一部 iPhone 在美国的价格是 700 美元，而人民币对美元的汇率是 6.7∶1，那么同样一部 iPhone 在中国的价格必须是 700×6.7=4 690 元。如果在中国的价格是 4 500 元，就会有贸易商从中国买进 iPhone 再卖到美国，每部 iPhone 能赚取 190 元的差价。反之，如果在中国的价格是 4 800 元，贸易商就会从美国买入 iPhone 再卖到中国，赚取 110 元的差价。贸易商的套利行为最终会使两国的 iPhone 价格按汇率折算后恰好相等。用 P^i_{CN} 表示商品 i 在中国的价格，P^i_{US} 代表同样一种商品在美国的价格，用 $E_{¥/\$}$ 代表美元对人民币汇率，一价定律可以简单写成下列公式：

$$P^i_{CN}=E_{¥/\$}\times P^i_{US}.$$

二、购买力平价理论

与一价定律相关但有所差异的一个重要理论是购买力平价（purchasing power parity，PPP）理论。购买力平价理论认为两国的物价水平经汇率调整后必定相同。用 P_{CN} 表示中国的物价水平，P_{US} 代表美国的物价水平，购买力平价理论可以简单写成下列公式：

$$P_{CN}=E_{¥/\$}\times P_{US}$$

如果一个消费篮子（包含一系列商品）在美国的价格是 10 000 美元，而人民币对美元的汇率是 6.7∶1，那么根据购买力平价理论，同样一个消费篮子在中国的价格必须是 67 000 元，否则就会存在套利机会。

一价定律和购买力平价理论在数学表达上十分相似，区别在于前者是关于单一商品的平价，所以价格变量有上角标 i；而后者是关于一个消费篮子的平价，所以价格变量是物价水平——各种商品物价的加权平均，没有上角标。如果一价定律对两国的各种商品都成立，那么很容易得到，对于给定的消费篮子，两国物价水平经汇率调整后必定相同，也就是购买力平价必定成立。但是，一价定律对所有商品都成立只是购买力平价成立的充分条件，不是必要条件。或许两国单一商品的价格由于运输成本、市场结构等不满足一价定律，但购买力平价理论强调的是两国物价平均而言经汇率调整后相同。

对购买力平价公式简单变形，得到

$$E_{¥/\$}=\frac{P_{CN}}{P_{US}}$$

这个公式的含义是，如果购买力平价成立，两国货币的汇率应当等于两国物价水平之比。假如中国物价水平 P_{CN} 上涨，但美国物价水平 P_{US} 保持不变。根据购买力平价公式，$E_{¥/\$}$ 必须上升，也就是人民币相对美元贬值。直观的解释是，本国物价上涨，意味着本币的购买力下降，根据购买力平价理论，本币相对外币必须贬值。

三、绝对购买力平价与相对购买力平价

大多数国家的物价水平不是固定不变的，而是在不断上涨。物价全面上涨叫作通货膨胀，简称通胀；反之，如果物价全面下跌，则称为通货紧缩，简称通缩。通胀是一个十分重要的经济变量。在现实生活中，人们对物价水平的感受不一定明显，但对物价上涨的感受非常明显。在宏观经济学中，对通胀的分析也处于核心地位。购买力平价公式将两国的汇率和物价水平联系在一起，称为绝对购买力平价。同样的公式稍作变形，就能将汇率和通胀联系在一起，称为相对购买力平价。

用字母 π 代表通胀。由于通胀是物价的变动，因此需要引入时间下角标 t。根据定义，t 期中美两国的通胀分别是 t 期两国物价相比 $t-1$ 期的变化率：

$$\pi_{CN,t}=\frac{P_{CN,t}}{P_{CN,t-1}}-1,\quad \pi_{US,t}=\frac{P_{US,t}}{P_{US,t-1}}-1$$

假设绝对购买力平价在 $t-1$ 期和 t 期都成立：

$$P_{CN,t}=E_{¥/\$,t}\times P_{US,t}$$
$$P_{CN,t-1}=E_{¥/\$,t-1}\times P_{US,t-1}$$

两式相除得到：

$$\pi_{CN,t}+1=\left(\frac{E_{¥/\$,t}-E_{¥/\$,t-1}}{E_{¥/\$,t-1}}+1\right)(\pi_{US,t}+1)$$

如果通胀和汇率的变动都不大，上式右边汇率和通胀变动的交叉相乘项是二阶小量，可以忽略，这样上式右边就近似等于：

$$\frac{E_{¥/\$,t}-E_{¥/\$,t-1}}{E_{¥/\$,t-1}}+\pi_{US,t}+1$$

等式两边同时减去 1，得到相对购买力平价公式：

$$\pi_{CN,t}-\pi_{US,t}=\frac{E_{¥/\$,t}-E_{¥/\$,t-1}}{E_{¥/\$,t-1}}$$

上式表明，若中国通胀高于美国，$\pi_{CN,t}-\pi_{US,t}>0$，则人民币相对美元会持续贬值，$E_{¥/\$,t}>E_{¥/\$,t-1}$。从直觉上说，通胀越高，购买力下降速度越快，因此如果本国通胀比外国高，本币购买力下降更快，那么本币就会相对外币持续贬值。

虽然在理论上紧密相关，但相对购买力平价比绝对购买力平价的应用更加广泛。首先，绝对购买力平价比较两国物价水平时，重要的前提假设是比较的两国物价水平对应的消费篮子是相同的，但现实中，各国统计部门一般只会公布本国代表性消费篮子的消费物价水平（指数），消费篮子的差异使各国物价水平无法直接比较，绝对购买力平价也就无从谈起。相比之下，相对购买力平价比较的是通胀。尽管消费篮子的差异仍会对通胀带来一定影响，但各国通胀的可比性要比物价水平的可比性高得多，利用官方统计的

通胀数据检验相对购买力平价是否成立，总体来说是可行的。其次，相对购买力平价的成立条件比绝对购买力平价略松。从上面的公式推导可以看出，绝对购买力平价成立是相对购买力平价成立的充分条件，但不是必要条件。现实中，多种因素都可能使两国物价水平偏离绝对购买力平价，但如果这些因素随时间变化缓慢，它们对物价变化（通胀率）的影响在一定时间内相互抵消，那么两国的通胀仍有可能接近相对购买力平价，原因是通胀是物价水平的变动，缓慢变化的因素会被过滤掉。因此，相对购买力平价更有可能成立。

购买力平价理论是国际经济学经典理论。图 11－5 展示了 1975—2016 年各国通胀率相对美国通胀率的变化与这些国家相对美元汇率贬值幅度的关系。如果相对购买力平价成立，每个国家相对于美元的汇率贬值幅度应该和该国通胀率与美国通胀率的差值相等。从图中可以发现，各个国家的观测值没有完全落在 45 度线上，但是绝大多数国家的观测值紧密分布在 45 度线附近，说明相对购买力平价近似成立，这个结论有助于我们理解长期（几十年）物价变化和汇率的关系。

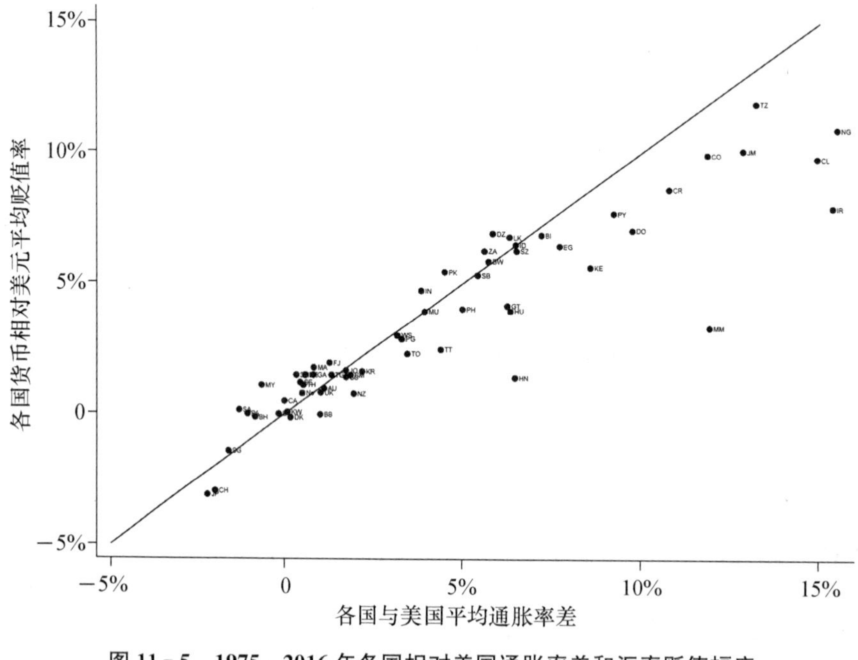

图 11－5　1975—2016 年各国相对美国通胀率差和汇率贬值幅度

资料来源：国际货币基金组织国际金融统计数据库（International Financial Statistics）.

相对购买力平价在长期成立是较稳健的现象。即使在出现恶性通货膨胀的国家，相对购买力平价基本上是成立的，即通胀和货币贬值基本同步同幅。此外，欧元区国家废除原有的本币，改用统一的欧元后，区内各国的通胀出现了趋同的情况，也就是说，随着欧元区国家之间的汇率由浮动汇率改为强行固定在 1∶1，通胀也被拉近。

但在中短期，汇率往往会持续数年显著偏离购买力平价，理论几乎没有预测力。即使是相对购买力平价，也与实证证据有比较大的出入。如果相对购买力平价成立，根据公式推导，两国汇率的变动应当等于两国通胀的差异。但从实证数据看，汇率变动的波动率远远大于通胀差异的波动率。自 20 世纪 90 年代以来，多数国家尤其是发达国家的通胀都比较稳定，因此，两国之间通胀的差异也就比较稳定。但汇率的波动比通胀的波动剧烈得多，如图 11－6 所示。

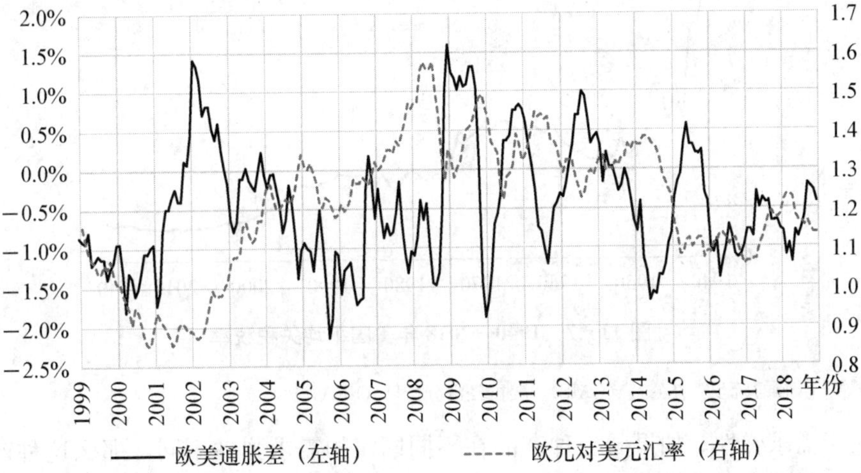

图 11－6　1999—2018 年欧元兑美元汇率的变动和欧美通胀（CPI）差异

资料来源：美联储、美国劳工统计局（BLS）、欧盟统计局.

四、购买力平价理论失效的原因

为什么购买力平价理论在中短期会失效？大致有五个方面的原因。

第一，多数物价都不完全是弹性的，而是由于各种原因具有粘性，这有可能使两国物价的相对变动与汇率变动出现短期背离，而且价格粘性意味着通胀的波动率比汇率低。价格存在粘性的原因很多。比如，调整价格的成本往往并不为零，需要付出“菜单成本”(menu cost)，这导致企业不会时时调整价格，而是过一段时间才调整一次。又如，许多价格受买卖双方的供货协议约束，不能每时每刻调整。

第二，国际贸易不是无摩擦的，使得拉平两国汇率调整后物价的贸易套利活动受到限制。摩擦主要包括运输成本、关税以及各种非关税贸易壁垒（进口配额、出口补贴、自愿出口限制）等。随着运输技术进步和贸易全球化，运输成本、关税和非关税贸易壁垒等摩擦总体呈下降趋势，这些变化有助于物价水平和汇率趋近购买力平价关系。如图 11－7 所示，美国平均关税税率在第二次世界大战以后明显下降。但近年来，由于不平等加剧、民粹主义、保护主义抬头，全球化的进程出现停滞甚至一定程度的逆转，贸易摩擦有所增加。2018 年，中美贸易摩擦出现显著升级，美国对近一半的中国输美商品（约 2 500 亿美元）加征了 10%～25%的关税，而中国也对近 80%美国输华商品（约 1 100 亿美元）加征了 5%～25%的关税。套利难度加大，意味着物价水平和汇率背离购买力平价。

第三，即使不考虑贸易成本，市场不完全竞争也可能导致同样的商品在不同国家的价格偏离一价定律。多数市场都不是完全竞争的，厂商拥有一定的垄断力，因此，厂商的

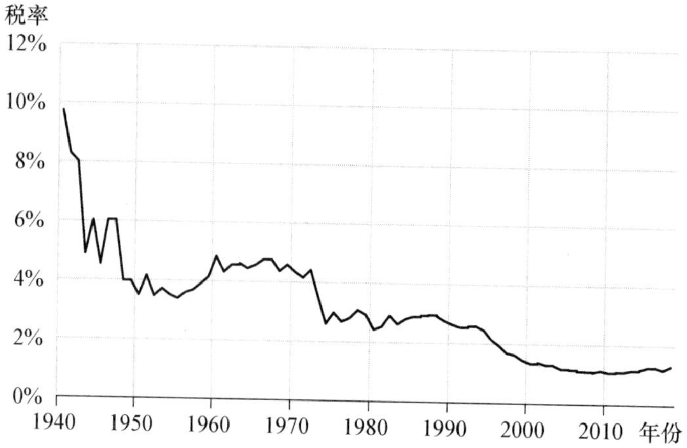

图 11-7 1940—2018 年美国平均关税税率

资料来源：美国总统预算办公室（OMB）、美国经济分析局（BEA）。

定价取决于需求弹性。如果同一种产品在不同国家的需求弹性不同，那么这种产品的生产厂商为了利润最大化会在两国实行差异化定价（pricing to market），需求弹性越小，定价越高。现实中，厂商还可以针对不同国家的市场，推出相似但略有差异的产品，以实现市场分割，增大差异化定价的空间。如果差异化定价普遍存在，那么各国物价水平将偏离购买力平价。

第四，汇率向物价的传导可能不充分。如果一价定律成立，那么汇率的变动将体现在物价水平，尤其是进口物价上。考虑美国从中国进口 iPhone。假如以人民币计价的 iPhone 价格不变，但人民币对美元汇率贬值 10%，一价定律意味着美元计价的 iPhone 价格会下跌 10%，也就是说，汇率的变动会 1∶1 传导到价格上。但现实中，2015 年初到 2016 年初，人民币对美元汇率贬值近 10%，但美元计价的 iPhone 价格并没有变化。从这个例子可以看出，汇率变动时，进出口企业不一定会调整进出口产品价格，可能的原因包括维护市场份额，已经在外汇市场上对冲汇率风险等。由于汇率不能向物价充分传导，购买力平价在短期难以成立。

第五，经济中存在许多不可贸易品，无法通过贸易进行套利。常见的不可贸易品主要包括各种服务，以及受地理位置限制的住房等。服务的要素投入主要是劳动力，而劳动力的跨国流动受到很多限制，因此，同样的服务在不同国家的价格差异很大。比如，中国的理发服务比美国便宜得多，因为劳动力成本相对较低。住房是不可移动的商品，租房是不可移动的服务。单位面积的房租价格主要取决于房屋所在的地理位置，而地理位置是不可贸易品。各国统计物价指数时，消费篮子中都有相当比例的不可贸易品（比如美国的 CPI 消费篮子中，房租占比高达约 1/3）。消费篮子中的不可贸易品的存在也会使购买力平价失效。

尽管很多时候都不成立，购买力平价理论依然重要。第一，购买力平价理论是国际经济学许多其他理论的基石或组成部分。第二，如果一国需要发行新的货币，购买力平价理论有助于确定这种新货币的汇率。第三，如果能够预测物价中长期的变动，购买力平价理论有助于预测汇率中长期的走势。第四，购买力平价理论是收入和生活水准跨国比较的重要假设。

五、实际汇率

购买力平价理论认为经过汇率调整后，各国的物价水平是相同的。现实中购买力平价理论并不成立，这意味着即使用汇率转换为统一货币计价，有的国家的物价仍然相对其他国家更高。为了比较各国物价的相对差异，需要引入实际汇率的概念。

实际汇率是一国代表性消费篮子相对另一国代表性消费篮子的价格。用符号 $q_{¥/\$}$ 表示人民币对美元的实际汇率，上述定义可以写成公式：

$$q_{¥/\$}=\frac{E_{¥/\$}P_{US}}{P_{CN}}$$

式中，P_{US} 和 P_{CN} 分别是美中两国代表性消费篮子分别以美元和人民币计价的价格水平；$E_{¥/\$}$ 是人民币对美元的名义汇率。由于不再假设购买力平价成立，两国的代表性消费篮子可以不同。但由于消费篮子中都存在不可贸易品，可以知道美国的消费篮子中美国生产的产品占比相对较高，而中国的消费篮子中中国生产的产品占比相对较高。

假如美国的代表性消费篮子价格为 10 000 美元，中国的代表性消费篮子价格为 50 000 元人民币，而人民币对美元的名义汇率为 6.7∶1，那么人民币对美元的实际汇率为：

$$q_{¥/\$}=\frac{6.7\times 10\ 000}{50\ 000}=1.34$$

也就是说，经汇率调整后，1 单位美国代表性消费篮子的价格是 1 单位中国代表性消费篮子的 1.34 倍，美国的消费篮子比中国更贵。从这个意义上说，实际汇率是两国相对价格水平的总结性衡量，概念上相当于微观经济学中两种商品的相对价格。$q_{¥/\$}$ 上升意味着美国的消费篮子相比中国进一步变贵，称为人民币相对美元实际汇率贬值（real depreciation）；反之，$q_{¥/\$}$ 下降意味着美国的消费篮子相比中国变得更便宜，称为人民币相对美元实际汇率升值（real appreciation）。

由于实际汇率是两国消费篮子的相对价格，因此，实际汇率是由本国和外国的因素共同决定的。在其他条件不变的前提下，假如全世界对中国产品的需求相对美国产品上升，那么中国产品相对美国产品的价格上升，意味着人民币相对美元的实际汇率升值，$q_{¥/\$}$ 下降。假如美国生产技术进步导致美国产品的供给相对中国增加，那么同样会导致中国产品相对美国产品的价格上升，人民币相对美元的实际汇率升值。从实际汇率的公式出发也可以发现实际汇率是本国和外国因素共同决定的。具体来说，名义汇率（$E_{¥/\$}$）、本国物价水平（$P_{CN}$）和外国物价水平（$P_{US}$）都可能导致实际汇率变动。其他条件不变时，名义汇率升值（$E_{¥/\$}$ 下降）、本国物价水平上升（P_{CN} 上升）、外国物价水平下降（P_{US} 下降）都会导致实际汇率升值（贬值）。

六、巴拉萨-萨缪尔森模型

国际经济学实证研究发现了两项关于长期的重要经验事实。第一，在横截面上，各国的物价水平与人均收入正相关，人均收入越高的国家，物价水平也越高。第二，劳动生产率持续较快增长的国家，实际汇率会出现长期持续升值。这意味着对这些国家而言，购买力平价即使在长期中也不会成立。对这个实证发现的一个重要解释是巴拉萨-萨缪尔森模型（Balassa-Samuelson model）。巴拉萨-萨缪尔森模型认为，可贸易部门生产率提高，将使发展中国家工资持续提高，从而驱动不可贸易部门的物价上涨，发展中国家实际汇率持续升值——长期偏离购买力平价。

假设本国经济由可贸易部门 T 和不可贸易部门 N 组成。可贸易部门的产品价格定为 1（假设一价定律成立，本国生产的可贸易品与世界可贸易品价格相同），不可贸易部门的产品价格为 P。假定两个部门都使用资本 K 和劳动力 L 两种要素进行生产，生产函数是规模报酬不变的柯布-道格拉斯函数，具体形式如下：

$$Y_T = A_T K_T^{1-\alpha} L_T^{\alpha}$$
$$Y_N = A_N K_N^{1-\beta} L_N^{\beta}$$

式中，A_T 和 A_N 分别是可贸易部门和不可贸易部门的全要素生产率；α 和 β 分别是两个部门劳动力在产出中所占的份额。假设本国劳动力可以在可贸易部门和不可贸易部门之间自由流动，但不能跨国流动，资本可以跨部门、跨国自由流动。关于劳动力和资本要素流动性的假设，意味着均衡时国内两部门的工资相同，$W_T = W_N = w$，而国内资本的回报率等于全球资本回报率 R。

假定两个部门都是完全竞争的。给定工资 w 和资本回报率 R，可贸易部门的企业选择合适的劳动力 L_T 和资本 K_T 投入，以最大化利润 π_T：

$$\pi_T = 1 \times A_T K_T^{1-\alpha} L_T^{\alpha} - wL_T - RK_T$$

式中，1 是可贸易品的价格。π_T 对 L_T 和 K_T 分别求导，得到两个一阶条件：

$$\alpha A_T k_T^{1-\alpha} = w$$
$$(1-\alpha) A_T k_T^{-\alpha} = R$$

式中，$k_T = \dfrac{K_T}{L_T}$ 是可贸易部门的人均资本存量。类似地，不可贸易部门的企业选择合适的劳动力 L_N 和资本 K_N，以最大化利润 π_N：

$$\pi_N = P \times A_N K_N^{1-\beta} L_N^{\beta} - wL_N - RK_N$$

式中，P 是不可贸易品的价格。π_N 对 L_N 和 K_N 分别求导，得到两个一阶条件：

$$P\beta A_N k_N^{1-\beta} = w$$
$$P(1-\beta) A_N k_N^{-\beta} = R$$

式中，$k_N=\dfrac{K_N}{L_N}$是不可贸易部门的人均资本存量。现在的问题是，如果可贸易部门的技术进步速度快于不可贸易部门，本国工资 w 和不可贸易部门物价 P 会怎样变化？对可贸易部门的两个一阶条件分别求全微分，得到

$$\frac{\mathrm{d}A_T}{A_T}+(1-\alpha)\frac{\mathrm{d}k_T}{k_T}=\frac{\mathrm{d}w}{w}$$

$$\frac{\mathrm{d}A_T}{A_T}-\alpha\frac{\mathrm{d}k_T}{k_T}=0$$

将第二个式子代入第一个式子，化简得到

$$\frac{\mathrm{d}A_T}{A_T}=\alpha\frac{\mathrm{d}w}{w}$$

这意味着可贸易部门技术进步 1 个百分点，本国工资会上升 α 个百分点。接下来，对不可贸易部门的两个一阶条件全微分，并类似化简，得到

$$\frac{\mathrm{d}P}{P}+\frac{\mathrm{d}A_N}{A_N}=\beta\frac{\mathrm{d}w}{w}$$

对比两个部门得到

$$\frac{\mathrm{d}P}{P}=\frac{\beta}{\alpha}\frac{\mathrm{d}A_T}{A_T}-\frac{\mathrm{d}A_N}{A_N}$$

这个式子指出了不可贸易部门的物价水平变动与两个部门技术进步速度的关系：如果不可贸易部门的劳动密集程度高于可贸易部门（$\beta>\alpha$），而可贸易部门技术进步速度比不可贸易部门更快$\left(\dfrac{\mathrm{d}A_T}{A_T}>\dfrac{\mathrm{d}A_N}{A_N}\right)$，那么不可贸易部门的物价水平会持续上升，$\dfrac{\mathrm{d}P}{P}>0$。但由于可贸易部门的物价保持为 1 不变，因此，不可贸易部门物价持续上升意味着本国的物价水平上升，也就是实际汇率持续升值。

为什么可贸易部门技术进步更快会导致实际汇率持续升值？从直觉上说，可贸易部门相对不可贸易部门技术进步更快，意味着可贸易部门边际劳动力产出（MPL）上升速度更快，两个部门在劳动力市场上竞争的结果是劳动力从不可贸易部门流向可贸易部门，均衡时会同时提高两个部门的边际劳动力产出和工资。但对不可贸易部门来说，由于技术进步慢，工资上升意味着单位产出的生产成本提高，因此企业必须提高价格 P 才能维持零利润的均衡条件。

巴拉萨–萨缪尔森模型从供给端，尤其是可贸易部门技术进步的角度，解释了发达国家物价水平相对更高，以及发展中国家实际汇率长期升值两个现象。该模型的一个重要含义是技术持续进步会导致购买力平价在长期中不成立。

巴拉萨–萨缪尔森模型的结论是否能得到数据的支持呢？图 11－8 展示了各国相对美元汇率和该国人均实际 GDP 相对美国人均实际 GDP 的关系。巴拉萨–萨缪尔森模型的预测在图中得到了证实，全球的趋势表明的确是富国的实际汇率更高。

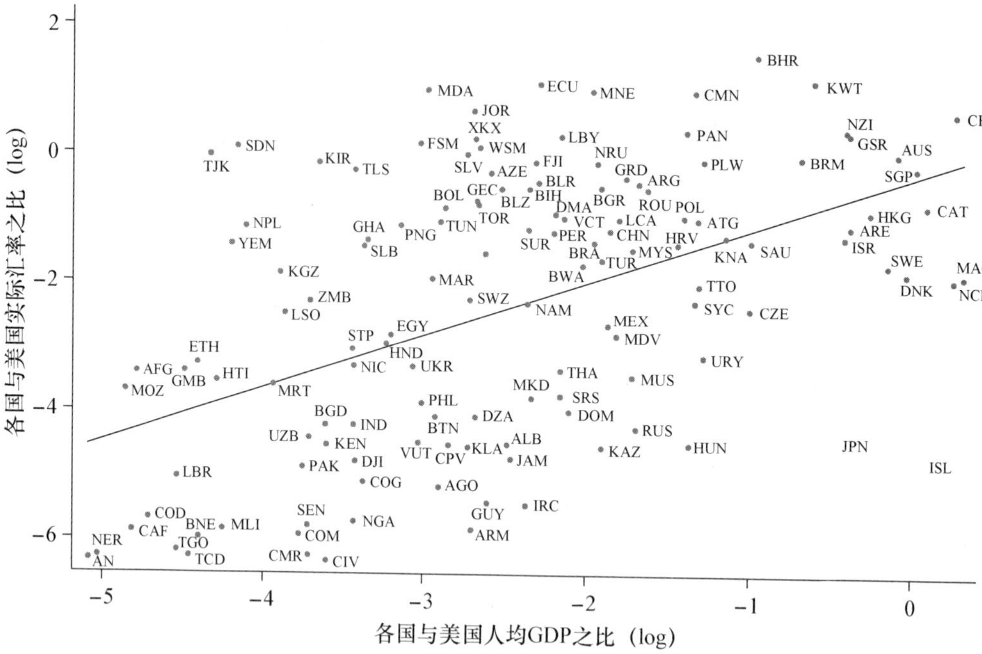

图 11-8　各国与美国实际汇率之比（log）和人均实际 GDP 之比（log）

资料来源：世界银行世界发展指数数据库（World Development Indicators）.

本章小结

本章首先介绍了外汇、外汇市场的基础知识以及名义汇率的定义，然后解释了一价定律，介绍了购买力平价这个汇率决定的长期理论。随后，通过介绍绝对购买力平价、相对购买力平价以及二者的关系，讨论了购买力平价定律不总是成立的可能原因。最后，引入了实际汇率的概念，以及如何用巴拉萨-萨缪尔森模型理解实际汇率的决定因素。

关键词

汇率　外汇市场　名义汇率　实际汇率　一价定律　购买力平价理论

复习与思考题

1. 汇率的标价方式有哪些？
2. 什么是一价定律？怎样用公式表示？
3. 购买力平价理论和一价定律的区别是什么？
4. 为什么购买力平价理论在中短期会失效？
5. 名义汇率与实际汇率有什么区别？怎样计算实际汇率？

第12章
汇率的短期决定理论

学习目标

- 理解如何用无抵补利率平价理论分析预期的利率变化对汇率的影响。
- 理解如何基于粘性价格模型分析货币政策对于汇率的影响。
- 理解如何基于弹性价格模型分析货币政策对于汇率的影响。

第1节　汇率决定的资产视角

第11章介绍了购买力平价理论和汇率的长期决定理论，主要是从国际贸易的角度为汇率的决定寻找理论依据。但是在中短期，购买力平价理论对汇率基本没有指示意义。从对外汇市场的介绍可以看出，外汇市场的交易中只有少量是为了满足贸易的汇兑需求，绝大多数外汇交易都是金融机构之间进行的，而且金融机构之间的外汇交易非常频繁，每天全球外汇市场的成交量高达6万亿美元。由此可见，汇率不仅反映和影响国与国之间可贸易品的相对价格，更重要的是外汇本身具有很强的金融属性，是一种金融资产。因此，有必要从资产定价的角度思考汇率的决定，尤其是在中短期。本章将从资产的角度分析汇率在短期中的决定。

资产是将购买力从现在转移至未来的载体，将购买力从将来转移至现在的载体是负债。人们购买消费品的目的是从消费中获得效用。人们购买资产，不是为了消费这种资产，而是为了实现购买力的跨时（intertemporal）转移。人们将现在的购买力转移至未来的动机多种多样。例如，工作的人会将一部分收入储蓄起来，以备退休后的开支、医疗等不时之需，为子女留下一些财产，等等。经济学是研究资源分配的学科，金融学作为经济学的分支，是研究资源跨时分配的学科。

资产今天的价格取决于三个因素：未来的预期收益、无风险折现率、预期收益的风险与不确定性。在其他条件相同的前提下，未来的预期收益越高，今天的价格越高；无风险折现率越高，今天的价格越低；预期收益的风险与不确定性越高，今天的价格越低。

广义上说，任何以外币计价的资产都可以称作外汇资产，比如外国的债券、股票、房地产、大宗商品、实物资产（如机器、厂房）、艺术品、珠宝等，但汇率只是这些资产价格的影响因素之一，还有许多复杂的因素会影响它们的预期收益、适用的无风险折现率以及预期收益的风险与不确定性。因此，外汇市场上通常并不交易这些复杂的资产，主要交易外汇存款及其衍生品。外汇存款的风险比上述复杂的资产要小得多，假如投资者不在乎外汇存款的风险，只关心预期的收益率，那么，外汇市场套利行为将使各币种存款的预期收益相同——这便是无抵补利率平价（uncovered interest parity，UIP）理论。

假如有 10 000 美元，投资期限为一年，现在有两种投资选择：要么直接选择美元存款一年，要么立即兑换欧元，选择欧元存款一年，然后再兑回美元。哪一种投资比较划算取决于以下四个变量：一年期美元存款利率（$R_{\$}$）、一年期欧元存款利率（$R_{€}$）、即期欧元对美元汇率（$E_{\$/€}$），以及当前对一年后欧元对美元汇率的预期（$E^{e}_{\$/€}$）。美元存款一年的收益是$\frac{10\,000(1+R_{\$})-10\,000}{10\,000}=R_{\$}$，恰好等于一年期美元存款利率，而欧元存款一年的收益是：

$$\frac{\frac{10\,000}{E_{\$/€}}(1+R_{€})E^{e}_{\$/€}-10\,000}{10\,000}=(1+R_{€})\frac{E^{e}_{\$/€}}{E_{\$/€}}-1$$

当一年后的预期汇率和即期汇率差异不大时，上式近似等于：

$$R_{€}+\frac{E^{e}_{\$/€}-E_{\$/€}}{E_{\$/€}}$$

例如，美元存款利率为 $R_{\$}=3\%$，欧元存款利率为 $R_{€}=1\%$，即期欧元对美元汇率为 $E_{\$/€}=1.10$，当前对一年后的欧元对美元汇率预期为 $E^{e}_{\$/€}=1.15$。那么，兑换欧元存款再兑回美元的收益约为 $1\%+\frac{1.15-1.10}{1.10}\approx 5.5\%$。两者比较，先兑换欧元存款再兑回美元的收益更高。两种投资收益之差是：

$$R_{\$}-R_{€}-\frac{E^{e}_{\$/€}-E_{\$/€}}{E_{\$/€}}$$

根据假设，投资者只关心预期收益，不在乎风险。因此，外汇市场只有在各种货币存款的预期收益都相同时，才处于均衡状态。也就是说

$$R_{\$}-R_{€}-\frac{E^{e}_{\$/€}-E_{\$/€}}{E_{\$/€}}=0$$

可以借助图 12－1 来理解这个理论。横轴是存款的预期收益率（rate of return，ROR），纵轴是欧元汇率 $E_{\$/€}$。美元存款的预期收益率 $ROR_{\$}$ 等于美元存款利率 $R_{\$}$，在图上是一条竖直的线，与横轴的交点即为 $R_{\$}$。欧元存款的收益率是：

$$ROR_{€}=R_{€}+\frac{E^{e}_{\$/€}-E_{\$/€}}{E_{\$/€}}$$

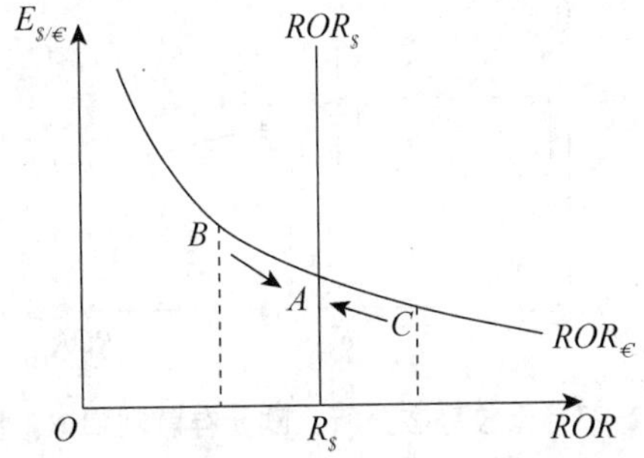

图 12-1　无抵补利率平价理论与汇率的决定

给定预期汇率 $E^{e}_{\$/€}$，欧元存款的预期收益率在图上是一条向下倾斜的双曲线。在两条曲线的交点 A 点左边的 B 点，欧元存款的预期收益率比美元存款低，这会驱使投资者在外汇市场上买入美元、卖出欧元，导致欧元对美元汇率 $E_{\$/€}$ 贬值，从而提高欧元存款的预期收益率，在图上沿着欧元存款预期收益率曲线向右下方运动。在 A 点右边的 C 点，欧元存款的预期收益率相对较高，这会驱使投资者在外汇市场上买入欧元、卖出美元，导致欧元对美元汇率 $E_{\$/€}$ 升值，在图上沿着欧元存款预期收益率曲线向左上方运动。只有在 A 点时，美元和欧元存款的预期收益率相等，满足了无抵补利率平价，外汇市场上美元与欧元的供需实现了均衡。

下面介绍一系列比较静态分析。假如美元存款利率 $R_{\$}$ 上升，这会导致美元存款预期收益率曲线右移，新的交点在 A_1，对应的欧元汇率比 A 点更低（见图 12-2）。这是因为，美元存款利率上升，提高了美元存款的预期收益率，这会驱使投资者在外汇市场上买入美元、卖出欧元，导致欧元对美元汇率 $E_{\$/€}$ 贬值。假如欧元存款利率 $R_{€}$ 上升，这会导致欧元存款预期收益率曲线上移，新的交点在 A_2，对应的欧元汇率比 A 点更高（见图 12-3）。这是因为，欧元存款利率上升，提高了欧元存款的预期收益率，驱使投资者在外汇市场上买入欧元、卖出美元，欧元对美元汇率 $E_{\$/€}$ 因而升值。假如欧元汇率预期 $E^{e}_{\$/€}$ 升值，同样会导致欧元存款预期收益率曲线上移，进而推动欧元即期汇率 $E_{\$/€}$ 以同等幅度升值（见图 12-4）。由此可见，汇率预期的变化具有自我实现（self-fulfilling）的特性。

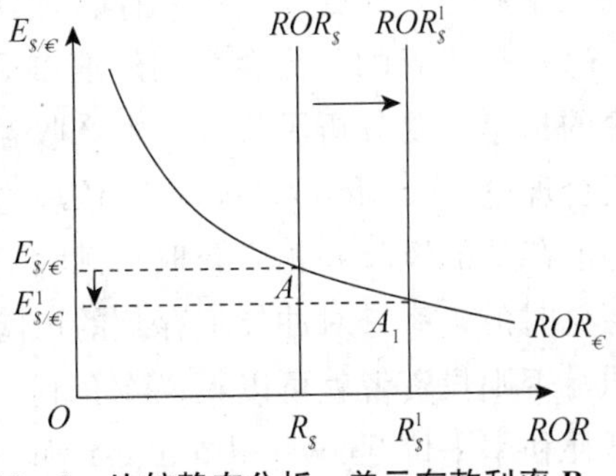

图 12-2　比较静态分析：美元存款利率 $R_{\$}$ 上升

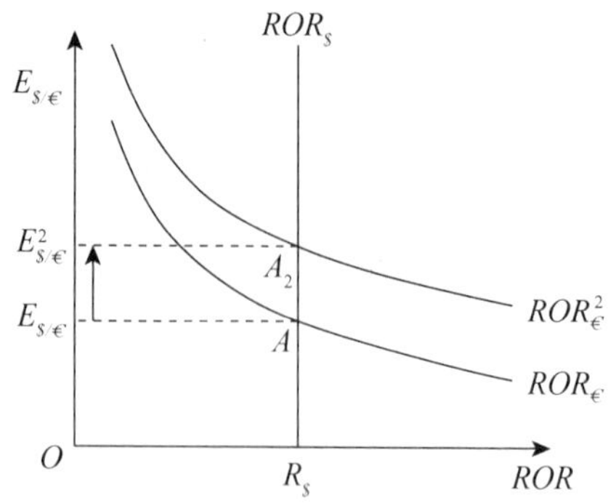

图 12－3　比较静态分析：欧元存款利率 $R_€$ 上升

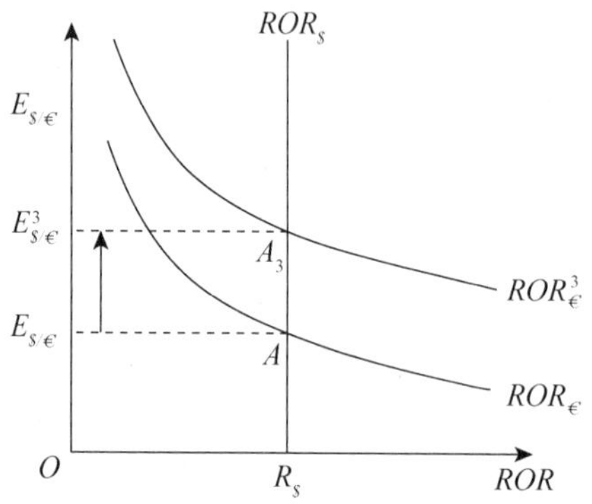

图 12－4　比较静态分析：欧元汇率预期 $E^e_{\$/€}$ 升值

无抵补利率平价理论根据预期收益率相等这一简单条件，将利率与汇率的决定联系起来。但这个理论是有缺陷的。首先，理论只考虑了本币存款利率、外币存款利率和汇率预期三个变量，没有考虑可能影响汇率决定的其他因素。一个重要却被忽略的因素是风险溢价。任何资产都是有风险的。外汇存款的风险包括三部分：一是存款利率未来可能发生变化；二是外汇对本币的汇率未来可能波动；三是外汇存款的流动性可能变化。在理论中，我们假定投资者只关心各币种存款的预期收益率，不考虑这些存款可能存在的风险（或假定各币种存款的风险完全相同）。如果考虑这些风险，投资者对外汇存款的需求就不仅取决于预期收益率，还取决于外汇存款风险，以及外汇存款与其他资产收益率的相关关系。例如，如果对某个投资者来说，欧元存款恰好能够对冲他持有的另一种资产（例如，美国股票）的汇率风险，那么即使欧元存款预期收益率较低，这位投资者也可能愿意持有欧元存款。这种投资者的行为会影响外汇市场的供给和需求，使欧元汇率偏离无抵补利率平价理论的指示。要分析风险以及资产收益之间相关关系对资产需求的影响，就需要研究投资组合理论（portfolio theory），该理论超出了本书的范围。

投资者可以选择承担外汇存款的风险并相应获取超额收益，也可以选择利用外汇远期合约，在今天锁定未来汇兑时的汇率，对冲外汇存款的风险。风险被对冲以后，各币种存款的预期收益应当相同，否则投资者就可以无风险套利。这种与无抵补利率平价紧密相关但有差别的观点是抵补利率平价（covered interest parity，CIP）理论的内容。用 $F_{\$/€}$ 表示远期汇率，抵补利率平价成立的条件是：

$$R_{\$}-R_{€}-\frac{F_{\$/€}-E_{\$/€}}{E_{\$/€}}=0$$

容易发现，抵补利率平价与无抵补利率平价的差别是用远期汇率（$F_{\$/€}$）代替了汇率预期（$E^e_{\$/€}$）。由于对冲了风险，投资者只需关心预期收益，抵补利率平价相比无抵补利率平价更有可能成立。实践表明，当资本可以跨境自由流动时，除了交易费用、监管成本带来的微小偏差之外，抵补利率平价基本上是成立的。在主要金融中心的外汇市场上，远期汇率往往是直接根据抵补利率平价条件计算出来的。但如果存在管制，资本不能跨境自由流动，那么抵补利率平价就不一定成立。另外，如果投资者担心某币种的存款存在不能兑付的风险（例如，该国银行经营不善，可能遭到挤兑），拒绝参与这种货币的套利交易，那么该币种的汇率就可能持续偏离抵补利率平价。

假如抵补利率平价成立，那么只有当汇率预期等于远期汇率时，无抵补利率平价才会成立。此时，投资者对货币存款的预期收益相同，也就是说，投资者认为各币种的存款是完全替代品。从实证分析的结果看，远期汇率和汇率预期并不总是相同的。

除了未能考虑风险因素，无抵补利率平价更重要的缺陷是将本币利率、外币利率和汇率预期三个变量视为外生变量。这里有两个问题：一是利率和汇率预期是如何决定的，需要其他的理论作出解释，将这些变量内生化；二是利率和汇率的因果关系并不一定总是利率决定汇率，可能存在反向因果，也可能是其他更基本的驱动力共同决定的。由此可见，无抵补利率平价不是一个完整的理论，但可以作为完整理论的一部分。接下来要介绍的汇率粘性价格模型，将为利率和汇率的共同决定提供一个相对完整的理论框架。

第 2 节　汇率的粘性价格模型

利率是货币资金的价格，因此，利率取决于货币的供给 M_s 和需求 M_d。货币的供给主要由中央银行决定。中央银行发行基础货币，直接控制流通中的现金和商业银行准备金的数量，从而间接控制了商业银行创造的存款和贷款的规模。为简便起见，无须对不同类型的货币（流通中的现金、准备金、存贷款）进行区分，而是将它们笼统地称为货币供给。根据凯恩斯的分析，货币的需求受一系列因素影响。首先，名义利率 R 是持有货币的机会成本，名义利率越高，货币的需求越小。其次，持有货币是为了交易各种商品和服务，而一国生产的各种商品和服务的总量是名义 GDP。因此名义 GDP 越大，货币需求量越大。名义 GDP 取决于实际 GDP（Y 表示）和物价水平 P。因此，对货币的需求可以写成：

$$M_d=P\times L(R,Y)$$

式中，$L(R,Y)$ 是对实际货币的需求量，它随着名义利率 R 升高而降低，随着实际 GDP Y 升高而上升。当货币供给 M^s 等于货币需求 M^d 时，货币市场达到均衡：

$$M_s=P\times L(R,Y)$$

将上式稍作改写，得到货币市场的均衡条件：

$$\frac{M_s}{P}=L(R,Y)$$

等式左边是实际货币的供给$\frac{M_s}{P}$，右边是实际货币的需求 $L(R, Y)$。以实际货币量为横轴，名义利率为纵轴，实际货币供给是一条竖直的线，与横轴的交点为$\frac{M_s}{P}$。实际货币需求是一条向下倾斜的双曲线。两条线的交点 A 决定了货币市场均衡时的名义利率 R 和实际货币量 L（见图 12－5）。

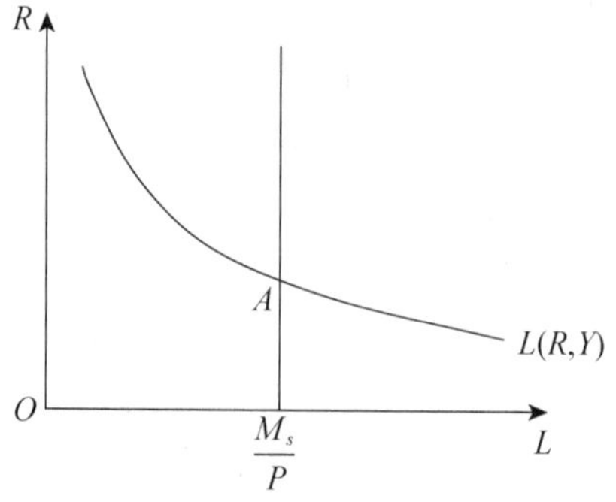

图 12－5　货币市场的均衡

假定货币供给 M_s 和实际 GDP Y 是外生的，那么货币市场均衡就可以决定利率，将汇率平价理论中的利率内生化。假设本币是美元，外币是欧元。我们可以将货币市场均衡和利率平价理论两个图结合在一起分析。如图 12－6 所示，横轴是本币存款的收益率或名义利率 $R_\$$，纵轴的上半部分是欧元对美元汇率 $E_{\$/€}$，下半部分是美元的实际货币量 L。在上半部分，美元存款收益是一条竖直的线，与横轴的交点是美元利率 $R_\$$。欧元存款的预期收益是一条向下倾斜的双曲线。在右下部分，美元的供给是一条水平的线，与纵轴下半部分的交点是美元实际供给$\frac{M_s}{P}$，美元的实际需求 $L(R, Y)$ 是一条向上倾斜的双曲线。外汇市场和货币市场同时达到均衡时，上半部分两条曲线交点 B 的横坐标与下半部分两条曲线交点 A 的纵坐标相同，均为 $R_\$$。

如果美国的货币供给 M_s 暂时性增加，会对货币市场和外汇市场带来什么影响？这里“暂时性”的意思是假定货币供给的变动不改变汇率预期 $E^e_{\$/€}$，也不影响实际 GDP Y 和物价水平 P。背后的理由是，实际 GDP 的变化需要家庭和企业调整消费、生产和投资决策，这需要时间，短期内还来不及对货币供给的变化作出反应，而物价水平在短期内是粘性的（sticky）。短期内价格粘性是凯恩斯主义经济学与新古典经济学的一大区别。稍后将放松汇率预期不变的假设。

由于价格水平不变，美国货币供给暂时性增加，提高了实际货币供给，在图 12－6 的下半部分，水平的货币供给曲线向下移动，与实际货币需求曲线的交点向左下方移动，美元利率 $R_\$$ 下降至 $R'_\$$，实际货币总量增加。货币市场的变化传导至外汇市场，美元存

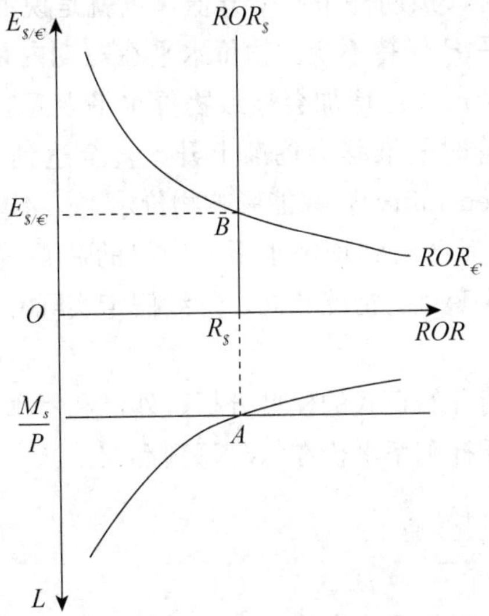

图 12-6　汇率市场和外汇市场的均衡

款回报下降，使美元回报曲线向左移动到货币市场变化决定的新利率水平。美元回报曲线与欧元回报曲线的交点向左上方移动，欧元对美元汇率 $E_{\$/€}$ 升至 $E'_{\$/€}$（见图 12-7）。这是因为，美元存款收益率降低，会驱动投资者卖出美元，买入欧元，推高欧元汇率，直到欧元存款以美元计价的回报下降到与美元存款相同时为止，这样，外汇市场和利率市场重新达到均衡。

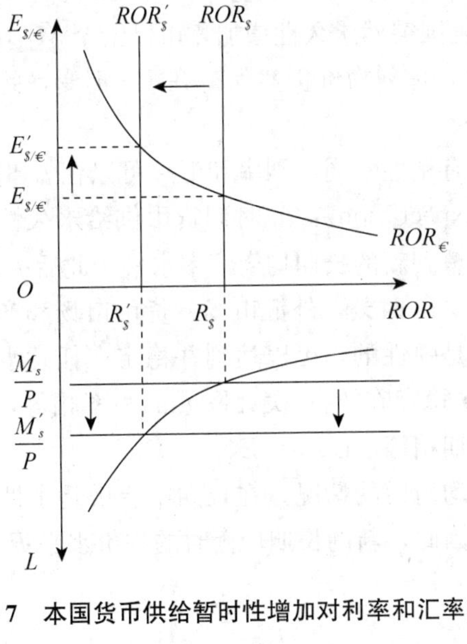

图 12-7　本国货币供给暂时性增加对利率和汇率的影响

但如果货币供给永久性增加，利率和汇率市场会如何反应，与货币供给暂时性增加有什么区别？第一，不能再假定汇率预期保持不变。这是因为本币供给暂时性增加会导致外币相对本币升值，如果将本币供给永久性增加粗略地看作持续不断的货币供给暂时性增加，就会意识到外币汇率可能持续升值。如果投资者意识到这一点，就会在货币供给永久性增加的消息传出时，预期外币汇率升值，也就是说汇率预期 $E^e_{\$/€}$ 会立刻上升。第二，不能再假定物价水平 P 保持不变。物价水平在短期内是粘性的，但在长期中，物价水平是弹性的，货币供给永久性增加会导致物价水平上升。因此，物价水平在货币供给增加时保持不变，但随着时间推移会逐渐上升，直至达到新的均衡水平。在长期中，货币是中性的（long-run neutrality），只能影响物价水平，不能影响实际变量。第三，在长期中，实际 GDP 和利率都会回到均衡水平。产出的调整需要较长时间，为了简化分析，这里和货币供给暂时性变化的情况相同，继续假定实际 GDP Y 保持不变。但是，利率在短期内可以随时变化。

考虑以上想法后，我们开始正式的模型分析。外汇和货币市场必须满足以下条件：

（1）外汇市场上，无抵补利率平价在每时每刻都成立：

$$R_{\$}=R_{€}+\frac{E^e_{\$/€}-E_{\$/€}}{E_{\$/€}}$$

（2）货币市场每时每刻都处于均衡状态：

$$\frac{M_s}{P}=L(R,Y)$$

（3）产品市场上，假设实际 GDP Y 始终保持不变。

（4）当 $t<t_0$ 时，外汇市场、货币市场和产品市场都处于长期均衡状态，货币供给稳定在 $M_s=M_0$，物价水平稳定在 $P=P_0$，美元欧元的利率相等，$R^0_{\$}=R^0_{€}$，欧元对美元汇率保持不变，且与汇率预期相等，$E_{\$/€}=E^e_{\$/€}=E_0$。

（5）在 $t=t_0$ 时刻，美国突然永久性增加货币供给至 $M_1>M_0$，此后保持不变。由于价格在短期内是粘性的，t_0 时刻物价仍然保持在 P_0 不变，此后物价水平随时间推移逐渐变动。

（6）与物价短期内具有粘性不同，利率和汇率可以在 t_0 时刻立即调整。投资者对汇率有理性预期（rational expectation）：t_0 时刻货币供给永久性增加的消息传出时，投资者的汇率预期 $E^e_{\$/}$ 立即调整到新的长期均衡汇率水平，此后一直保持在这个水平不变。

（7）在未来的某个 $t_1>t_0$ 时刻，外汇市场、货币市场和产品市场达到新的长期均衡状态。长期内，物价水平是弹性的，可以达到并稳定在任意水平，货币是中性的。货币供给稳定在 M_1，物价水平稳定在 P_1，美元欧元的利率相等，$R^1_{\$}=R^1_{€}$，欧元对美元汇率保持不变，且与汇率预期相等，$E_{\$/€}=E^e_{\$/€}=E_1$。

首先来分析达到长期均衡后的情况。在长期中货币是中性的，货币供给的增加会导致物价水平同比例上升。因此，新的长期均衡时的物价水平 P_1 与货币供给 M_1 满足下列关系：

$$\frac{P_1}{P_0}=\frac{M_1}{M_0}>1$$

在长期中，购买力平价成立，$\frac{EP^*}{P}=1$，因此，新的长期均衡汇率 E_1 与物价水平 P_1 同比例上升。也就是说，货币供给永久性增加，在长期中导致汇率等比例贬值：

$$\frac{E_1}{E_0}=\frac{P_1}{P_0}=\frac{M_1}{M_0}>1$$

由于货币供给和物价同比例上升，实际货币量保持不变，假定实际 GDP 也保持不变，新的长期均衡下的利率与货币供给增加前相同：

$$L(R_1,Y)=\frac{M_1}{P_1}=\frac{M_0}{P_0}=L(R_0,Y)\Rightarrow R_1=R_0$$

由此可见，货币供给永久性增加在长期中等比例推高了物价水平，使本币汇率等比例贬值，但不影响利率和产出。

接下来分析 t_0 时刻，货币供给冲击后的瞬时效应以及此后各个变量变化路径。在 t_0 时刻，货币供给从 M_0 增加到 M_1，但价格水平保持 P_0 不变，实际货币供给量增加，推动本币利率从 R_0 立即下降到 R_0^+：

$$L(R_0^+,Y)=\frac{M_1}{P_0}>\frac{M_0}{P_0}\Rightarrow R_0^+<R_0$$

货币供给冲击后，汇率预期 $E^e_{\$/€}$ 由 E_0 瞬间跳升至 $E_1>E_0$。但外汇市场每时每刻都需要保持均衡，故此刻的汇率 E_0^+ 必须满足无抵补利率平价：

$$R_0^+=R_€+\frac{E_1-E_0^+}{E_0^+}$$

对比货币供给冲击之前的无抵补利率平价 $R_0=R_€+0$，得到

$$R_0^+-R_0=\frac{E_1-E_0^+}{E_0^+}<0\Rightarrow E_0^+>E_1$$

由此可见，货币供给永久性增加的一瞬间，本币会发生“跳贬”，贬值幅度超过货币供给增幅对应的新的长期均衡时的本币贬值幅度。这种汇率对冲击“过度”反应的现象叫作汇率的超调（exchange rate overshooting）。

在货币供给冲击之后会发生什么？物价水平只是因为粘性暂时停留在 P_0，随着时间推移，物价水平由 P_0 逐渐上升，向新的长期均衡水平 P_1 靠拢。这意味着实际货币供给量 $\frac{M_1}{P}$ 逐渐下降，推动本币利率从 R_0^+ 逐渐反弹，向新的长期均衡 $R_1=R_0$ 回归。这将导致汇率在跳升到 E_0^+ 后逐渐回落，趋近于新的长期均衡 $E_1<R_0^+$。也就是说，货币供给永久性增加后，本币会先瞬间跳贬，之后缓慢升值，但相比货币供给增加之前，本币还是贬值的，贬值幅度与货币供给增长的幅度相同（见图 12-8）。

上述分析可以在外汇市场和货币市场的图上清晰地表示出来（见图 12-9）。货币供给永久性增加前，外汇市场和货币市场都处于均衡状态，即图中的 1 点。货币供给永久性增加时，由于价格粘性，物价水平不能很快跟随上升，因此货币供给曲线立即下移，压低本币利率，即图中下半部分的 2 点。外汇市场上发生了两个变化。一方面，本币存款的收益率因为本币利率下降而左移；另一方面，投资者因为货币供给增加而预期本币贬值，因此外币预期收益曲线右移。因此，外币兑本币的汇率会立即上升到图中上半部

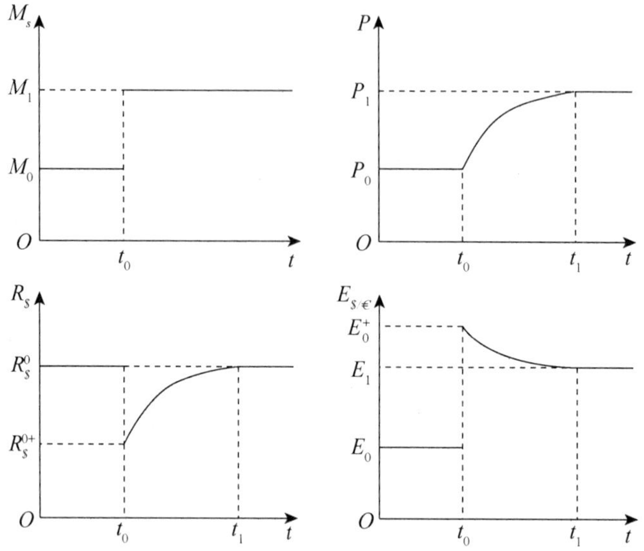

图 12-8　货币供给永久性增加时各个变量的时间路径

分的 2 点，升值是本币利率下降和本币贬值预期二者共同作用的结果，因此是“超调”。此后，随着物价水平逐渐上升，实际本币供给逐渐回落，供给曲线逐渐上移，推动本币利率上升，本币收益曲线右移，于是汇率沿着新的汇率预期对应的外币预期收益曲线回落，即图上半部分的 3 点。最后，物价上升的幅度与货币供给增加的幅度相等，实际货币供给回落到最初的水平，本币与外币利率重新相等，但相比货币供给增加前，本币依然相对外币贬值，贬值幅度与名义货币供给增加的幅度相同，即图上半部分的 4 点。

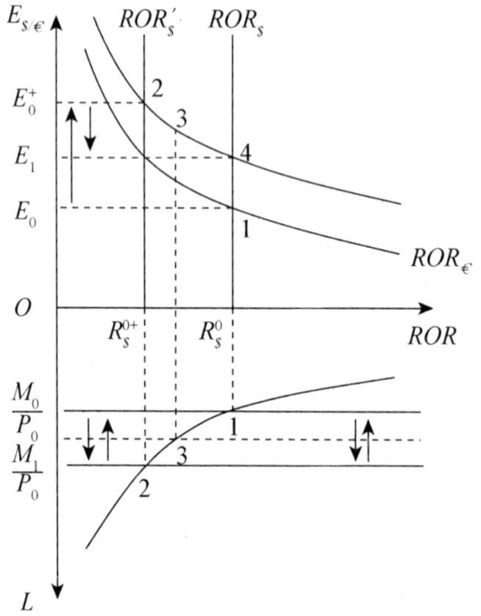

图 12-9　货币供给永久性增加时外汇市场和货币市场的动态

上述模型便是著名的多恩布什汇率超调模型（Dornbusch overshooting model），为了简化分析，我们假定实际 GDP 不变，完整的模型分析则考虑了产出调整的过程。汇率超调模型有助于解释为什么汇率的波动幅度大于货币政策的变动幅度。汇率超调的关键假设是价格粘性，但利率和汇率可以瞬间调整。价格粘性放大了汇率对货币供给冲击的反应力度。假如价格是弹性的，当货币供给增加时，本国物价水平会迅速等比例上升，因此本国利率不会下降，本币的收益曲线也不会移动，只有汇率预期迅速调整，外币的预期收益曲线右移。在图上，汇率只会与物价等比例上升，即从图中上半部分 1 点直接跳到 4 点，不会出现从 1 点到 2 点、再途径 3 点到 4 点的超调过程。这就是汇率的弹性价格模型。

第 3 节　汇率的弹性价格模型（货币分析法）

假定价格是弹性的，不考虑短期内的粘性，就得到汇率的弹性价格模型。模型的主要假设如下：

（1）外汇市场上，无抵补利率平价在每时每刻都成立：

$$R_{\$}=R_{€}+\frac{E^{e}_{\$/€}-E_{\$/€}}{E_{\$/€}}$$

（2）货币市场每时每刻都处于均衡状态：

$$\frac{M^{s}_{US}}{P_{US}}=L(R_{\$},Y_{US}),\quad \frac{M^{s}_{EU}}{P_{EU}}=L(R_{€},Y_{EU})$$

（3）产品市场上，假设本国和外国实际 GDP Y_{US} 和 Y_{EU} 始终保持不变，处于充分就业的长期均衡水平。

（4）两国价格水平都是完全弹性的。

（5）汇率满足购买力平价：

$$E_{\$/€}=\frac{P_{US}}{P_{EU}}$$

（6）投资者对汇率和通胀都有理性预期。

结合购买力平价和货币市场均衡条件，得到

$$E_{\$/€}=\frac{P_{US}}{P_{EU}}=\frac{\dfrac{M^{s}_{US}}{L(R_{\$},Y_{US})}}{\dfrac{M^{s}_{EU}}{L(R_{€},Y_{EU})}}$$

由此可见，在弹性价格模型中，汇率完全取决于两国货币的相对供给量$\frac{M^{s}_{US}}{M^{s}_{EU}}$与相对的实际货币需求量$\frac{L(R_{€},\ Y_{EU})}{L(R_{\$},\ Y_{US})}$。弹性价格只有在长期中才符合实际，意味着这个模型主要适用于长期的分析。

如果 t_0 时刻本国货币供给 M^{s}_{US} 一次性永久性增加，会有什么结果？由于价格是完全弹性的，价格将与货币供给等比例上升，实际货币供给量$\frac{M_{US}^s}{P_{US}}$保持不变，因此，利率 $R_\$$ 保持不变。根据购买力平价理论，本币会贬值，贬值幅度等于物价水平上升的幅度。汇率市场上，投资者对汇率的预期迅速调整到新的均衡水平，没有超调。

现实中一次性的货币供给增加并不多见，更常见的是在中央银行的控制下，货币供给按一定的速度匀速增长。假如本币的货币供给增速为：

$$\frac{\dot{M}_{US}}{M_{US}}=\pi_{US}$$

根据货币中性，货币市场的均衡意味着本国物价水平 P_{US} 也将以相同的增速提高。换句话说，本国的通胀率是一个常数 π_{US}：

$$\frac{\dot{P}_{US}}{P_{US}}=\frac{\dot{M}_{US}}{M_{US}}=\pi_{US}$$

如果外币供给保持不变$\left(\frac{\dot{P}_{EU}}{P_{EU}}=\pi_{EU}=0\right)$，那么根据购买力平价：

$$\frac{\dot{E}_{\$/€}}{E_{\$/€}}=\frac{\dot{P}_{US}}{P_{US}}-\frac{\dot{P}_{EU}}{P_{EU}}=\pi_{US}-\pi_{EU}=\pi_{US}$$

也就是说，外币兑本币将以 π_{US} 的速度持续升值。在这种情况下，投资者对汇率的预期将连续变动。给定：

$$\frac{\dot{E}_{\$/€}}{E_{\$/€}}=\pi_{US}-\pi_{EU}$$

t_0 时刻在两边同时取期望，得到

$$\frac{E_{\$/€}^e-E_{\$/€}}{E_{\$/€}}=\pi_{US}^e-\pi_{EU}^e$$

这是因为 t_0 时刻预期的汇率变动 $\dot{E}_{\$/€}^e$ 恰好等于 $E_{\$/€}^e-E_{\$/€}$。根据外汇市场无抵补利率平价，得到

$$R_\$-R_€=\pi_{US}^e-\pi_{EU}^e$$

也就是说，名义利率的差别等于通胀预期之差。这便是著名的费雪效应（Fisher effect）在外汇市场上的体现。根据费雪方程式，一国的名义利率等于实际利率加上通胀预期，即 $R_\$=r_\$+\pi_{US}^e$，$R=r+\pi_{EU}^e$。结合上面的费雪效应等式，很容易看出 $r_\$=r_€$。也就是说，当物价水平弹性，无抵补利率平价和购买力平价都成立时，两国实际利率必须时时相等。

如果本国中央银行在 t_0 时刻突然永久性提高了货币供给的增速 $\Delta\pi$，汇率会如何反应？根据理性预期假设，本国通胀预期会由 π_{US}^e 瞬间跳升到 $\pi_{US}+\Delta\pi$，因此，名义利率

也会在 t_0 时刻由 $R_\$$ 瞬间升至 $R'_\$=R_\$+\Delta\pi$。货币市场均衡意味着本国物价水平在这一瞬间也会跳升。这是因为名义利率跳升使实际货币需求量 $L(R_\$,Y_{US})$ 下降，而名义货币供给量 M_{US}^s 在这一瞬间还来不及改变，故物价水平必须立刻跳涨：

$$P'_{US}=\frac{M_{US}^s}{L(R'_\$,Y_{US})}>P_{US}=\frac{M_{US}^s}{L(R_\$,Y_{US})}$$

根据购买力平价 $E_{\$/€}=\dfrac{P_{US}}{P_{EU}}$，本国物价水平 P_{US} 跳升至 P'_{US}，会使本币汇率在 t_0 时刻跳贬，$E'_{\$/€}=\dfrac{P'_{US}}{P_{EU}}>E_{\$/€}$。

此后，随着本国货币供给以 $\pi_{US}+\Delta\pi$ 的速度匀速增加，利率会保持在 $R'_\$=R_\$+\Delta\pi$ 的水平不变，物价水平在跳升至 P'_{US}之后，也将以 $\pi_{US}+\Delta\pi$ 的速度匀速上涨，本币汇率在 t_0 时刻跳贬之后，将以 $\pi_{US}+\Delta\pi$ 的速度匀速贬值。t_0 前后货币供给、利率、物价水平和汇率的走势如图 12－10 所示。

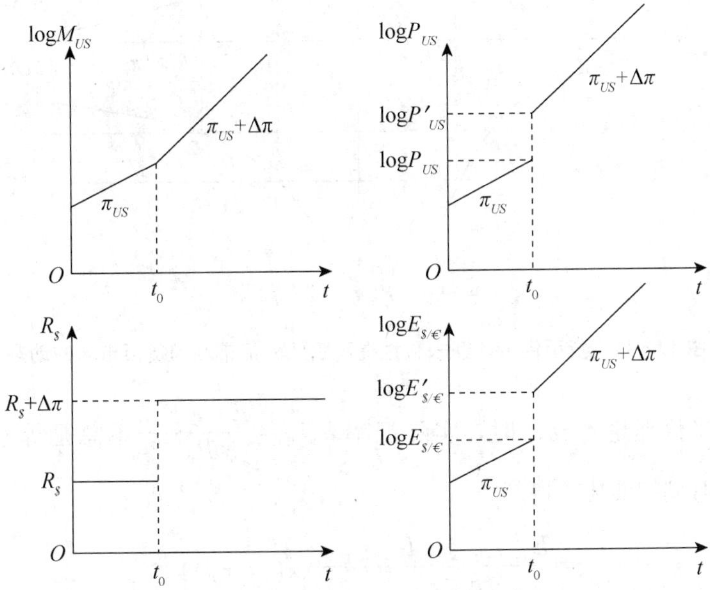

图 12－10　货币供给增速永久性提高时各个变量的时间路径

货币供给增速永久性提高导致汇率跳贬的机制可以在图上清晰地表现出来。图 12－10 的上下两部分分别画出了外汇市场和货币市场的均衡条件。不同的是，图的左下部分增加了购买力平价条件：给定外国物价水平 P_{EU} 不变，本国物价水平 P_{US} 越高，本币对外币汇率越低（或外币对本币汇率 $E_{\$/€}$越高），但给定外国物价水平 P_{EU} 和名义货币量 M，实际货币量 L 与物价水平 P_{US} 成反比。最后，图的左上部分是一条 45°的斜线，将购买力平价理论决定的汇率反映到外汇市场上。t_0 时刻，本国货币供给增速提高导致物价水平跳升，在货币市场上体现为实际货币供给曲线上移，推高本国利率 $R_\$$ 至 $R'_\$$。但根据购买力平价理论，本国物价水平跳升意味着本国汇率跳贬，外币对本币汇率由 $E_{\$/€}$跳升至 $E'_{\$/€}$。在外汇市场上，虽然本币利率上升，但外币对本币汇率预期 $E^e_{\$/€}$在 t_0 瞬间

跳升，外币存款的预期收益曲线大幅向上平移，结果依然是本币在 t_0 时刻跳贬。

在货币供给增速提高的一瞬间，货币供给还来不及变动，但由于物价水平跳升，汇率已经出现跳贬（见图 12－11）。此前我们发现，如果物价是弹性的，货币供给水平的一次性变动会 1∶1 体现在物价水平和汇率变动上，而本国利率并不会变化，不会导致汇率超调。但这里的分析揭示了汇率超调的另一种可能性：如果货币供给增速永久性变化，即使物价是弹性的，也会因为通胀预期变化导致利率变化，进而导致汇率超调。区别在于，在弹性价格模型中，利率上升与货币贬值同步发生，而在多恩布什汇率超调模型中，货币贬值伴随利率下降而发生。

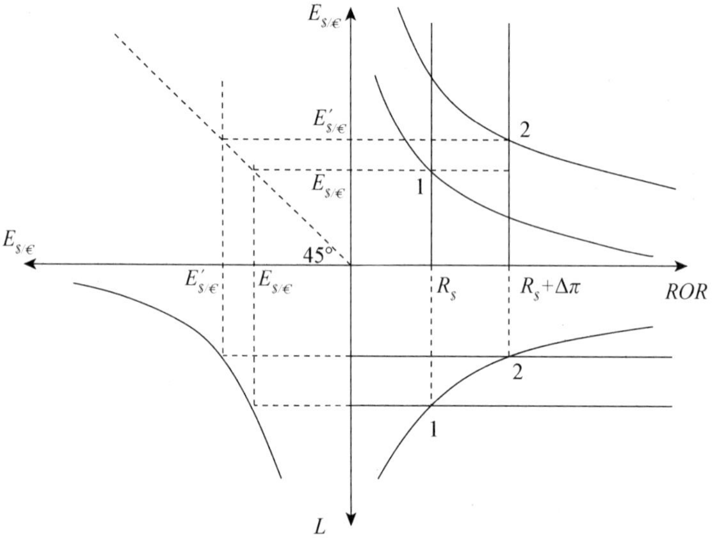

图 12－11　货币供给增速永久性提高瞬间外汇市场和货币市场的动态

当购买力平价理论不成立时，实际汇率 $q_{\$/€}=\dfrac{E_{\$/€}\,P_{EU}}{P_{US}}$ 不总是等于 1。考虑从 t 时刻到 $t+\Delta t$ 时刻的变化，得到

$$\frac{q_{\$/€,t+\Delta t}-q_{\$/€,t}}{q_{\$/€,t}}=\frac{E_{\$/€,t+\Delta t}-E_{\$/€,t}}{E_{\$/€,t}}-(\pi_{US}-\pi_{EU})$$

在等式两边取期望，根据理性预期假设，得到

$$\frac{q^e_{\$/€,t}-q_{\$/€,t}}{q_{\$/€,t}}=\frac{E^e_{\$/€,t}-E_{\$/€,t}}{E_{\$/€,t}}-(\pi^e_{US}-\pi^e_{EU})$$

结合无抵补利率平价条件 $R_\$=R_€+\dfrac{E^e_{\$/€}-E_{\$/€}}{E_{\$/€}}$，得到

$$\frac{q^e_{\$/€,t}-q_{\$/€,t}}{q_{\$/€,t}}=R_\$-R_€-(\pi^e_{US}-\pi^e_{EU})$$

也就是说

$$R_\$-R_€=\frac{q^e_{\$/€,t}-q_{\$/€,t}}{q_{\$/€,t}}+(\pi^e_{US}-\pi^e_{EU})$$

这便是购买力平价不成立时，修正后的费雪效应。它的含义是，两国名义利率之差取决于实际汇率的预期变动和两国通胀的差距。根据费雪方程式，实际利率等于名义利率减去通胀预期，$r_{\$}=R_{\$}-\pi_{US}^{e}$，$r=R-\pi_{EU}^{e}$，由此得到

$$r_{\$}-r_{€}=\frac{q_{\$/€,t}^{e}-q_{\$/€,t}}{q_{\$/€,t}}$$

上式称为实际利率平价（real interest parity，RIP）。当无抵补利率平价成立时，两国实际利率的差值等于实际汇率的预期变动率。如果进一步地，购买力平价成立，那么实际汇率总是等于 1，意味着两国的实际利率必须相等。从直觉上说，如果无抵补利率平价和购买力平价同时成立，那么资本的跨国流动将使各国资本的边际回报趋同，因此实际利率必须相等。从实证经验看，发达国家在 20 世纪确实经历了实际利率趋同的过程。

本章小结

本章首先介绍如何从资产定价的视角理解汇率的短期决定因素，从而导出无抵补利率平价理论。然后，通过介绍汇率的粘性价格模型，分析暂时和永久的货币政策变化对于汇率的影响，后者即著名的多恩布什超调模型。最后，放松了价格粘性的假设，基于汇率的弹性价格模型，分析货币增速变化对于汇率的影响，并得到了实际利率平价。

关键词

无抵补利率平价理论　粘性价格模型　弹性价格模型

复习与思考题

1. 什么是无抵补利率平价理论？
2. 怎样理解汇率预期的变化具有自我实现的特征？
3. 无抵补利率平价与抵补利率平价的差别是什么？
4. 在汇率粘性价格模型中，暂时和永久的货币供给变化对于汇率有什么影响？

参考文献

［1］蔡茂森，李永．国际贸易理论与实务．2版．北京：清华大学出版社，2010.

［2］陈迪平．中国二元经济结构问题研究．长沙：湖南人民出版社，2000.

［3］陈宪，张鸿．国际贸易：理论·政策·案例．上海：上海财经大学出版社，2004.

［4］樊安群，徐雪竹，邵李津．国际经济学．北京：清华大学出版社，2016.

［5］范剑勇，冯猛．中国制造业出口企业生产率悖论之谜：基于出口密度差别上的检验．管理世界，2013（8）：16－29.

［6］高凌云，王洛林．进口贸易与工业行业全要素生产率．经济学（季刊），2010（2）：391－414.

［7］龚晓莺．国际贸易理论与政策．北京：经济管理出版社，2008.

［8］管同伟．国际金融：基于宏观视角的分析框架．北京：北京大学出版社，2015.

［9］郭少新．中国二元经济结构转换的制度分析．北京：中国农业出版社，2006.

［10］国际收支和国际投资头寸手册．国际货币基金组织，2008.

［11］何冰，周申．贸易自由化与就业调整空间差异：中国地级市的经验证据．世界经济，2019（6）：119－142.

［12］何永江．美国贸易政策．天津：南开大学出版社，2008.

［13］胡俊文．国际贸易．3版．北京：清华大学出版社，2010.

［14］胡昭玲．战略性贸易政策的理论与实证研究——兼论在中国相关产业的适用性问题．天津：南开大学出版社，2002.

［15］简泽，张涛，伏玉林．进口自由化、竞争与本土企业的全要素生产率——基于中国加入WTO的一个自然实验．经济研究，2014（8）：120－132.

［16］江小涓．中国开放三十年的回顾与展望．中国社会科学，2008（6）：66－85.

［17］姜波克．国际金融新编．5版．上海：复旦大学出版社，2012.

［18］姜凌，左萌．加入WTO对我国收入不平等的影响——基于微观面板数据的实证研究．国际贸易问题，2010（3）：20－27.

［19］克鲁格曼，奥伯斯法尔德．国际经济学：理论与政策：第8版．北京：中国人民大学出版社，2011.

［20］克鲁格曼，奥伯斯法尔德，梅里兹．国际经济学理论与政策：国际贸易：第

10 版. 北京：中国人民大学出版社，2016.

［21］克鲁格曼，奥伯斯法尔德，梅里兹. 国际经济学：理论与政策：第 11 版. 北京：中国人民大学出版社，2021.

［22］李冰. 二元经济结构理论与中国城乡一体化发展研究. 北京：中国经济出版社，2013.

［23］李坤望. 国际经济学. 北京：高等教育出版社，2017.

［24］李瑞琴，毛静，周世民. 国际贸易学. 北京：电子工业出版社，2015.

［25］李月娥，李永. 国际贸易理论与政策. 上海：立信会计出版社，2005.

［26］庞弗雷特. 国际贸易理论与政策讲义. 上海：格致出版社，2017.

［27］刘立平. 国际贸易：理论与政策 . 合肥：中国科学技术大学出版社，2007.

［28］刘伟丽. 战略性贸易政策理论研究 . 杭州：浙江大学出版社，2006.

［29］吕春成. 战略性贸易政策研究. 北京：中国财政经济出版社，2002.

［30］毛筠，孙琪. 国际贸易理论与政策. 杭州：浙江大学出版社，2003.

［31］毛其淋，盛斌. 贸易自由化与中国制造业企业出口行为："入世"是否促进了出口参与?. 经济学（季刊），2014（2）：647－674.

［32］毛其淋，盛斌. 贸易自由化、企业异质性与出口动态——来自中国微观企业数据的证据. 管理世界，2013（3）：48－65.

［33］毛其淋，许家云. 贸易自由化与中国企业出口的国内附加值. 世界经济，2019（1）：3－25.

［34］钱学锋，王胜，黄云湖，等. 进口种类与中国制造业全要素生产率. 世界经济，2011（5）：3－25.

［35］钱学锋. 企业异质性、贸易成本与中国出口增长的二元边际. 管理世界，2008（9）：48－56.

［36］盛斌，毛其淋. 进口贸易自由化是否影响了中国制造业出口技术复杂度. 世界经济，2017（12）：52－75.

［37］石良平，张晓娣，王晶晶，等. 国际贸易学国际理论前沿. 上海：上海社会科学院出版社，2017.

［38］苏雪串. 中国的城市化与二元经济转化. 北京：首都经济贸易大学出版社，2005.

［39］孙莉莉. 国际贸易理论与政策. 北京：北京理工大学出版社，2017.

［40］唐海燕. 国际贸易概论. 北京：中国商务出版社，2006.

［41］唐宜红，林发勤. 异质性企业贸易模型对中国企业出口的适用性检验. 南开经济研究，2009（6）：88－99.

［42］王怀民. 国际经济学. 北京：对外经济贸易大学出版社，2014.

［43］汪晓文. 国际贸易：理论·政策·营销. 兰州：兰州大学出版社，2005.

［44］王晓光. 国际金融. 3 版. 北京：清华大学出版社，2015.

［45］魏浩. 国际贸易学. 北京：高等教育出版社，2017.

［46］徐元康，杨奕. 战略性贸易政策与中国比较优势动态升级研究. 北京：中国经

济出版社，2015.

[47] 许统生. 战略贸易政策模型研究. 北京：经济管理出版社，1999.

[48] 闫国庆，毛筠，孙琪. 国际贸易理论与政策 . 北京：中国商务出版社，2006.

[49] 晏维龙，李杏. 国际贸易政策与组织. 北京：高等教育出版社，2001.

[50] 易靖韬. 企业异质性、市场进入成本、技术溢出效应与出口参与决定. 经济研究，2009 (9)：106-115.

[51] 余淼杰，智琨. 进口自由化与企业利润率. 经济研究，2016 (8)：57-71.

[52] 余淼杰. 改革开放四十年中国对外贸易奇迹：成就与路径. 国际贸易，2018 (12)：4-9.

[53] 余淼杰. 国际贸易学：理论、政策与实证. 北京：北京大学出版社，2013.

[54] 余淼杰. 加工贸易、企业生产率和关税减免——来自中国产品面的证据. 经济学（季刊)，2011 (4)：1251-1280.

[55] 余淼杰. 中国的贸易自由化与制造业企业生产率. 经济研究，2010 (12)：97-110.

[56] 袁建新. 国际贸易理论纵论. 苏州：苏州大学出版社，2016.

[57] 张川川. 出口对就业、工资和收入不平等的影响——基于微观数据的证据. 经济学（季刊)，2015 (4)：611-1630.

[58] 张国峰，王永进，李坤望. 贸易自由化对制造业企业现金储蓄的影响：预防性动机还是投资挤压?. 金融研究，2019 (9)：647-674.

[59] 张梅. 国际贸易理论与实务. 北京：中国铁道出版社，2010.

[60] 张鹏. 国际贸易. 北京：经济科学出版社，2017.

[61] 赵春明，魏浩，蔡宏波. 国际贸易. 3 版. 北京：高等教育出版社，2013.

[62] 赵瑾. 贸易与就业：国际研究的最新进展与政策导向——兼论化解中美贸易冲突对我国就业影响的政策选择. 财贸经济，2019 (3)：5-18.

[63] 赵伟，赵金亮，韩媛媛. 异质性、沉没成本与中国企业出口决定：来自中国微观企业的经验证据. 世界经济，2011 (4)：62-79.

[64] 郑甘澍，刘莉 . 国际经济学. 上海：上海财经大学出版社，2018.

[65] 钟昌标，杨丽华. 国际贸易教程. 北京：中国科学技术出版社，2017.

[66] 周敏倩，筱杏月. 国际贸易理论政策与案例. 南京：东南大学出版社，2013.

[67] 周文贵，等. 国际贸易理论概览. 北京：人民出版社，2015.

[68] 朱彤，万志宏，于晓燕. 国际经济学. 武汉：武汉大学出版社，2010.

[69] Andrew B，Bernard J，Bradford J，et al. (2007). Firms in international trade. Journal of Economic Perspectives，21：105-130.

[70] Antras P，Helpman E. (2003). Global sourcing. Journal of Political Economy，112 (3)：552-80.

[71] Aw B Y，Roberts M J，Xu D. (2011). R&D investment，exporting and productivity dynamics. American Economic Review，101：1312-1344.

[72] Balassa B. (1965). Tariff protection in industrial countries：a revaluation. Journal

of Political Economy, 73 (6): 573 - 594.

[73] Bernard A, Jensen J B, Schott P. (2006). Trade costs, firms and productivity. Journal of Monetary Economics, 53 (5): 917 - 937.

[74] Bernard A B, Jensen J B. (1999). Exceptional exporter performance: cause, effect, or both?. Journal of International Economics, 47 (1): 1 - 25.

[75] Bernard A B, Eaton J, Jensen J, et al. (2003). Plants and productivity in international trade. American Economic Review, 93 (4): 1268 - 1290.

[76] Bhagwati J. (1964). The pure theory of international trade: a survey. The Economic Journal, 74: 1 - 84.

[77] Bustos P. (2011). Trade liberalization, exports, and technology upgrading: evidence on the impact of mercosur on Argentinian firms. American Economic Review, 101 (1): 304 - 340.

[78] Chacholiades M. (1990). International economics. McGraw Hill International Editions.

[79] Eaton J, Kortum S, Kramarz F. (2011). An anatomy of international trade: evidence from French firms. Econometrica, 79 (5): 1453 - 1498.

[80] Frias J, Kaplan D, Verhoogen E, Alfaro - Serrano D. (2018). Exports and wage premia: evidence from Mexican employer-employee data. CDEP - CGEG WP NO. 64.

[81] Helpman E, Melitz J, Stephen R Y. (2004). Export versus FDI with heterogeneous firms. American Economic Review, 94 (1): 300 - 316.

[82] Holladay J S. (2008). Are exporters mother nature's best friends?. Social Science Electronic Publishing.

[83] Kugler M, Verhoogen E. (2009). Plants and imported inputs: new facts and an interpretation. American Economic Review, 99 (2): 501 - 507.

[84] Leamer E, Levinsohn J. International trade theory: the evidence. National Bureau of Economic Research, 1994.

[85] Leamer E. Paths of development in the three-factor, n-good general equilibrium model. Journal of Political Economy, 95 (5): 961 - 999.

[86] Leamer E. The Hechscher-Ohlin model in theory and practice. Princeton Studies in International Finance No. 77, February 1995.

[87] Lileeva A, Trefler D. (2010). Improved access to foreign markets raises plant-level productivity… for some plants. Quarterly Journal of Economics, 125 (3): 1051 - 1099.

[88] Melitz M J. (2003). The impact of trade on intra-industry reallocations and aggregate industry productivity. Econometrica, 71 (6): 1695 - 1725.

[89] Melitz M J, Ottaviano G I P. (2008). Market size, trade, and productivity. The Review of Economic Studies, 75 (1): 295 - 316.

［90］ Melitz M J，Ottaviano I P. （2008）. Market size，trade，and productivity. The Review of Economic Studies，75 ：295－316.

［91］ Pavcnik N. （2002）. Trade liberalization，exit，and productivity improvements：evidence from Chilean plants. The Review of Economic Studies，69：245－276.

［92］ Trefler D. （2004）. The long and short of the Canada－U. S. free trade agreement. American Economic Review，94 （4）：870－895.

图书在版编目（CIP）数据

国际经济学/谷克鉴主编．--2版．--北京：中国人民大学出版社，2022.4

新编21世纪国际商务系列教材

ISBN 978-7-300-30362-8

Ⅰ.①国… Ⅱ.①谷… Ⅲ.①国际经济学-高等学校-教材 Ⅳ.①F11-0

中国版本图书馆CIP数据核字（2022）第034986号

新编21世纪国际商务系列教材

国际经济学

主编　谷克鉴

Guoji Jingjixue

出版发行	中国人民大学出版社		
社　　址	北京中关村大街31号	**邮政编码**	100080
电　　话	010－62511242（总编室）		010－62511770（质管部）
	010－82501766（邮购部）		010－62514148（门市部）
	010－62515195（发行公司）		010－62515275（盗版举报）
网　　址	http://www.crup.com.cn		
经　　销	新华书店		
印　　刷	北京密兴印刷有限公司		
规　　格	185 mm×260 mm　16开本	**版　　次**	2022年4月第1版
印　　张	15.25 插页1	**印　　次**	2022年4月第1次印刷
字　　数	338 000	**定　　价**	45.00元

教师教学服务说明

中国人民大学出版社管理分社以出版经典、高品质的工商管理、统计、市场营销、人力资源管理、运营管理、物流管理、旅游管理等领域的各层次教材为宗旨。

为了更好地为一线教师服务，近年来管理分社着力建设了一批数字化、立体化的网络教学资源。教师可以通过以下方式获得免费下载教学资源的权限：

在中国人民大学出版社网站 www. crup. com. cn 进行注册，注册后进入“会员中心”，在左侧点击“我的教师认证”，填写相关信息，提交后等待审核。我们将在一个工作日内为您开通相关资源的下载权限。

如您急需教学资源或需要其他帮助，请在工作时间与我们联络：

中国人民大学出版社　管理分社

联系电话：010－82501048，62515782，62515735

电子邮箱：glcbfs@crup. com. cn

通讯地址：北京市海淀区中关村大街甲 59 号文化大厦 1501 室（100872）